中国贸易调整援助立法的理论与实践

ZHONGGUO MAOYI TIAOZHENG YUANZHU LIFA DE LILUN YU SHIJIAN

张 建◎著

首都经济贸易大学出版社
Capital University of Economics and Business Press
·北 京·

图书在版编目(CIP)数据

中国贸易调整援助立法的理论与实践/张建著. --北京:首都经济贸易大学出版社,2020.7

ISBN 978-7-5638-3110-4

Ⅰ.①中… Ⅱ.①张… Ⅲ.①对外贸易法—法律援助—立法—研究—中国 Ⅳ.①D922.295.4

中国版本图书馆 CIP 数据核字(2020)第 133504 号

中国贸易调整援助立法的理论与实践

张 建 著

责任编辑 王玉荣

封面设计 砚祥志远·激光照排 TEL: 010-65976003

出版发行 首都经济贸易大学出版社

地　　址 北京市朝阳区红庙(邮编 100026)

电　　话 (010)65976483　65065761　65071505(传真)

网　　址 http://www.sjmcb.com

E-mail publish@cueb.edu.cn

经　　销 全国新华书店

照　　排 北京砚祥志远激光照排技术有限公司

印　　刷 人民日报印刷厂

开　　本 710 毫米×1000 毫米　1/16

字　　数 339 千字

印　　张 19.25

版　　次 2020 年 7 月第 1 版　2020 年 7 月第 1 次印刷

书　　号 ISBN 978-7-5638-3110-4

定　　价 59.00 元

图书印装若有质量问题,本社负责调换

前　言

2018 年 3 月，美国总统特朗普在白宫签署总统备忘录，宣布基于对中国发起“301 贸易调查”，对从中国进口的约 600 亿美元商品加征关税，以扭转对华贸易赤字局面——由此揭开了中美贸易战的序幕。由于美国单方面针对中国出口至该国的大规模产品采取加征高关税的单边措施，致使中国企业遭受重创。作为回应，中国采取反制措施，中美贸易摩擦升级为贸易战。由此，中美经贸摩擦逐步升级，两国均在贸易领域出台了针对彼此的严苛的关税政策，部分相关企业深受影响，并且双方“决不让步”的态度也使得贸易战愈演愈烈，其波及领域也正由单纯的国际贸易向科技、农业、化工、日用快消品等领域深度蔓延。在贸易战愈演愈烈的背景下，两国企业遭遇的损失需要法律救济。师夷长技以制夷，滥觞于美国的贸易调整援助为弥补国际贸易受损者提供了法律渠道。我国《对外贸易法》第 44 条对因进口激增而遭受损害的国内产业寻求必要支持提供了授权。2015 年，《国务院关于加快实施自贸区战略的若干意见》第 19 条重点要求在减少政策扭曲的基础上，借鉴域外立法，研究建立符合 WTO 规则和我国国情的贸易援助机制，对受贸易冲击的产业和企业提供援助。

2019 年 8 月 26 日，国务院发布了《关于印发 6 个新设自由贸易试验区总体方案的通知》（国发〔2019〕16 号），其中，《中国（云南）自由贸易试验区总体方案》第 6 条、《中国（广西）自由贸易试验区总体方案》第 6 条、《中国（河北）自由贸易试验区总体方案》第 4 条均明文要求在自贸区内研究开展贸易调整援助试点。为此，上海自由贸易试验区率先推出的《贸易调整援助试点办法》已运行3年有余，作为在上海自贸试验区法治“先行先试”的背景下结合我国国情而制定的创新型立法，该办法确立的援助对象不仅适用于受到进口冲击的企业，还适用于出口受到阻碍的企业，涵盖范围更为完整。不过，该办法仅适用于上海自贸区内的企业，因此具有局限性，制度缺位导致贸易调整援助在我国的运用举步维艰。故此，亟待调研上海的法治创新经验，借鉴域外其他国家开展贸易调整援助的有益经验，适时将这一制度在全国推广。

具体而言，构建中国的贸易调整援助立法，不仅需考察该制度在WTO体系内的合规性，还要论证其与国内相关法律的衔接，并对援助机构与对象、资格审查、调整方案、援助程序与监督评价等详加推敲。有鉴于此，在搜集整理相关资料的基础上，结合中美经贸摩擦背景下的现实情况，立足于中国关于产业支持法治建设的具体需要，笔者展开了相关学术研究，并创作完成本书。

本书共计5章，以中国的贸易调整援助立法作为落脚点，第一章阐释了贸易调整援助这一独特贸易救济制度的缘起、功能与定位；第二章以比较法为视角，分别考察了美国、欧盟及其他国家的贸易调整援助立法模式；在明晰立法模式的基础上，第三章分别针对工人援助、企业援助、农民援助、社区援助进行剖析与详述；第四章将研究内容聚焦于中国进行贸易调整援助立法的必要性与可行性论证，试图回应在中国法律语境下构建这一制度的迫切性；第五章从具体制度入手，着眼于贸易调整援助的规则设计，内容涵盖制度衔接、援助条件、审批程序、援助措施、定期评估等，并紧密围绕中国商务部拟定的立法草案及上海自贸区的试点办法，探索了如何更为科学合理地设计出符合中国独特国情的法律规范，从而回应中美贸易战背景下的特殊关切，并全方位促进中国对外贸易法治的进步，保障“一带一路”建设在法治化的轨道上行稳致远。

自2020年年初以来，新冠肺炎疫情的爆发给经济全球化带来严重的冲击，加剧了国际力量此消彼长，使国际关系面临着前所未有的严峻挑战。正如习近平总书记所言，当今世界正处于百年未有之大变局。疫情使国际地缘政治形势变得更加严峻，大国战略竞争更加激烈，中美博弈日趋白热化，两国之间的矛盾开始从经贸摩擦延伸至各个方面。美国以贸易战、科技战、舆论战、地缘争夺战等形式，对中国形成战略竞争和战略遏制态势。在这一背景下，中国更要以国际法为基础，以国内法为后盾，为维护国家主权和中国公民海外权益提供坚实的法治保障。因此，本书的写作具有较强的现实意义和时代背景。

最后，本书是在我近年来长期研究贸易调整援助并不断思索的成果，诚请各位读者批评指正。同时，也希望本书的写作能够起到抛砖引玉的作用，引发有关人士对该议题展开更为深入的思索。

张　建

2020 年 7 月 27 日

目录

绪论

一、开放的国际贸易格局需要坚实的法治保障

随着经济全球化的纵深发展，我国经济不可避免地融入国际大市场之中，我国与世界各主要经济体的联系愈发紧密，这就意味着更高水平的对外开放和进出口合作。作为研习国际经济法的学者，既要放眼于全球治理的大背景，更要立足于国家对外交往的实践，深入思考如何从法治角度为国家的高水平对外开放提供保障。在这种时代背景下，国际经济法（尤其是国际贸易法）将勇立潮头、大有所为，扮演更为重要的规范角色，发挥更大的实践价值。通常认为，国际经济法是调整国际（或跨国）经济关系的法律规范的总称，其研究范畴主要囊括国际贸易法、国际投资法、国际金融法、国际税法、国际经济贸易争议解决等。[①] 从国际经济法角度探讨国家间的进出口贸易，既涵盖各国的外贸立法，也涉及国际条约、国际惯例、一般法律原则及国际组织的决议等国际规范。近年来，“一带一路”建设、自由贸易试验区及自由贸易港建设、粤港澳大湾区建设等逐步提速，这对我国的营商环境提出了高要求。全面优化营商环境，既是实现转

① 余劲松：《国际经济法学》（第二版），高等教育出版社 2019 年版，第 4 页。

型升级的必然要求，也是打造开放型经济新优势的迫切需要，而法治化、国际化、便利化的营商环境需要高水平的法治保障。为此，我国在对外经贸法治完善方面打出“组合拳”，先后修订《对外贸易法》《海关法》《进出口商品检验法》《海商法》等法律，制定出台《电影产业促进法》《外商投资法》《出口管制法》等法律，颁行《货物进出口管理条例》《技术进出口管理条例》《进出口关税条例》《优化营商环境条例》等一系列重要的行政法规，形成较为全面完整、与时俱进的制度体系。

就国际贸易法的调整范围而言，在学理上存在不同认识。根据国际贸易法专家施米托夫教授的观点，国际贸易法涵盖的商事活动范围十分广泛。国际货物销售，银行信用证下货款收付，海上、航空及陆上运输合同，出口融资，出口保险，国际商事仲裁，建筑和长期合同，以及海关法等，都在国际贸易法的范畴之内。[①] 简言之，对其所调整的法律关系及触及的利益分析可知，国际贸易法的体系当中既有公法元素，亦有私法内涵。前者主要是指对国家间进出口贸易往来进行国际调整的贸易法律体系，包括但不限于以关税与贸易总协定（GATT）及世界贸易组织（WTO）为基础的多边贸易体制以区域贸易协定（RTA）为基础的区域贸易体制及各国对外贸易管制立法；后者主要是指对平等的商事主体进行跨国贸易往来进行规范和调整的法律，即通常理解的国际商法。鉴于本书论述的问题，为避免混淆，笔者将主要以国家间进出口贸易为视角，在国际贸易公法的意义上探讨相关问题。对于国际贸易法中涉及商事交易中的私法内容，不是本书的重点。

就通常意义理解，国际贸易是指国家间的进出口活动，包括将本国产品和服务出口至国外，以及将外国产品和服务进口至国内的活动。各国政府既可以采取补贴等方式支持和促进贸易，也可以采取关税等方式限制和约束贸易。根据一国政府对进出口贸易活动进行干预的方式不同，大体可

① ［英］施米托夫：《国际贸易法文选》，赵秀文译，中国大百科全书出版社 1993 年版，第 38 页。

以将政府采取的贸易政策区分为贸易管制与贸易促进，这两类政策可进一步区分为出口税收、出口补贴、进口税收、进口补贴。相较之下，这四种贸易措施在不同国家的运用情况有所差别，以美国为例，《美国宪法》第1条第9款明确禁止出口税，而由政府对进入本国市场的外国产品提供进口补贴在美国更是罕见，剩下的选项无非是出口补贴与进口税收，这也是世界各国最为常用的出口支持和进口限制措施。[1] 鉴于财政成本方面的原因，美国虽然在历史上的不同时期运用过出口补贴，但规模较为有限。相反，进口关税作为美国对外贸易管制的主要工具，自1789年美国联邦政府成立以来始终被奉为贸易政策的核心，且关税措施的调整与变迁始终与美国的政治外交紧密相连，对国际关系的变动产生了重要的影响，因而备受关注。

2019年10月，中国共产党第十九届四中全会通过了《中共中央关于坚持和完善中国特色社会主义制度推进国家治理体系和治理能力现代化若干重大问题的决定》（以下简称《决定》）。《决定》中多次提到国际贸易治理问题，从统筹国际国内两个大局的视角对提升国家外贸治理能力指明了方向。就国际视角而言，《决定》要求推进合作共赢的开放体系建设。具言之，坚持互利共赢的开放战略，推动共建“一带一路”高质量发展，维护完善多边贸易体制，推动贸易和投资自由化、便利化，推动构建面向全球的高标准自由贸易区网络。就国内视角而言，《决定》要求建设更高水平开放型经济新体制。具言之，实施更大范围、更宽领域、更深层次的全面开放，推动制造业、服务业、农业扩大开放，保护外资合法权益，促进内外资企业公平竞争，拓展对外贸易多元化，稳步推进人民币国际化。健全外商投资准入前国民待遇加负面清单管理制度，推动规则、规制、管理、标准等制度型开放。健全促进对外投资政策和服务体系。加快自由贸

① ［美］道格拉斯·欧文：《贸易的冲突：美国贸易政策200年》，余江等译，中信出版社2019年版，第5页。

易试验区、自由贸易港等对外开放高地建设。推动建立国际宏观经济政策协调机制。健全外商投资国家安全审查、反垄断审查、国家技术安全清单管理、不可靠实体清单等制度，完善涉外经贸法律和规则体系。《决定》的颁布，为我国对外贸易法律制度的现代化提供了思路，对进一步促进高水平、开放型经济体的构建筑造了平台。

二、贸易调整援助的制度背景及发展动因

自20世纪80年代后期以来，国际社会逐渐达成越来越广泛的共识：在封闭的国家或区域中，经济自由化（Economic Liberalization）比保护主义更能带动经济增长与创新。这种共识能够通过国别经济发展状况的比较显现出来。20世纪80年代曾被称为拉丁美洲国家“失落的十年”，在这段时间内，拉美国家普遍存在过度贫困、经济停滞、金融失调等经济下滑态势，原因主要是闭关锁国、非竞争的经济政策、缺乏国内改革等。而相比之下，亚洲国家开放型的发展模式则提供了相反的镜鉴：1951年之后的22年间，日本年均经济增长率达8.8%，创造“日本奇迹”；随后32年间，韩国、马来西亚经济年均增速分别为7.06%和6.53%，创下“亚洲奇迹”；中国自1978年开始改革开放到2017年的39年间，经济年均增长率为9.5%，中国经济的世界排名从第11名上升为全球第二大经济体，创下“世界奇迹”。

就其内涵而言，经济自由化包括了贸易自由化、投资自由化、金融自由化等方方面面，对外开放所带来的红利不容置疑。然而，经济自由化在各国的发展程度却并不统一，即使是美国这样的自由化国度，出于国情考虑，其也并未完全开放本国经济。从宏观经济发展的角度考虑，多数国家之所以反对完全的自由化、对自由化持有谨慎的态度，理由主要有这样几方面：担心弱小的国内产业竞争力不足而遭遇排挤；快速且剧烈的经济转变可能带来不良的社会后果；关于道德、健康、环境方面的隐忧及对国家

安全的顾虑等。[①]

作为贸易自由化的补偿机制，美国的贸易政策制定机构率先引入相应的制度设计，在这种背景下，保障措施（Safeguards）和贸易调整援助（Trade Adjustment Assistance，TAA）制度应运而生。就其历史演变来看，美国的贸易自由化补偿制度经历了从双边向多边发展的进程。保障措施初现于美国与墨西哥1942年签订的《互惠贸易协定》中，鉴于条款的内容是关于缔约国如因承担协定义务而对己不利时，可以全部或部分地免除义务，因此保障措施又被称为“逃避条款”。第二次世界大战后，美国一方面积极推动世界范围内的贸易自由化，另一方面又担心本国的民族产业会因自由化而受到进口产品激增的损害，因此在与许多国家签署贸易协定时都订入了此类条款，由于美国《1974年贸易法》第201节专门规定了“逃避条款”，因此也被称为“201条款”。[②] 与此同时，自20世纪60年代开始，美国为了对抗日益兴起的欧共体，在国内劳动组织与进口竞争产业的推动下，率先在《1962年贸易扩展法》中确立了贸易调整援助制度。从美国式的贸易政治逻辑来看，TAA立法的动因是为了减少对日益拓展的自由贸易的反对，继续为自由贸易提供政治支持，即援助的目的是为了救济贸易受损者而不是为了抵制贸易自由，因此TAA被视为对逃避条款的替代物。[③]

三、国内外贸易调整援助的研究现状与文献综述

（一）时间维度的观察

正如习近平总书记在2017年“达沃斯论坛”发表的演讲指出的，经

① ［德］鲁道夫·多尔查、［奥］克里斯托弗·朔伊尔：《国际投资法原则》，祁欢、施进译，中国政法大学出版社2014年版，第90页。

② 张丽英：《世界贸易组织法律制度与实践》，高等教育出版社2012年版，第341页。

③ 陈利强、屠新泉：《WTO体制下美国贸易调整援助制度合法性探》，《国际经贸探索》2011年第2期。

济全球化使各类生产要素得以在全球范围内实现最佳的资源配置和经济流动，促进世界经济繁荣发展。但近年来，各国保护主义渐兴，贸易壁垒盛行，使全球化进程受阻。2018年备受关注的中美贸易争端即产生于美国总统特朗普执意采取单边措施并对中国商品大规模征税而引发的贸易摩擦的升级。我国正处于经济增长转型的结构变化期，国际贸易进出口总量从高速增长转向稳定增长，外部冲击的显著性和敏感性日益增强，对于外部市场依存度较高的产业，一旦国际进出口水平和供需状况发生剧烈波动，无疑将对我国企业的国际竞争力造成消极影响，引发收入下降乃至劳工失业。2019年2月，习总书记刊发了《加强党对全面依法治国的领导》，文章指出，全球治理体系正处于调整变革的关键时期，我国不仅要积极参与国际规则的制定，而且要为国家经济利益的维护奠定坚实的国内法基础，由此方可胜任全球治理变革进程的参与者、推动者、引领者。在上述背景下，平衡自由贸易与公平贸易的关系，制定TAA的国内立法，从制度上对我国受到国际贸易损害的行业、企业、工人、农民提供支持与援助，将有效缓和经济全球化引发的负面影响，对构建公正合理的国际经贸法律秩序亦具有关键意义。

2008年以前，中国官方未重视对贸易调整援助的研究，学院派研究亦少之又少。2008年6月，商务部产业损害调查局举行了《国外贸易调整援助制度及其对我国的启示》课题启动会，该研究由清华大学法学院和上海WTO事务咨询中心承担并顺利结项。随着商务部对TAA的重视，各科研院校对此亦开展了热烈的学术讨论。2009年召开的中国国际经济法学会年会上，多位学者发表了与TAA有关的论文。2010年，商务部召开研讨会并开展实地调研，提出了对《贸易调整援助暂行办法（草案）》的修改意见。尽管该草案尚未对外公布，但是上述信息无疑昭示着中国的贸易调整援助立法已经启动。2010年，WTO在对美国贸易政策进行审议时，中国代表提出了两个问题：其一，美国国内农业、制造业、服务业的哪些部门能从 TAA 措施中受益及受益程度如何；其二，在全球金融危机的背景下，TAA 对美国工人、企业、产业、农业以及社区具有何种影响。由此可见，中国政府对 TAA 的密切关注不言而喻。

就已有研究成果的年度分布来看，有三个主要的时间节点值得关注，即 2005 年、2009 年、2017 年。我国国内学者对 TAA 的研究兴起于 2005 年，这主要是考虑到 2004 年修订的《对外贸易法》在第 44 条中允许国家可针对进口增加给生产同类产品或存在竞争关系的国内产业造成的经济损害提供必要的支持。立法的细微变化和外贸实践的需求推动了法学界对 TAA 的关注。初期，国内学者的研究仅仅关注如何有效地通过立法手段对保障措施与贸易保护所引起的产业调整实施必要的援助。① 在 2008—2009 年，以 TAA 为主题的中文期刊文献数量达到了顶峰，单在 2009 年这一年度中，与该主题相关的中文文章就达到 7 篇。之所以在 2008 年形成对 TAA 研究的高峰期，与官方的推动密不可分。不过，由于商务部立法计划的搁置，对 TAA 的研究自 2010 年之后陷入低潮。2017 年 7 月，上海市商务委员会、中国（上海）自由贸易试验区管理委员会联合印发《中国（上海）自由贸易试验区贸易调整援助试点办法》，由此重新掀起国内理论与实务界对 TAA 开展深度研究的潮流。具言之，新一阶段的研究主要立足于中国自贸试验区的具体现实，围绕法治创新各项举措之间的冲突与弥合而展开。例如，TAA 为因贸易自由化而遭遇经济损害的企业提供补偿与援助，从而提升其国际竞争力，促进其升级和调整，这与以鼓励国际竞争和放宽外资准入为取向的负面清单制度同时在上海自贸区内实施，二者的制度初衷互有抵触，如何协调两类制度将成为构建贸易强国过程中必须解决的难题。②

（二）国别维度的观察

通过整合并梳理相关文献，并经确切考证，我国学者真正对国际贸易

① 韩秀丽：《保障措施、贸易保护与产业调整援助立法》，《河北法学》2005 年第 1 期。
② 王聪、林桂军：《中国服务贸易强国之路研究》，《国际贸易》2017 年第 8 期。

中的产业调整援助展开研究始于1996年。初期，研究着眼点多集中在对域外制度的引进与评介方面，主题较为单一，且论述多为评价，研究并不深入。① 在这一阶段，对美国与日本的制度评介占据了此类文献的绝大部分，但也有少量文献基于“市场失灵”理论与发展经济学的“赶超型发展理论”对我国制定产业调整援助政策所面临的问题及援助政策的目标、内容与手段进行了初步阐述。②

从国别研究的角度来观察，日本与美国的贸易调整援助立法无论在历史背景还是在侧重点方面都有明显差异，可以说形成了美日两类不同的立法模式。③ 日本政府针对国内衰退产业的缩减与退出采取了特定的短期干预与调整政策，为了避免因衰退产业缩减可能引发的政治及社会问题，立法部门制定了《特定萧条产业安定临时措施法》等法律规章，就失业工人的再就业培训、工人家属的生活安置、外地投资者投资于工业开发区的优惠措施等进行了细致的规范。④ 相比之下，美国的贸易调整援助立法更为系统化，其诞生于1962年《美国贸易拓展法》，为了补偿因贸易自由化的实施给国内部分产业带来的竞争冲击及经济损害，杜鲁门总统基于安抚产业界的考虑，同时为了获取国会对其贸易政策的支持，而作出了将贸易逃避条款订入自由贸易协定的承诺。⑤

（三）现有研究成果的不足

鉴于TAA是在对外贸易实践中所成长起来的法律政策，其背后蕴含了

① 张延军、张学军：《日本的产业调整援助政策及其对我国的启示》，《外国经济与管理》1996年第3期。

② 秦平：《论我国制定产业调整援助政策的几个问题》，《当代财经》1996年第6期；王婷婷：《产业援助政策：针对结构调整的政府行为——关于河北省产业结构调整援助政策若干理论和现实问题的研究》，《社会科学论坛》1998年第1期。

③ 陆国庆：《美国与日本衰退产业调整援助对我国的启示》，《世界经济与政治论坛》2000年第5期。

④ 崔健、张志远：《战后日本产业结构调整援助政策及对我国的启示》，《现代日本经济》1999年第1期。

⑤ 李卓、刘建兵：《论美国贸易调整援助计划》，《经济评论》2005年第4期。

深刻的法律经济学成因，因此使得相关主题的成果具有多学科交叉融合的视角。早在1995年，就有国内学者就政府在产业调整中应该发挥的援助作用展开过论述，但其研究仅聚焦于国有企业，且没有将国际贸易自由化作为研究视角，因此虽然研究中使用了“产业调整援助”的表述，但与本文的研究主题并非同一对象。① 国内外学者从不同视角对TAA的立法动因及制度变迁，TAA对劳工、农民、企业的调整与援助，及其对国际贸易及全球经济治理的影响等进行了研究，取得了丰硕的成果，值得学习和借鉴。

然而，已有的研究尚有一些欠缺：一是学者所发表的TAA文献数量虽不断增加，但文献质量还有待提升，探讨的问题存在碎片化状态，既没有整合的全球视野，也缺乏足够的中国视角，没有将贸易问题与法律问题充分融合实现交叉研究。就高质量研究成果而言，发表于CSSCI法学类核心期刊的TAA文章仅4篇，发表于CSSCI经济学核心期刊的TAA文章仅11篇，专著仅1部。国内学术成果集中于介绍域外TAA立法、条文释评，兼及TAA制度的法律定位及其在WTO框架内的合规性分析，但是，并没有对TAA制度在运行实践中遇到的困境进行实证数据的收集，也缺乏对制度动因的深入反思，没有对中国开展TAA立法的法制基础和必要性做充分的阐发。二是已有的研究未能采用区分对象的手段关注个体TAA措施的独特性。事实上，基于国际贸易法律框架的广泛性及各国外贸法的国别差异，试图从比较法角度——就各国的TAA立法与实例进行解读会是一项相当庞大的研究工作，因此多数学者选择另辟蹊径，专就某一特定国家立法中针对某一类特定群体的援助机制进行“解剖麻雀”式的仔细观察。其中，在国别方面，对美国TAA援助制度的研究最为成熟；在援助对象方面，对农业援助和产业调整援助的研究远比对工人TAA的研究更为充分。三是对于TAA这一问题，仅仅采取单纯的法律研究或经济学研究均不能彻底澄清问题，有必要侧重并突出不同学科的交叉性研究。从研究这一主题的群体来

① 张锐：《试论国企扭亏中政府的产业调整援助作用》，《管理现代化》1995年第4期。

看，不仅包括了国际贸易法、WTO 法的研究人员，还包括部分专门从事贸易经济、产业经济、国际经济的经济学专业人士，打通学科之间的壁垒与隔阂，才有助于实现通盘研究并上升至全球治理的层面。

四、对中国贸易调整援助立法的回顾与展望

（一）中国对外贸易立法对 TAA 研究的启示

2005 年修订的《中华人民共和国对外贸易法》对 TAA 在我国的奠立提供了契机，该法第 44 条规定，国家可以采取必要救济措施对产业提供必要支持，这一条文被学者视为现行国内立法中关于产业调整援助的主要规定。① 立法迈出的一小步，给相关学术讨论提供了充分的养料。在 2005 年之后，我国学者对贸易调整援助制度的研究掀起了一阵热潮，研究的广度与深入得以拓展。概而观之，在这段时间内，学者的关注点主要集中于几下几点：首先，结构调整与贸易政策之间存在何种关联，贸易调整援助立法在 WTO 的体制内是否具有合规性，尤其是，援助措施的实施是否违背《反补贴协议》和《农业协定》确立的国际义务；② 其次，美国模式的 TAA 立法在经典的美国贸易政治逻辑及帕累托最优及其补偿原理中何以立足，该制度在运行过程中是否达到以及在多大程度上实现了立法初衷；③ 再次，美国的 TAA 措施，与专注于遏制进口的贸易救济措施（主要指“两反一保”）在救济手段与功能定位方面的区别所在；④ 此外，关于农业调整援助，因其经历了从例外条款到特别立法、从资金援助到技术援助的

---

① 韩秀丽：《保障措施、贸易保护与产业调整援助立法》，《河北法学》2005 年第 1 期。

② 陈利强、屠新泉：《WTO 体制下美国贸易调整援助制度合法性探析》，《国际经贸探索》2011 年第 2 期。

③ 陈雨松：《美国贸易法上的“贸易调整援助”及其对我国的启示》，《世界贸易组织动态与研究》2007 年第 6 期；张斌、吉婕：《美国贸易调整援助制度：演变、实施与绩效》，《世界经济研究》2010 年第 1 期。

④ 王薇薇：《美国贸易调整援助立法新论》，《特区经济》2009 年第 5 期；陈利强、屠新泉：《美国贸易调整援助制度的性质探究》，《法治研究》2013 年第 6 期。

特殊路线，因此受到学者的特别关注，尤其是在中国农业向国际化发展的背景下，美国模式中的农民 TAA 措施究竟具有哪些借鉴价值和可移植性，尚需深入探究。[①]

2017 年至今，贸易调整援助不仅在法治“先行先试”的中国上海自由贸易试验区落地生根，而且在中美贸易战的背景下再次受到国内法学界的重视。在经济全球化时代下，TAA 制度的发展渐趋成熟，为对外开放所融入的国际贸易自由化提供了有效的补偿机制。[②] 在我国自由贸易试验区建设中，传统贸易救济手段暴露出的弊端得以通过贸易调整援助制度弥补。[③] 但正如有学者指出的，贸易调整援助与国际经贸中的负面清单模式存在着质的差异，前者的目标旨在从正面最大限度地扩大开放，后者则针对开放给相关产业、工人、农民造成的损失提供救济、补偿、援助，从而恢复受助对象的国际竞争力，从反面着眼给国内企业参与国际竞争提供一剂“强心针”。尽管都是在国际贸易自由化进程中不可或缺的制度创新产物，但二者不应混为一谈。[④]

（二）对我国 TAA 立法路径的探讨与展望

关于我国贸易调整援助制度的立法路径，国内学者已经设计出不同的研究视角。其中，有的学者从消解自由贸易协定给国内竞争弱势产业带来的消极影响入手，将调整作为制度的核心目标，探讨如何救济所涉工人和企业，实现国际贸易的平稳调整。[⑤] 也有学者从重振衰退产业、援助本土

① 黄海波、郑玉琴：《论美国外贸法中的调整援助》，《安徽农业大学学报（社会科学版）》2004 年第 3 期；佟占军：《美国农业贸易调整援助法律制度及其启示》，《法商研究》2009 年第6 期。

② 盛建明：《论美国贸易自由化进程中贸易调整援助制度》，《政法论丛》2009 年第 4 期；陈利强、屠新泉：《美国贸易自由化补偿机制——贸易调整援助制度研究》，《国际商法论丛》2013 年第 1 期。

③ 宋和平：《自贸区建设的重要法律保障——贸易救济法律与贸易调整援助》，《智慧中国》2018 年第 12 期。

④ 王聪、林桂军：《中国服务贸易强国之路研究》，《国际贸易》2017 年第 8 期。

⑤ 陈波：《构建我国 FTA 的贸易调整援助》，《国际展望》2010 年第 4 期；陈利强、屠新泉：《为后危机时代中国贸易自由化立法》，《国际贸易问题》2011 年第 6 期。

弱势传统产业的角度入手，将援助措施作为手段而非目标，通过构建自上而下的产业促进政策和贸易干预机制来促进国际贸易秩序的和谐发展及经济实力的整体增强。① 就有权申请获得援助的主体而言，有的学者将其限定为遭遇全球金融危机或外贸侵害的中小企业，从产业、人事、技能、市场、管理等方面提供非财政援助，促使其积极调整以提升国际竞争力。②有的研究更注重于对国有企业的援助和调整，以发挥政府在市场运行中的"守门人"角色。③ 还有的研究，将受助对象界定为困难行业而非衰退产业，即使该行业不属于衰退行业，而只是遭遇暂时的经营困难，也应受到 TAA 的调整与援助，由此便将部分中国的传统行业或民族工业纳入援助对象的范畴之内。④

例如，韩国的 TAA 立法是作为其 FTA 战略的辅助产物而出现的，以应对贸易自由化对竞争弱势产业的冲击为核心，尽管对企业的援助效果不甚明显，但是对国内农业和渔业竞争力的提升及产业升级却着实产生了较为理想的效果。⑤

为了构建相对完整而清晰的研究图景，笔者就研究流程、研究内容、研究方法做了如图 0 - 1 所示的设计。从宏观视角探讨，在论证中国的 TAA 立法何以从构想走向现实时，首先须明确出台相关规定的必要性与可行性。其次，应厘清立法定位、立法目标、基本原则、立法模式等基本和前提性问题。⑥ 对前者，应立足于我国改革开放四十多年来在应对国际经贸摩擦方面取得的具体实践，汲取经验，吸取教训，同时又必须从产业结

① 韩立华、刘幸：《建立健全衰退产业调整援助政策探析》，《学术交流》2005 年第 11 期。

② 陈业宏、黄媛媛：《中小企业贸易调整援助制度的构建》，《现代经济探讨》2012 年第 11 期。

③ 张锐：《试论国企扭亏中政府的产业调整援助作用》，《管理现代化》1995 年第 4 期。

④ 陈金松、张文波、田苗：《应对困难行业实施产业调整援助政策》，《中国经贸导刊》1999 年第 19 期。

⑤ 蓝天：《FTA 战略下韩国的贸易调整援助制度及启示》，《国际经贸探索》2012 年第 1 期。

⑥ 陈利强、屠新泉：《建立我国贸易调整援助制度的构想》，《国际商务（对外经济贸易大学学报）》2011 年第 1 期。

构演变与国际市场竞争的一般规律出发，详实地论证在我国开展贸易调整援助的原因及政策建议。[①] 对后者，应将 TAA 立法视为贸易自由化的开放补偿机制，而不是与自由贸易相互抵触的保护主义制度，这方面研究成果的合理性与普遍性近年来愈发凸显。[②] 与此同时，需要在现行法律框架内确定 TAA 立法的可行性，诸如与《对外贸易法》《反倾销条例》《反补贴条例》《保障措施条例》的相容性，以及与对外贸易壁垒调查评估机制、对外贸易谈判机制的衔接等。[③]

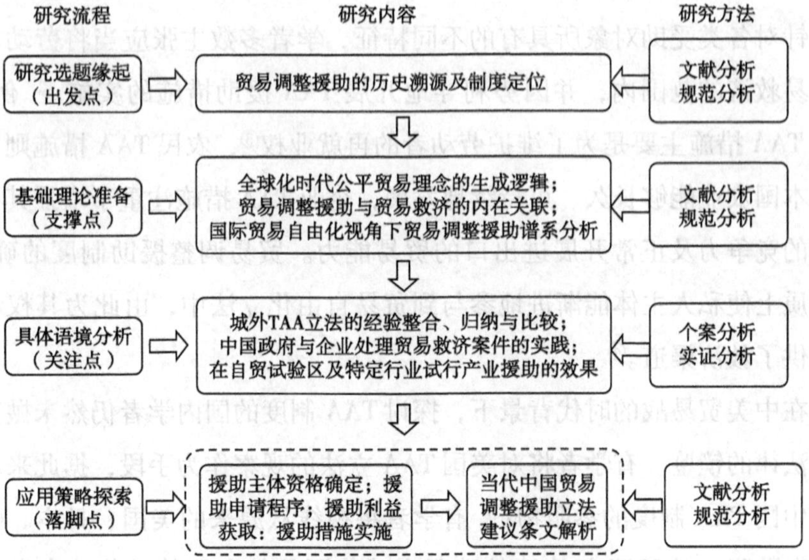

图 0－1　贸易调整援助的研究框架

就 TAA 制度的具体构建与运行而言，不仅需要对国际贸易中的市场竞

① 林洁：《我国实施产业调整援助的原因及政策建议》，《同济大学学报（社会科学版）》2003 年第 2 期。

② 郑美青、全毅：《开放补偿机制的国际经验及其启示》，《国际商务（对外经济贸易大学学报）》2014 年第 4 期；全毅、郑美青：《构建我国 FTA 框架下开放补偿机制的政策分析》，《亚太经济》2014 年第 4 期。

③ 王东辉：《借鉴别国经验完善中国农业贸易谈判机制研究》，《世界农业》2011 年第 8 期。

争与经济损害进行调查评估，而且需要分别对受影响的企业、工人、农民进行技术或经济方面的援助。由此可见，在确定实施与运用TAA立法的执行主体时，需要区分援助资格审查机构与援助措施实施机构，根据实施于企业、工人、农民的援助措施的性质不同，商务部、农业农村部、人力资源和社会保障部应分别承担不同的职责，做到分工配合。实践中，各个部门已经开展了有关调研项目。例如，农业农村部与财政部专家曾先后前往广西壮族自治区调研，论证在龙眼荔枝行业、蔗糖行业开展贸易调整援助制度试点的可行性。①

针对各类受助对象所具有的不同特征，学者多数主张应当将劳动者纳入贸易救济的范围内，并因势利导地开展TAA援助措施的实施。② 例如，工人TAA措施主要是为了维护劳动者的再就业权③，农民TAA措施则旨在扶持本国农业能够长久、可持续地发展，企业TAA措施注重于增强其在国际上的竞争力及正常开展进出口的贸易能力。贸易调整援助制度的确立，从实质上使私人主体能渐进地参与到贸易自由化立法中，由此为其权利保护提供了救济渠道。④

在中美贸易战的时代背景下，探讨TAA制度的国内学者仍然未抛弃对域外法律的镜鉴。有学者将对美国TAA立法的观察作为手段，据此来反思构建中国TAA制度的参照物；⑤ 有学者将视线从原来的美国、日本、韩国等投向欧盟，对2007年构建的欧盟全球化调整基金及其对劳动力失业现象的援助效果进行全方位透析，借此探讨TAA制度运行中应该确立适时评

① 钱开胜：《财政部、农业部专家前往广西调研龙眼荔枝贸易援助机制》，《中国果业信息》2016年第3期；高永刚：《关于建立食糖贸易调整援助机制的思考》，《广西经济》2016年第5期。

② 陈业宏、黄媛媛：《论劳动就业权的外贸法保护构想》，《法学杂志》2011年第12期。

③ 陈业宏、黄媛媛：《美国外贸法对劳动就业权的保护及其启示》，《上海财经大学学报》2012年第3期。

④ 刘佳：《WTO下私人国际自由贸易权利救济制度之构建》，中国政法大学出版社2016年版。

⑤ 于洋：《美国对企业贸易调整援助的效果分析及启示》，《中国经贸导刊》2018年第5期。

估的必要性及援助措施的暂时性特征。[①] 概言之，TAA立法是一项长期的工作，既要具备国际视野，又要体现本国国情，因此需要在扎实地对域外制度进行全面研究的基础上从自身情况出发进行制度设计，而不仅是照搬某一套相对成熟的制度体系。具言之，在设计援助主体对象、援助申请条件、援助实施程序、援助效果评估等相关条款时，需要紧密围绕国家的财政实力、企业的发展需求、产业的调整升级等各方面现实因素，从而激发TAA的最大潜能。鉴于此，笔者将从中国贸易调整援助立法作为出发点和落脚点，对这一制度的生成背景、运行机理、域外经验进行探讨，并对中国开展相关立法的必要性与可行性进行分析，以期为贸易调整援助机制的现代化提供中国方案。研究流程见图0-2。

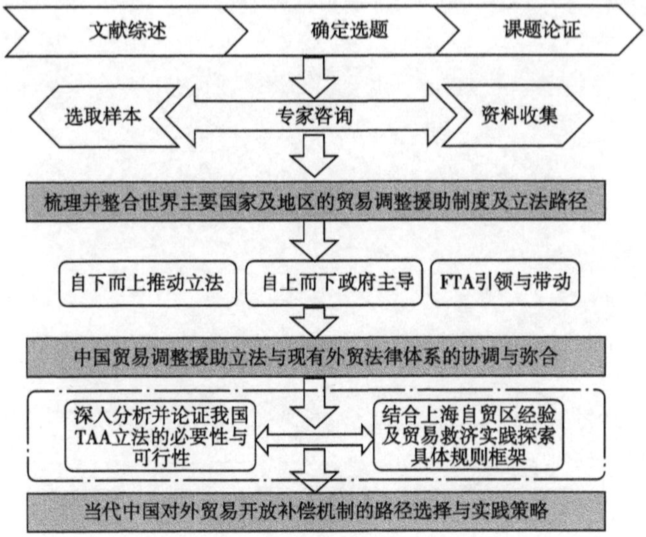

图0-2　贸易调整援助的研究流程

① 张斌：《欧洲全球化调整基金：制度演变与实施绩效》，《国际商务研究》2013年第1期。

第一章
贸易调整援助的缘起、功能与定位

按照比较优势理论，由于各自的条件不同，各国具有比较优势的产品不同，国际贸易的发生具有必然性。① 国家间开展贸易合作，总体上能够使参与的国家都受益，但事实上，国际贸易常常受到各种因素的影响，其中影响最大的是各个国家的法律。② 伴随全球化进程的快速发展，各国经济的发展已深度融入国际统一市场中，在国际市场中所占比重渐增，对外贸易成为各国不可分割的经济驱动力之一。日趋成熟的国际市场与逐渐复杂的贸易环境促进了国际贸易法的现代化，也使世界各国在法治化的轨道内相互依存、共同繁荣。③ 以中美之间的贸易往来为例，作为彼此重要的贸易伙伴，中美两国在货物、服务、技术贸易及对外直接投资等方面长期合作，美国曾是中国第二大贸易伙伴，中国曾是美国第一大贸易伙伴，中美之间已经形成了优势互补、利益交融、互利互惠的经济贸易格局。然

① 大卫·李嘉图在一系列假设前提条件基础上指出，所谓比较优势（Comparative Advantage），是指一个国家在国际贸易与国际竞争中提供某种商品比提供其他商品相对来说更为便宜合算。该原则可概括为，“两利相权取其重，两弊相权取其轻”，简化为“两优择重，两劣择轻”的分工和贸易原则。赵春明等：《国际经济学》，北京师范大学出版社 2012 年版，第 17 页。

② 李居迁：《WTO 贸易与环境法律问题》，知识产权出版社 2011 年版，第 5 页。

③ 李兴鹏、李宏：《我国对外贸易经济中国际经济法的作用分析》，《国际贸易》2019 年第 10 期。

而，自2018年3月起，美国总统单方面发起的针对中国商品大规模加征关税的举措使中美经贸摩擦逐步升级，此举触发并导致中美两大世界经济体之间原已趋于紧张的贸易关系爆发为贸易战。2018年7月6日，美国不顾多方面反对，对中国340亿美元输美产品加征25%关税。2018年8月23日，美国对另外160亿美元中国输美产品加征关税。中国政府为维护正当权益，针对美国的行动，被迫采取反制措施，对原产于美国的商品加征关税。美国实施的一系列单边贸易保护主义行动直接导致了中美双方在WTO互诉，并引发了中美贸易战，这不仅严重威胁中美两国的经贸伙伴关系，而且对全球经济治理亦产生深刻的负面影响。

2019年统计数据显示，由于对华出口大幅下降，美国已从一年前的中国第二大贸易伙伴下降到第三位，被东盟超越，而墨西哥亦超越中国与加拿大，成为美国最大的贸易伙伴国。① 为了弥合中美双方因经贸摩擦而产生的分歧，我国国务院新闻办公室于2018年9月发布《关于中美经贸摩擦的事实与中方立场》白皮书，详尽阐明了中美经贸合作互利共赢、中美经贸关系的事实、美国政府的保护主义行为、美国政府的贸易霸凌主义、美国政府不当做法对世界经济发展的危害及中国的立场。2019年6月，我国商务部发布《关于美国在中美经贸合作中获益情况的研究报告》，阐明了中美双边贸易虽然顺差在于中国，但利益在双方，美国对华贸易的逆差产生于产业竞争力、经济结构、国际分工、贸易政策、货币供给等多个方面，美国以“吃亏”为由单方面加征关税、发起贸易战缺乏合法基础。秉持合作共赢、互利互惠的理念，中美双方于2020年1月15日在华盛顿签署了《中华人民共和国政府和美利坚合众国政府经济贸易协议》（以下简称《中美第一阶段经贸协议》）。②

① 美中贸易委员会：《2019美国出口中国全景报告》，https://www.useit.com.cn/thread-25086-1-1.html，最后访问日期：2020年2月7日。

② 石璐言：《关于发布中美第一阶段经贸协议的公告》，http://www.gov.cn/xinwen/2020-01/16/content_5469650.htm，最后访问日期：2020年2月7日。

对于此次中美贸易战以及以后还可能会发生的贸易保护主义，我国政府部门及民间组织要从对内对外两个角度综合商讨应对策略：对外要坚定地维护多边贸易体制和自由贸易原则，并合理运用 WTO 规则努力维护我国经济发展的国际环境，在国际经贸往来中积极维护我国的国家权益；对内则要从法律制度上向我国因此遭受损害的工人、企业和农民等主体提供扶持与援助，充分发挥我国的制度优势、产业优势、市场优势，坚定不移地推进改革开放，推动我国综合国力再上新台阶。而在向因国际经贸往来而遭受损害的工人、企业和农民等主体提供扶持与援助方面，美国、欧盟、加拿大、日本和韩国等国家相继建立了贸易调整援助制度（Trade Adjustment Assistance，“TAA”），且效果显著。因此，我国在从国内法律制度上对因贸易保护主义而遭受损害的我国工人、企业和农民等主体提供扶持与援助时，别国的贸易调整援助制度值得借鉴。

那么，什么是贸易调整援助制度？该种制度在欧美国家是如何建立起来的？有什么功能和特点？其存在的理论依据是什么？其是否符合 WTO 的相关规则？在贸易政策和制度体系中又应如何定位？本章将从制度缘起、理论基础、功能定位三个方面进行探讨。

第一节　贸易调整援助的制度缘起

一、贸易调整援助制度的概念

（一）贸易调整援助的制度缘起

在经济全球化过程中，各国都会有部分产业、企业和工人在市场开放和贸易扩大过程中遭受负面冲击。为了对那些因进口增加或产业转移等原因而面临困难的群体给予必要帮助，世界主要发达经济体都建立了贸易调整援助制度。

从术语的起源上讲，“调整援助”（Adjustment Assistance）的提法滥觞于欧洲。[①] 伴随着《罗马条约》的签订，由于欧洲经济共同体的建立导致一些企业和工人需要迁移，于是欧共体设立了援助需要迁徙的企业和工人的计划，被称为“调整援助计划”。[②] 1962 年，美国肯尼迪政府通过《贸易拓展法》成功将“调整援助”的概念引入美国贸易救济法，并赋予贸易调整援助新的含义，创造性地建立起非进口限制和非贸易保护主义性质的贸易调整援助制度，并且取得了巨大的成功。[③] 实际上，贸易调整援助制度是伴随着美国对外贸易立法中的例外条款而产生的。[④] 所谓例外条款，亦被称为“逃避条款”（Escape Clause），其雏形源自 1934 年美国的《互惠贸易协定法》（The Reciprocal Trade Act of 1934），该法的主旨是：依照贸易协定所作出的减让，不应且不会对国内产业造成损害。这一原则的确立，针对的是当时特有的历史环境，即彼时所盛行的“以选择性及产品对产品逐项谈判为基础”的关税减让。“逃避条款”的设置，目的在于防止协定双方的减让为其他第三方所利用，而且只有在缔约方国内产业因此遭受损害或受到损害威胁时，缔约方才有机会修改或撤回减让。由此可见，早期的“逃避条款”，与我们当下所谈论的保障措施并不一致。据悉，在第二次世界大战初期，美国与加拿大之间曾经爆发过一次贸易争端，因欧洲市场受第二次世界大战爆发的影响，加拿大狐皮制品大量涌入美国，而美国原有的贸易协定对此并无规定，以至于美国政府手足无措。[⑤] 在这一事件的启发下，美国于 1942 年《美墨互惠贸易协定》中订入了一条具有

---

① 盛建明：《论美国贸易调整援助制度》，《政法论丛》2009 年第 4 期。

② 张庆麟：《全球化时代的国际经济法》，武汉大学出版社 2009 年版，第 112 页。

③ Reischer Clubb，“The Trade Adjustment Bill：Their Purpose and Efficiency”，in Law Review，1961，Vol. 61，p. 490.

④ 例外条款又被称为保障措施条款，指当给惠国认为从受惠国优惠进口的某项产品的数量增加到对本国同类产品或有竞争关系的产品生产者造成或将造成严重损害时，该给惠国保留对该产品完全取消或部分取消关税优惠的权利。

⑤ 高维新、蔡春林：《贸易救济法教程》，对外经济贸易大学出版社 2009 年版，第 10 页。

弹性的概括条款，用以取代原先针对特定贸易威胁所设置的特别逃避条款，即第11条："倘若由于不可预期之发展及本协定附表所列举之任何减让项目之进口增加，以致于造成对国内同类产品或者相似产品之生产者之严重损害或有严重损害之虞，各方政府得自由撤回全部或者部分之减让，或修正其减让，其修正或撤回，以足以防止此一损害发生的程度为准。"该条款即为《1947年关税与贸易总协定》第19条之前身。1934年的贸易协定针对特定的风险，也具备了逃避条款的一些特质，而1942年的《美墨互惠贸易协定》中已然将1934年的"特定风险"推及至"与减让有关的各类风险"，使其成为一项极具弹性的条款。此后，美国陆续与其他国家订立了包含有"逃避条款"的贸易协定，但由于该条款缺乏适用的程序和机构，因此在实践中鲜有使用。

作为"逃避措施"演化而来的制度产物之一，贸易调整援助的独特优势主要体现在将关税减让造成的经济损害从外交政策转移到了国内项目上来，有效避免了外交政策和贸易政策的直接冲突，在不破坏正常贸易关系的基础上，积极鼓励企业或工人进行自身调整以适应国际竞争环境。① 经过数次修改，美国贸易调整援助制度演变为美国对外贸易政策的重要组成部分，同时也逐渐演变为美国重要的贸易救济制度。后来，欧盟、加拿大、日本和韩国等各主要经济体都根据自身情况确立了与美国贸易调整援助制度相近的贸易救济法律制度。

（二）贸易调整援助的独特优势

就贸易措施的归类而言，贸易调整援助制度与反倾销、反补贴和保障措施同属于贸易救济制度，但与"两反一保"等贸易救济措施相比，贸易调整援助又具有以下的独特优点。

第一，贸易调整援助的启动源于国内企业或工人受到了进口竞争的损害，它可以针对国际贸易中进口产品的不公平竞争行为，也可以针对国际

---

① 李卓、刘建兵：《论美国贸易调整援助计划》，《经济评论》2005年第4期，第102页。

贸易中进口产品的公平竞争行为，启动较为容易，申请救济的企业或工人只需填写申请表并提供相关佐证即可；而启动“两反一保”调查程序必须符合法定的实质性要件和形式要件，反倾销需要对进口产品的倾销幅度和国内产业损害程度进行调查，不仅需要确认国内产业受到损害，还要确认进口产品确实是以低于正常价值的价格向进口国市场销售产品，并给国内的同类产品造成了损害，确认二者间存在着因果关系，这一确认过程比较复杂；反补贴需要证明进口的产品存在直接或间接地接受了出口国政府给予的财政方面的补贴事实、对国内已建立的相关产业造成损害及补贴与损害之间有因果关系，且由于许多补贴的隐蔽性很强，所以难以收集到充分的证据和资料，是否存在补贴行为及补贴的性质认定起来较困难；保障措施是针对某些产品在公平竞争情况下因进口数量激增，对国内生产同类产品或直接竞争产品的产业造成了严重损害或严重损害威胁而采取的紧急限制措施，并且采取保障措施需要对国内产业受到损害的情况进行调查，以确认某种产品的进口激增确给本国造成了损害。

其二，贸易调整援助是一种带有福利政策性质的国内救济措施，可以使有实力的企业借此调整自己的发展方向，恢复竞争力，进而重新进入市场；而“两反一保”措施的实施主要是通过在一定期间内抑制进口的方式，为国内产业调整赢取时间，这些措施仅仅提供了更多的国内市场机会，并未对已经受到损害的国内产业给予补偿和扶助，也未对国内产业、企业及其产品的竞争力给予任何形式的改善，无法激励受保护的国内产业主动提高竞争力，相反，有时可能使国内产业依赖于这种保护，丧失竞争力而维持低效状态。

其三，贸易调整援助制度强调国内产业的自立自强和长远发展，它通过技术援助、现金支持、教育培训等多种措施对受影响的企业及工人进行激励，激发其竞争的内在动力，以获得长远的竞争优势而非着眼于短期的进口限制效果，它不会通过进口设限或提高税费的方式制裁进口产品、遏制竞争，因而不会引发其他 WTO 成员启动争端解决机制或报复；“两反一保”措施虽然能够快速、有效地遏制进口，保护国内受损害的产业，但也往往会招致其他国家或地区的报复，甚至引发贸易战、诉诸 WTO 争端解决。反倾销、反补贴措施是单纯为了保护国内产业免受外国产品进口增加的损害以维护公平的竞争环境，遏制不正当竞争，针对的是来自某一国的进口产品，有明显的企业或国家的针对性进而可能被用作歧视性手段，易被滥用为贸易保护的工具，也因此会招致相对方的报复；保障措施适用的对象是产品而不问产品的来源，这意味着措施的采取会开罪友邦，会引起保障措施的受害方群起而攻，进而可能引起双方或多方的贸易战。因此，采取保障措施不仅要考虑本国的情况，还要考虑一旦措施实施可能造成的“打击面”，考虑本国能否承受相应的报复，这种报复可能产生的成本是否小于保障措施实施所获得的收益。

其四，贸易调整援助制度是一种国内贸易救济制度，不影响别国利益，不存在对外国进行补偿的问题；而保障措施的采取原则上要给予受到影响的一方相应的补偿。根据 WTO 的要求，保障措施并非针对不公平竞争行为，采取措施是违反承诺的。采取保障措施或延长保障措施的成员方必须努力维护双方之间权利义务的平衡，进口方当局限制进口以保护其国内产业时，原则上必须给予对方一定的补偿。根据 WTO 协议的规定，一方实施保障措施，权益受到影响的出口方有权要求其提供相应的贸易补偿，如双方不能达成协议时，后者可以暂时中止实质对等的关税减让或其他义务，亦即，利益受损的成员方可以采取措施实行实质水平对等的报复。因此，保障措施的采取往往比较慎重，最终决策也往往与政治和贸易政策息息相关。

由上可见，贸易调整援助重在使国内产业“长远发展”，而“两反一保”重在对国内产业“当下救济”，两者可以弥补彼此的不足，共同维护国家的贸易利益。①

① 沈四宝、刘俊敏：《经济全球化下的中国贸易调整援助制度》，http：//chinawto.mofcom.gov.cn/article/dh/cyjieshao/201008/20100807092096.shtml，最后访问日期：2019 年 8 月 23 日。

（三）贸易调整援助的法律定义

从美国对贸易调整援助的相关规定中可以看到，贸易调整援助是在不能实施关税歧视等措施时而实施的一种救济手段，是一种非贸易保护主义的替代措施。要推行自由贸易就必须实施关税减让等可以降低贸易保护水平的措施和做法，但是降低贸易保护水平将导致进口竞争给国家产业安全、工人就业造成实际或潜在的冲击和损害威胁，在这种情况下，劳工团体等社会力量为了维护自身利益就会要求政府承担保护责任，对潜在和已发生的利益损害给予公平的补偿，最终促使政府在自由贸易与保障国内产业安全和工人就业之间找到一个平衡点——贸易调整援助，它通过资金、技术和咨询服务等方式对遭受自由贸易竞争损害的企业、产业和工人提供调整援助，因此在本质上，其属于贸易损害国内救济措施的一种。

综上所述，可以对贸易调整援助制度作如下定义：贸易调整援助制度是指一个国家在贸易自由化的进程中，为处理国内各方对外贸易利益不和谐问题，而由政府针对由于自由贸易政策的不利影响而遭受严重损害或严重损害威胁的本国相关产业中的工人、企业和农民所提供的一系列旨在帮助其通过自身调整提升竞争力的政府补助计划或措施的总称，其本质上是在对公平贸易不能实施关税歧视和数量限制时的一种进口救济的非保护主义替代措施。①

二、贸易调整援助制度的历史沿革

（一）贸易调整援助制度在欧洲的起源与实施

从《巴黎条约》《马斯特里赫特条约》《阿姆特斯丹条约》到《尼斯条约》，欧洲经济一体化经历了从关税同盟、共同贸易政策、单一市场、

① 黄海波、郑玉琴：《论美国外贸法中的调整援助》，《安徽农业大学学报（社会科学版）》2004年第3期，第68－69页。

欧洲经货联盟以及更为深化的一体化过程。[①] 欧洲经济一体化的不断完善并日趋成熟，促使欧盟开始不断寻求政治的一体化，以展示欧洲的团结和强大。欧洲贸易调整援助制度是推动欧洲政治、经济一体化进程不断深化的重要内容。

第二次世界大战以后，法、德、意、比、荷、卢欧洲六国签订了为期50年的《建立欧洲煤钢共同体条约》，即为大家熟知的《巴黎条约》，依据该条约，这六国组建了具有超国家性质的高级机构——欧洲煤钢共同体，该机构主要是负责各成员国煤钢的生产和销售，后来又进一步提出通过提供专项资金支持来帮助成员国的落后地区进行结构转型以及产业调整。随着该条约的实施，成员国看到了好处，并且希望扩大条约的内容，后来欧洲六国又签署了《欧洲经济共同体条约》以及《欧洲原子能联营条约》，这两个条约被合称为《罗马条约》。《罗马条约》生效后，成立了欧洲经济共同体和欧洲原子能共同体。《罗马条约》的主要目标是在整个欧洲区域内建立起关税同盟以及共同市场，以便协调共同的经济政策，共同和平开发与利用核能，从而进一步加强各成员国之间在经济上的联合，降低欧共体各成员国之间的关税壁垒，逐步实现人员、劳务以及商品和资本在成员国间的自由流动，以此保证各成员国的经济发展和社会进步，促进欧洲区域经济一体化，通过增强区域合作，来促进成员国国内经济的发展。而在签订《罗马条约》之初，为避免因建立欧洲共同体而造成企业和工人的大量迁移进而给欧洲经济带来难以预估的冲击，欧共体促成者就想出了一个办法来防止这种情况的产生——用另一种对企业和工人有好处的利益来换取欧洲区域经济一体化的发展，于是一项以援助由于建立欧洲经济共同体而迁移的企业和工人的临时性援助计划便诞生了，这项临时性援助计划便被称为“调整援助”。

然而，作为欧洲早期的调整援助措施，上述临时性援助计划并未得到

① ［法］德尼·西蒙：《欧盟法律体系》，王玉芳译，北京大学出版社2007年版，第2页。

有效充分的落实，直到 2006 年年底，这一计划才由欧盟委员会建议重新予以实施。当时，尽管经济全球化在就业增长、地区繁荣以及产业结构调整和扩大竞争等方面带来了积极的效果，但是经济全球化浪潮也会对企业和工人带来不利影响。[①] 经济状况恶化、社会环境混乱、政治目标无法实现等问题，导致欧盟内部一些国家的境况不断恶化。至今欧洲社会仍普遍害怕失败，其中包括可能存在的或者假想的失败。[②] 特别是在“里斯本计划”失败以后，[③] 对欧洲境况担心的市民越来越多，一部分人开始质疑欧洲一体化是“社会变革的工具”的观点，甚至有人公开反对欧洲一体化。欧盟希望能够通过对由于国际贸易环境急剧变化而遭受失业或失业威胁的工人进行收入支持、一揽子个人服务、再就业培训等援助手段，来向欧洲市民以及整个欧洲大陆展示欧洲团结互助的一面，因此，欧盟要建立针对全部成员国的欧洲全球化调整基金。

2006 年，在学习和借鉴美国贸易调整援助制度的基础上，欧洲议会和欧洲理事会通过《欧洲议会和欧洲理事会关于建立欧洲全球化调整基金的 1927/2006 号条例》创立了帮助因受经济一体化影响而失业的工人就业的“欧洲全球化调整基金”（European Globalization Adjustment Fund，“EGAF”），从整体上构建了欧洲全球化调整基金的基本框架。[④] 该基金旨在以每年将高达 5 亿欧元的财政预算用于援助由于全球贸易状况变化、全球性金融和

---

① Corrigendum to Regulation (EC) No. 1927/2006 of the European Parliament and of the Council of 20 December 2006 on establishing the European Globalization Adjustment Fund, in Official Journal of the European Union, 22 February 2008, p. 83.

② Loukas Tsoukalis, “Why We Need A Globalization Adjustment Fund”, in Discussion Paper, 6 October 2005, see http://www.eu2005.gov.uk.

③ “里斯本计划”于 2000 年被提出，其目标是使欧盟在 2010 年前成为“以知识为基础的、世界上最具有活力和竞争力的经济体”，但在实施 5 年后由于没有达到预想的结果而被放弃。

④ Corrigendum to Regulation (EC) No. 1927/2006 of the European Parliament and of the Council of 20 Dec. 2006 on establishing the European Globalization Adjustment Fund, in Official Journal of the European Union, 30 December 2006.

经济危机而导致已经失业或者面临失业威胁的工人寻找另一份工作。[①]

2008 年 7 月 2 日，在名为“重建的社会议程：21 世纪欧洲的机遇、权利和团结”会议上，欧盟委员会提交了欧洲全球化调整基金的年度工作报告。报告指出欧洲理事会决定在 2009 年报告讨论前修改欧洲全球化调整基金的相关内容。同年，在《欧洲经济复兴计划》报告中，欧洲理事会宣称将为欧洲全球化调整基金建立一个更加有效的干预标准以回应欧洲一体化进程中出现的危机。同时欧洲理事会重申继续修改欧洲全球化调整基金相关规则的决心，以求干预行为更加有效、迅速。2008 年 12 月 16 日，欧洲理事会通过《修改关于欧洲议会和欧洲理事会建立欧洲全球化调整基金（EC）1927/2006 号法令的 2008/0267 号决定》（简称“EC2008/0267 号决定”）。主要修改内容如下：第一，扩大欧洲全球化调整基金的援助对象范围，把由于全球经济、金融危机和临时必要调整导致失业的工人也列入欧洲全球化调整基金的援助对象；第二，降低干预门槛的限制，对失业人数的要求从 1 000 人下降到 500 人，明确干预标准，并且从判例法中引入“结构性裁员”的定义；第三，进一步明确规定技术援助的相关内容，明确技术援助的范围和欧洲理事会的主动权问题；第四，放宽欧洲全球化调整基金的限制，提高受惠工人数量，将援助比例从原来的 50% 扩大至 70%，同时将欧洲全球化调整基金的援助期限从 12 个月增加至 24 个月，这样更加有利于使因遭受全球化经济不利影响的工人有更多的时间进行调整，争取早日回到工作岗位上去。

欧盟在不断放宽欧洲全球化调整基金援助对象范围、降低援助门槛的情况下，仍旧没有达到欧洲理事会的预期目标，再加上全球经济危机进一步冲击欧洲经济，使得欧元态势低迷、欧洲失业率急剧攀升等问题更加严重。2009 年 6 月 18 日，欧洲议会和欧洲理事会通过《欧洲议会和欧洲理

① Mary Anne Joseph, “Trade Adjustment Assistance: An Analysis Connecticut”, in Journal of International Law, 1990, Vol. 6, p. 286.

事会关于修改建立欧洲全球化调整基金（EC）1927/2006号法令的564/2009号法令》。这次修改的主要内容为：第一，继续扩大欧洲全球化调整基金的援助对象范围，将全球经济和金融危机直接导致失业的工人也纳入欧洲全球化调整基金的援助对象范围，但是成员国必须证明全球经济或金融危机与工人失业有直接必然的联系；第二，明确干预标准中的失业工人人数确定标准，可以从工人接到失业通知或结束劳动合同之日算起；第三，进一步明确欧盟委员会在技术援助方面的主动权。2010年欧盟委员会通过《欧洲全球化调整基金的2009年报告》，该报告第四部分对2009年该基金的运作情况进行了总结：2009年欧盟委员会共接受30例援助申请，从2009年3月1日起，各成员可以根据修改后的法令申请技术援助，从2009年3—12月的8个月的时间里，欧盟委员会共收到28例申请。① 然而，在过去的两年时间内欧盟委员会仅仅接到14例申请，② 很明显，2009年该基金申请者数目有了大幅度地增长。目前，来自13个成员国的29 021名工人申请约1.7亿欧元的收入支持，这些申请全部获得批准。从整体上看，欧洲全球化调整基金在实施情况方面还是不错的，但是继续发展也将面临一系列的挑战。

（二）美国对欧洲贸易调整援助的继承与发展

尽管贸易调整援助的理念最初萌芽于欧洲，但是这一理论真正从“象牙塔”生成为法律制度并步入规范化、体系化、良性化的发展阶段，则是美国立法者的贡献。如果试图更为完整地把握并了解美国的贸易调整援助制度，则有必要首先对该制度在美国生成的法制环境与制度适用的贸易背景等进行分析。可以肯定的是，美国的贸易调整援助制度，最初发轫于其

① Corrigendum to Regulation (EC) No. 1927/2006 of the European Parliament and of the Council of 20 December 2006 on establishing the European Globalization Adjustment Fund, in Official Journal of the European Union, 22 February 2008, p. 83.

② Regulation (EC) No. 546/2009 of the European Parliament and of the Council of 18 June 2009, amending Regulation (EC) No. 1927/2006 on establishing the European Globalization Adjustment Fund, OJL 167, 29 June 2009.

独特的保障措施制度。所谓贸易救济措施，泛指进口国政府为使本国国内产业免受或补救进口产品的不利影响而采取的限制进口的保护性措施。根据适用对象的不同，贸易救济措施包括进口救济与出口救济两类：前者是为了救济进口国的国内产业因外国政府或外国出口商实施不公平贸易措施所遭受的损害，旨在赋予国内相关主体以救济机会，如美国的平衡税法、反倾销税法、337 条款等；后者是指外国政府或出口商并无不公平贸易行为，但进口的增加已经导致国内产业的损害或将有损害威胁时，赋予国内相关主体以救济机会，如当下美国的 201 条款等。

从历史沿革来看，美国早自 1934 年制定《互惠贸易协定法》以来就逐渐形成了对贸易自由化所造成的损害予以补偿的机制。根据该法，美国根据自由贸易协定作出的关税减让，不应当给国内产业造成严重损害，为此应当采取各类预防、救济及补偿措施。具言之，美国行政机关在对外谈判自由贸易协定时，需要采取以下方式降低损害：其一，各部门之间设定行政手续，妥善评估关税减让所涉的事实及其可能带来的后果；其二，对外国产品进口关税的减让施加特定限制，使其对国内产品造成的竞争冲击降至最低；其三，利用贸易协定中设置的例外条款，对特定的风险预留灵活的应对空间和适当的调整机制；其四，就造成预期伤害的减让予以重新谈判。[①] 根据该部法案，美国在 1943 年与墨西哥签署互惠贸易协定时即订入了针对特定危险的脱身条款，该协定第 11 条规定：如果由于无法预见的发展以及根据本协定作出的任何减让引起的进口增加，导致造成对国内同类产品或相似产品的生产者遭受严重损害或有严重损害危险，各方政府可自由撤回全部或部分减让，或修正其减让，撤回或修正以防止损害发生的程度及时期为准。这一条款正是 1947 年《关税与贸易总协定》保障措施条款的前身，因此具有十分深远的影响。

① 罗昌发：《美国贸易救济制度：国际经贸法研究（一）》，中国政法大学出版社 2003 年版，第 54 页。

1945 年，当美国国会考虑是否要延长及加强《互惠贸易协定法》时，行政部门曾同意在美国未来所有的贸易协定中订入脱身条款。据此，当美国国内产业遭遇损害并申请贸易救济时，行政机关的处理方式与其他贸易协定事项相同，均由跨部门的贸易协定委员会（Trade Agreements Committee）负责，但由于并无公开的案件处理程序规范，因此披露的贸易救济申请案件极少。基于此，部分贸易保护主义团体要求修改认定贸易损害的程序，强化脱身条款的可操作性。在这些建议中，最为重要的一项是将适用脱身条款的管辖权由贸易协定委员会转移至关税委员会（Tariff Committee）。[①] 相比于贸易协定委员会，关税委员会不受制于行政机关，而是独立的不隶属于任何党派的机构。

1951 年，美国国会制定《贸易协定扩展法》，初次以法律的形式规定脱身条款。就程序而言，该法要求关税委员会必须在一年内完成贸易损害调查并作出报告。调查程序可由关税委员会自行启动，如果总统要求，参议院或众议院本身或其财政委员会、税务委员会作出决议，或者利害关系人提出申请，则关税委员会亦应启动调查。关税委员会如果认为有损害的证据，应当召开听证会，并将结论及建议提交总统，如果总统不依该建议采取救济行动，则总统应向国会两个委员会出具报告并说明理由。

1955 年，因美国国内贸易保护主义抬头，《贸易协定扩展法》修订时重点对脱身条款这一贸易政策工具进行了完善。根据修订后的脱身条款，如果进口增加实质性地导致了国内产业的损害，则关税委员会必须做出肯定性的认定，而无论进口增加是否构成引发损害的主要原因。这一改变，大大增强了脱身条款的适用性，使该条款的启动门槛降低，将关税委员会适用该条款的自由裁量权转化为应当采取的必要性措施。此外，1955 年《贸易协定扩展法》还对国内产业的界定进行了调整。

所谓现代的美国保障措施，即美国《1974 年贸易法》第 201 条，故又

① 关税委员会（Tariff Committee）是国际贸易委员会（International Trade Committee）的前身。

被称为201条款、脱身条款、防卫条款等。美国的贸易调整援助制度，最初正是基于201条款功能上的蜕变而诞生的。具言之，《1974年贸易法》第201条原本仅具有进口救济性质，即通过关税及数量限制等方式达到限制进口、保护国内产业的目的，但该条款自1988年修订后，不但保有原来的进口救济性质，而且强调产业调整功能。

美国《1962年贸易扩展法》首次将起源于欧洲的“调整援助”概念引入本国，通过在立法思路上借鉴和吸收欧洲共同体的临时性调整援助计划，成功创制出具有美国特色的贸易调整援助制度，实现了贸易政策、产业政策与劳工制度相互交叉结合的目标。欧盟、日本、加拿大以及韩国等主要经济体在参与国际竞争的过程中，都是学习、借鉴美国的先进经验，建立起符合本国或本区域特点的贸易调整援助制度。据此，可以肯定的是，美国是贸易调整援助制度的集大成者。

美国贸易调整援助制度的历史沿革可以从相关法律制度的制定和修改过程来进行讨论。从《1962年贸易扩展法》首次引入“贸易调整”概念开始，经历《1974年贸易法》《1981年综合预算平衡法》《1993年北美自由贸易协定执行法》《2002年贸易法》等法律对美国贸易调整援助制度的不断修改和完善，形成了目前结构完整、合理有效的美国贸易调整援助法律体系。下面将对这一过程进行详细的阐释。

美国《1962年贸易扩展法》创设了贸易调整援助制度，旨在帮助由于自由贸易政策而造成的大量失业的工人和减产或者倒闭的企业。该制度与“例外条款”有很大的关系，国内有些学者认为该制度源自例外条款，是例外条款的衍生物。[①] 由于例外条款本身具有浓厚的贸易保护主义色彩，与美国长期以来推行的自由贸易政策相违背，从长远目标来看，例外条款在很大程度上会阻碍贸易自由化的进程，因此，美国长期以来希望能够寻

① 黄海波、郑玉琴：《论美国外贸法中的调整援助》，《安徽农业大学学报（社科版）》2004年第5期，第68页。

求贸易保护主义色彩较轻的措施，来解决贸易自由化所带来的本国经济损害问题。从本质上讲，贸易调整援助制度与例外条款有很大的不同，两者是截然不同的贸易救济措施，可以说贸易调整援助制度是例外条款的替代品。贸易调整援助制度不同于例外条款的明显特点是设置了极高的门槛，显现出贸易调整援助制度中美国贸易政策的重心开始由“保护”向“调整”转移。由此可见，美国政府为了推行自由贸易政策，通过创设贸易调整援助制度，补偿自由贸易政策的受害者，以争取更多政治利益集团对自由贸易政策的支持。

《1962 年贸易扩展法》第三编规定了贸易调整援助的主要内容，前三章主要对援助资格、企业的援助、工人的援助等内容进行规定。其中对企业的援助包括三种形式：财政援助、税收援助和技术援助。对工人的援助包括三种形式：贸易再调整津贴、培训和重新安置津贴。根据上述规定，如果由于关税减让导致相同或者直接竞争产品的进口增加，工人面临失业或者企业减产或破产是基于以上事实的情况下，这些工人或企业就可以提出援助申请。具体而言，获得援助资格有两种途径：第一，依附于例外条款的附属程序条款（201 条款）①，总统决定采取例外条款规定的救济措施以后，工人或企业可以申请调整援助；第二，工人或企业直接向关税委员会申请援助，在通过资格审查以后即可申请调整援助。

在《1974 年贸易法》中，对 201 条款进行了较大的修改，并由此形成了美国现行贸易调整援助制度的框架。由于长期以来贸易调整援助的门槛设置高，要求比较苛刻，致使在过去的数年中几乎无人从该制度中受益。因此，要求放宽贸易调整援助资格认证限制的呼声也越来越高，再加上新贸易保护主义在全球范围内有所抬头，于是《1974 年贸易法》对贸易调

---

① 201 条款，又被称为“逃避条款”。该条款源自美国《1974 年贸易法》中第 201—204 条，现收录在《美国法典》第 2251—2254 条，该节的题目是“受进口损害的产业积极调整”，该条款授权总统在来自其他国家的进口产品数量给国内产业造成严重损害或严重损害威胁时，采取适当的救济措施以防止或补救损害并便利国内产业必要的调整。

整援助制度的资格认证内容进行了修订，具体修改部分主要表现在以下四个方面：第一，不再要求证明关税减让与经济损害之间的“必然联系”；第二，在调查损害过程中，将进口增加与损害结果之间的因果关系从“重要因素”扩大至“重要地促成”；第三，对企业和工人关于损害事实认定部分分别设立新的认定标准，即相当多工人失业或者面临失业，企业或者其分支机构在生产或者销售领域出现了“绝对下滑”；第四，以前由美国关税委员会主管贸易调整援助项目，之后调整为由劳工部和商务部主管贸易调整援助项目，工人或企业分别直接向劳工部和商务部提出申请，由两部部长决定是否授予调整援助资格证明；第五，同时规定对贸易调整援助授权延长到 1980 年 9 月 30 日。此外，该法还对工人贸易调整援助内容和企业贸易调整援助内容进行了增补，其中主要是商务部在全国设立 11 个贸易调整援助中心（Trade Adjustment Assistance Center，“TAAC”），帮助企业申请贸易调整援助项目以及提供技术援助。①

《1981 年综合预算平衡法》在工人贸易调整援助项目方面，强化了资格审查的标准，对失业补助金额进行削减，避免沦为失业补贴，并且完善了对工人培训和求职服务的规定；在企业贸易调整援助项目方面，修改部分较少。《1985 年统一综合预算平衡法》除了对工人和企业贸易调整援助项目进行重新授权以外，还终止了企业贸易调整援助项目中的财政援助，仅保留技术援助，并将贸易调整援助授权延至 1991 年 9 月 30 日。《1986 年贸易调整援助改革和延展法》将农产品生产销售相关企业及其工人也纳入对工人的贸易调整援助范围。《1988 年综合贸易和竞争法》中再次放松了资格审查标准，将产品组成部件的提供者、石油和天然气勘探、开采企业的工人也纳入贸易调整援助救济对象的范围，继续放宽该制度的限制门槛。为了避免贸易调整援助制度沦为失业工人的变相失业补贴，该法把就

① 这 11 个分布在全美的中心包括五大湖中心、中部美国中心、中部大西洋中心、中西部中心、新英格兰中心、西北部中心、纽约州中心、东南部中心、落基山中心、西部中心以及西南部中心。

业培训纳入获得补助金的必要条件，并且将贸易调整援助授权时间延至1993年9月30日。《1993年北美自由贸易协定执行法》创设“北美自由贸易协定过渡性调整援助计划”,[①] 该计划针对受到北美自由贸易协定不利影响而失业的工人提供贸易调整援助，主要目的就是促进失业工人再就业，同时规定延长授权至1998年9月30日。后来，《1993年综合预算平衡法》《1999年预算法》《2000年预算法》继续延续授权期限至2002年1月30日。

《2002年贸易法》对现有的贸易调整援助制度进行了重大修改，主要内容为：第一，继续放松资格审查标准，将援助对象范围扩大至农场主、农业产业工人以及已经获得调整援助资格的企业上游或下游企业中间接受到对外贸易不利影响而失业的“二级工人”；第二，将之前的工人贸易调整援助与北美自由贸易协定贸易调整援助项目统一整合为工人调整援助制度，增加了健康保险税收优惠；第三，增设农民贸易调整援助项目；第四，贸易调整援助授权延长至2007年9月30日。《2008年统一拨款法》继续为工人贸易调整援助项目提供拨款。[②]

综上，美国通过一系列国内贸易立法，建立起了一套比较完善的贸易调整援助制度，具体可以分为对工人的贸易调整援助、对企业的贸易调整援助和对农民的贸易调整援助三个独立的子项目。[③]

三、贸易调整援助制度的特征

贸易调整援助作为一种和平的、非激进的贸易措施，通过弥补国内利益群体在国际贸易中的经济损害，重新进行利益分配，实现一国或一地区

① 美国国会在1993年通过《北美自由贸易协定执行法》，其中《北美自由贸易协定工人保障法》为因从加拿大和墨西哥进口增加而失业的工人建立了一项新的贸易调整援助项目，也就是北美自由贸易协定过渡性调整援助项目。

② John J. Topoleski, “Trade Adjustment Assistance for Workers and Alternative Trade Adjustment Assistance for Older Workers”, in CRS Report for Congress, RS22718, 25 February 2008, pp. 4 – 5.

③ Cecil E. Bohanon and Marilyn Flowers, “The Unintended Consequences of Trade Adjustment Assistance”, in Cato Journal, 1998, Vol. 18, p. 1.

经济稳定、健康发展的目标。相对其他贸易救济手段或措施而言，贸易调整援助制度具有以下特征：

第一，国家福利性。贸易调整援助作为一种贸易政策，同时具备国家福利政策的特征。国家在制定、推行贸易政策的过程中，在为企业带来丰厚经济利益的同时，必然会给一部分社会主体带来或多或少的利益损害结果。由于这种损害结果是源自国家推行的自由贸易政策，因此，国家应该对遭受损害的社会个体提供补偿或救济，从而保障每个社会个体都拥有享有社会福利的权利。贸易调整援助的立法原理正是体现在推行自由贸易政策的同时，政府创设贸易调整援助对自由贸易中的输家给予经济补偿。这种补偿实质上是将赢家所获得的福利部分转移给输家，以平衡输家的利益损失进而换取他们对自由贸易政策的支持。[①] 因此，贸易调整援助是基于国家为了弥补自由贸易政策带来的经济损害而采取的一系列救济或援助措施，带有浓厚的国家福利色彩。

第二，公平性。贸易调整援助作为贸易救济措施，其公平性主要体现在以下三个方面：首先，政府推行自由贸易政策就必须平衡输家和赢家之间的利益差距，补偿输家的那部分经济损失，以实现社会财富在赢家和输家之间的平衡分配，换得更多利益团体对自由贸易政策的支持。只有政府不断给自由贸易的输家提供补偿，才能够疏导长期以来贸易保护主义的压力，从而减少贸易自由化的阻力，进一步推动经济全球化继续向前发展。而贸易调整援助正是通过平衡自由贸易赢家和输家之间的经济利益差异，以实现公平的目的。[②] 其次，在救济或援助过程中，受援助的企业、工人或农产品生产者不会因为经济支持而得到任何竞争优势，他们必须根据自身的实际情况积极进行调整，不断提高自身竞争力，然后重新回到自由贸

① 陈利强：《美国贸易调整援助制度研究》，人民出版社2010年版，第42页。

② 杨光世：《欧洲贸易援助制度的立法研究》，《山西大学学报（哲学社会科学版）》2010年第33期，第131页。

易市场上进行公平竞争。最后，贸易调整援助通过将国际自由贸易过程中产生的经济损害转移到国内进行调整，不会对第三国的出口商品实施制裁或限制出口，不会损害出口国的商业利益，更不会导致本国商品在本国市场上或第三国市场上处于不利的竞争地位。

第三，温和性。贸易调整援助作为一种贸易救济措施，其救济理念和援助方式有别于传统的贸易救济措施。从援助对象上看，反倾销、反补贴措施主要是针对外国政府或外国企业，贸易调整援助主要是针对本国企业、工人或农产品生产者。① 从作用上看，反倾销、反补贴措施主要打击外国政府或外国企业的不公平贸易行为，属于推动贸易自由化的公平保障机制；贸易调整援助作为贸易保护主义与自由贸易主义相互妥协的产物，是针对自由贸易政策产生的经济损害的一种补偿机制。贸易调整援助并不会像传统贸易救济措施那样对外国政府或者外国企业采取调查、诉讼和限制等一系列的激进措施，② 而是采取一系列旨在帮助本国遭受贸易自由化不利影响的企业、工人或农产品生产者的援助措施，帮助其提升自身竞争力，因此不会对外国政府或外国企业采取激进的限制措施，也不会招致外国政府或外国企业的非议或报复行动。最为重要的是，贸易调整援助的创设意味着贸易救济开始从“激进性”向“温和性”转变。③

第二节　贸易调整援助制度的理论基础

一、国家治理观念的现代化转型

治理（governance）这一概念源自拉丁文和古希腊语，原意是控制、

---

① Chad Bown & Rachel Mcculloch, “U. S. Trade Policy and the Adjustment Process”, in IMF Staff Papers, 2005, Vol. 52, p. 110.

② 余劲松：《国际经济法问题专论》，武汉大学出版社2004年版，第371页。

③ 翁国民：《贸易救济体系研究》，法律出版社2007年版，第96页。

引导和操纵。长期以来，国家治理这一术语与统治（government）一词教材适用，主要用于与国家的公共事务相关的管理活动和政治活动中。自20世纪90年代以来，西方政治学家与经济学家赋予治理一词以新的含义，其涵盖的范围远远超出传统的经典意涵，不再局限于政治学领域，而是延伸至社会经济领域，不仅在英语世界使用，且逐渐被欧洲社会广泛接纳。[①]若干年来，治理概念的运用被视为解决国家问题的重要方案，探讨治理问题的语境主要存在于国家中央权威丧失、国家行为低效、公司联合治理的重要性日渐受到重视等场合。在此类情形下，社会变化不可避免地诱发了管理危机，而有效的社会治理是企求解决问题的妙方，可解决由于政治和社会发展带来的冲突。从这种视角出发，有学者对治理提出了不同定义，包括“最少限度的国家”“按照私营企业模式进行的管理”“新的公共管理”“有效的管理”“社会控制制度”“一系列自组织的社会网络”等。[②]新的理论观念断言有效的治理意味着国家紧缩开支，变得不那么强有力而是降低姿态，与私营利益集团共同在社会治理网络中发挥作用。然而，削减国家开支并不能完全解决社会问题，社会问题的表现之一在于市场主体因自由竞争而产生的优胜劣汰现象。换言之，在自由贸易竞争中，部分主体因贸易而盈利，部分主体却因此而亏损，市场在调节社会资源配置方面充当了第一要素。然而，仅凭市场力量完成资源配置并不一定是最优的制度选择，适时介入政府力量对资源配置进行优化，是符合社会需求的合理选择。有研究表明，在美国面临社会问题时，政府在社会领域的干预有增无减。具言之，政府主要通过大规模干预以促进提前退休，帮助工业改造，鼓励职业教育和雇员的再培训。危机导致了特定目的的政府干预和援助计划同时激增，失业津贴的财政支出渐增。[③]

① 俞可平：《治理与善治》，社会科学文献出版社2000年版，第2页。

② 俞可平：《治理与善治》，社会科学文献出版社2000年版，第111页。

③ 俞可平：《治理与善治》，社会科学文献出版社2000年版，第114页。

在上述背景下，贸易调整援助的功能愈发得以凸显。当前，欧美等主要的发达国家和地区多制定了符合其国情的TAA机制，针对受到进口竞争损害的工人、农民、企业以及相关产业提供调整援助措施，补偿其因自由贸易竞争遭受到的损害，提高企业的竞争力，帮助产业优化升级，帮助工人和农民重新就业。就其实质而言，贸易调整援助制度是一项替代进口限制的非贸易保护主义的国内救济措施，该制度不但有助于使自由贸易引发的失业情况得到缓解及改善，且能够促进相关的产业和企业恢复及提升国际竞争力。① 随着全球贸易自由化进程的快速发展以及各国开放水平的大幅提高，我国同样面临着为整体贸易利益而不得不牺牲局部利益和使相关产业受到冲击以及由此产生的援助调整问题，国际金融危机、贸易单边制裁、征收与国有化等投资风险使我国的外贸受到严重冲击，国内相关的产业和工人面临着剧烈的外部竞争及贸易风险，出口导向的外向型中小企业生存现状面临困境，劳动密集型产业不断萎缩，失业率攀升。在这些前提下，TAA机制作为政府治理的手段之一，可以在保持贸易自由化的同时将所受不利影响和实际损害降到最低。

二、福利经济学视阈下的“扶弱抑强”原理

经济学家普遍认为在确定国家间的贸易规则时，自由贸易要优于保护主义。不同国家在各自的优势上通过贸易而获得利益，生产他们效率相对较高的产品，交换他们效率相对较低的产品，通过贸易互通有无，各国在具有相对较高生产力的领域进行专业化生产，将有助于提高各国的真实财富总量。然而，贸易自由化是一把“双刃剑”：从全球层面来看，一方面，贸易自由化为国内经济中的出口产业提供了新的海外市场，带来了社会福利的增加；另一方面，随着贸易壁垒的消除，国内某些产业将无法避免日益增加的进口竞争所带来的“经济损害”（Economic Injury）或产业损害，

① 翟义东：《论贸易调整援助制度》，大连海事大学2010年硕士学位论文，第1页。

这种经济损害或产业损害主要是指企业减产或倒闭以及由此带来的工人失业。[①] 换句话说，贸易自由化过程中产生的竞争同时制造了“胜利者”与“失败者”：高效的企业在海外市场扩张的同时，效益可以获得增长，成为贸易自由化竞争中的“胜利者”；低效的企业在面临国外竞争时，可能会被兼并或者倒闭，成为贸易自由化竞争中的“失败者”。虽然从宏观经济的角度看，这种现象是符合自由贸易理论的，但这一“优胜劣汰”的过程对于企业和工人乃至农产品生产者而言却是个艰难的过渡，而且对于一国经济结构的安全性也会造成损害。[②] 因此，对贸易自由化所引致的企业、工人和农产品生产者受损问题的调整和援助应运而生。[③]

面对自由贸易的长期利益和短期调整痛苦之间的矛盾，兴起于20世纪30年代的凯恩斯国家干预主义（Keynes' State Interventionism）和福利经济学（Welfare Economics）的思想为国家干预自由贸易提供了经济学理论依据。在福利经济学的思潮中，帕累托理论（Pareto Theory）和补偿原则（Compensation Principle）为美国的贸易调整援助奠定了思想基础。[④] 帕累托最优，是指资源分配的一种状态，在不使任何人境况变坏的情况下，不可能再使某些人的处境变好。[⑤] 为了达到“帕累托最优”而采取的措施被称为“帕累托改进”：在没有令任何人境况变坏的情况下，至少使其中一个人境况变得更好。[⑥] 而帕累托的最优状态“具有高度限制性”，现实中几

---

① Whitney John Smith, “Trade Adjustment Assistance: An Underdeveloped Alternative to Import Restrictions”, in Albany Law Review, 1993, Vol. 56, p. 943.

② J. F. Hornbeck, “Trade Adjustment Assistance for Firms: Economic, Program, and Policy Issues”, Congressional Research Service Library of Congress, 2013, p. 2.

③ Eleanor Roberts Lewis & Harry J. Connolly, “Trade Adjustment Assistance for Firms and Industries”, in University of Pennsylvania Journal of International Business Law, 1988, Vol. 10, pp. 581－583.

④ 陈利强、屠新泉：《美国贸易自由化补偿机制——贸易调整援助制度研究》，《WTO法与中国论坛》文集——中国法学会世界贸易组织法研究会年会论文集（八），2009年，第6页。

⑤ 许崴：《试论差异化商品交换与帕累托改进》，《中国流通经济》2010年第10期，第68页。

⑥ ［澳］黄有光：《福祉经济学——一个趋于更全面分析的尝试》，张清津译，东北财经大学出版社2005年版，第78页。

乎没有政策措施能够真正实现帕累托最优的状态，为了扩大帕累托最优的适用性，国家应当借助福利政策来补偿自由贸易给部分人所带来的收入损失，从而实现社会整体福利的增加。①

虽然贸易自由化促进美国经济增长，为美国整体福利带来收益，但这些贸易利益在美国并非平均分配。贸易自由化会导致资本和劳动力等生产要素从不具有比较优势的产业向具有比较优势的产业进行转移并因此产生成本。这种成本是贸易自由化中的胜利者和失败者之间的转移。根据帕累托最优（Pareto Optimality）原理，假如一项政策能在不使任何人情况恶化的基础之上提高部分人的福利，那么这项政策就是值得推行的。② 美国的贸易调整援助制度就是对贸易自由化过程中的失败者进行补偿，而这种补偿正是胜利者所获得的福利的部分转移。换言之，贸易调整援助的过程就是基于公平原则对贸易自由化中所获得的福利在胜利者与失败者之间进行再分配的过程，从宏观上来看，也是自由贸易胜利者所获得福利的部分转移。③

从经济角度来看，比较优势理论作为自由贸易的理论基础存在一个假定，即自由贸易所导致的资本和劳动力等生产要素从不具有比较优势的产业向具有比较优势的产业进行转移并不发生成本。然而，这在现实中是不可能的。虽然从长远来看国民经济会受益于贸易自由化进程，但随之而来的短期资本和劳动力转移成本对国民经济的影响也有可能是巨大的。在贸易自由化问题上，用短期成本换取长期利益是否值得，经济学者有不同的主张。Richardson 在其 1980 年的研究中，主张国民经济从贸易自由化中所

---

① Ethan Kapstein, "Trade Liberalization and The Politics of Trade Adjustment Assistance", in International Labour Review, 1998, Vol. 137, p. 505.

② James A. Brander, "Trade Adjustment Assistance: Welfare and Incentive Effects of Payments to Displaced Workers", in NBER WorkingPaper Series, see http://www.nber.org.

③ 陈利强、屠新泉：《美国贸易自由化补偿机制——贸易调整援助制度研究》，《WTO 法与中国论坛》文集——中国法学会世界贸易组织法研究会年会论文集（八），2009 年，第 6 页。

得到的长期利益不能和这种短期成本相比拟。① 当一国生产要素难以在产业之间移动且要素价格出现刚性时，实行贸易自由化政策必然会使原来在保护状态下从事进口替代产业的劳动、资本等生产要素一下子难以被出口产业吸收，由此产生结构性失业。假如失业带来的损失大于自由贸易带来的利益，那还不如维持原有的贸易状态。② 然而 Banks 和 Tumlir 则认为，虽然贸易自由化会发生私人调整成本，但是这种成本只是贸易自由化中的负者与胜者之间的转移，并非资源的消耗。而且负者的损失肯定小于胜者的收益，因为如果反过来的话，负者完全有实力"贿赂"胜者放弃贸易自由化。多数经济学家赞同 Banks 和 Tumlir 的主张，也一直承认贸易自由化中伴随着私人成本的转移和调整。如果我们同意这种成本是贸易自由化中负者与胜者之间的成本转移，而且负者的成本小于胜者受益，那么是否能够有一种制度可以让收益也能在胜者和负者之间转移从而补偿负者的成本？贸易调整援助制度的经济学基础正在于此。

此外，福利经济学还提出帕雷托最优理论和补偿理论，指出增加社会福利允许损害一部分人的利益，只要增加的福利在补偿损失之后还有剩余，社会就算增加了福利，政府在其中应采取适当政策使受损者得到补偿。贸易自由化所涉及的个体经济和精神成本可能是巨大的，而贸易调整援助制度可能在很大程度上缩小消费者从贸易自由化中的受益与贸易保护受益之间的差距（差距的判断不以收入为基础）。③ 如果国家能够使每个因贸易自由化而失去工作和收入的人从赢家（因贸易自由化而得利的人）那里得到补偿，那么该国的贸易自由化政策就可以满足帕雷托最优，而被更多的权利主体所接受。因此，从理论上看来，贸易调整援助制度是一套满

① J. Richardson, Understanding Internaional Economics, Boston: Little Brown, 1980, p. 321.

② 于宗先：《经济学百科全书第五编货币与金融、国际经济学》，联经出版事业股份有限公司，1986 年版，第 365 - 368 页。

③ 帕累托最优原则为现代福利经济学奠定了理论基础，也是美国贸易调整援助计划的理论基础。参见李宏伟：《美国的贸易调整援助计划》，《全球科技经济瞭望》2004 年第 8 期。

足帕雷托最优理论的贸易自由化政策中必不可少的组成部分。[①]

三、贸易自由化基础上的公平理念博弈

（一）自由贸易的勃兴及其质疑

罗斯福新政时期，美国国会于1934年通过了《互惠贸易协议法》，为对外贸易政策确立了自由贸易的方向，对削减关税壁垒、消除自由贸易障碍起到了重要作用，从此实现了从贸易保护主义到贸易自由化的实质性转变。为了扩大对外贸易，维持美国战时的生产水平，保障充分就业，杜鲁门政府决定凭借美国强大的经济实力，在全球范围内建立自由贸易体系，实现贸易与资本不受行政干预而自由跨越国境。

从20世纪40年代到60年代，以发起成立GATT为标志，美国以自由贸易为世界贸易体系建立的目标，大力推进国际贸易向着多边化和自由化方向发展。从20世纪80年代开始，美国贸易政策开始转向“侵略性互惠”，以期解决其面临的国外市场不对等开放的问题，为了实现“互惠”，美国主动采取报复或威胁手段，强迫贸易伙伴开放市场以实现自由贸易。从20世纪90年代末期开始，美国的单边贸易制裁措施受到国际和国内政治的双重压力。在利益集团和学者对美国贸易政策中的“过分”自由进行有力的批判后，美国改变了其国际贸易政策的目标，并分为两个阶段：第一阶段即从单方贸易制裁转向促进“自由贸易”的扩展，敦促世界贸易规则框架的构成；第二阶段即从“自由贸易”为目标转向以促进“公平贸易”为目标，通过寻求“公平”获得国际经济利益。由此，美国的贸易政策从自由贸易转向公平贸易，并在公平贸易框架下发展了贸易调整援助制度。

回顾历史不难发现，自第二次世界大战以来，美国贸易政策的决策者

---

① 吕晓杰：《贸易调整援助制度的法律问题初探》，国际经济法网：http：//ielaw.uibe.edu.cn/fxlw/gjjjfl/gjjjfxll/11542.htm，最后访问日期：2019年8月23日。

们对参与全球贸易、推进贸易自由化有着广泛的共识：一方面，贸易可以为美国充足的生产力和丰富的产品带来更为广阔的海外市场，从而创造就业和福利的同步增长，并能够同时为美国消费者提供一个更大的消费选择空间；另一方面，来自外国的竞争也有助于使大部分商品保持低价，从而产生减缓通货膨胀压力的效应。然而，随着美国经济的衰退和贸易逆差的扩大，美国国内对自由贸易政策的效应产生了质疑。亚当·斯密在《国富论》中首次阐述了自由贸易的益处源自专业化的分工。大卫·李嘉图提出的比较优势理论，进一步奠定了自由贸易的理论基础。H－O 理论将比较优势的大小归因为要素禀赋的差异，且提出要素的有限流动性。利用 H－O 模型的假设，斯托尔拍和保罗·萨缪尔森研究了贸易对要素所有者真实收入的影响，并提出：自由贸易能增加充裕要素所有者的真实收入，而减少稀有要素所有者的真实收入。保罗·萨缪尔森和默里证明自由贸易对于自给自足的经济而言是一种帕累托改进。保罗·萨缪尔森和赫尔普曼、克鲁格曼提出的要素价格均等化理论认为，在一些限定条件满足的前提下，商品的自由贸易会带来商品价格的均等以及随之而来的要素价格的均等。这些理论都是自由贸易得以发展的前提，但由于上述理论研究均是建立在严格的假设基础之上，并与现实社会存在差距，因此，关于自由贸易理论的质疑和分歧也迅速形成。

20 世纪 50 年代到 70 年代，是贸易扩张和收入增长进入良性循环的黄金时期，但是自由贸易却遭到不少发展中国家的反对。新独立的发展中国家试图保护本国新兴产业，因为这些产业是一个新兴现代国家经济和社会发展所必需的，可以说这是一种非经济的选择。另外，发展中国家的确存在市场不完善的问题，比如部门间扭曲的工资差异和刚性工资，这些都需要一定的保护。鉴于这些问题，贸易理论的学者开始着重分析要素市场的不完善，随着理论的发展，还出现关于纠正劳动力市场扭曲的最优和次优政策选择的问题。20 世纪 80 年代以来，理论界则将注意力转移到产品市场的不完善，尤其是小集团战略互动模型的发展上，对发达国家实施保护政策提供了理论依据，同时对自由贸易的恐惧逐渐由发展中国家转移到发达国家。随着关税与贸易总协定谈判使得关税降低，发达国家更多开始使用非关税壁垒，比如自动出口限制、反倾销和反补贴税。但是，克鲁格曼引入的寻租理论，大大增加了贸易保护主义的成本。① 到了20世纪90年代，自由贸易面临新的挑战，基于要素价格均等化和斯托尔拍—萨缪尔森定理，发达国家担心其与发展中国家的自由贸易会降低不熟练劳动力的真实工资水平。越来越多的人开始主张将平等的竞争环境作为自由贸易的前提，以保证自由贸易的公平性。

（二）公平贸易的萌芽及其成长

相比于自由贸易，公平贸易理念还较为年轻，这种理念萌芽于19世纪80年代。在此之前，各国的贸易政策总在贸易保护主义与极端贸易自由主义之间摇摆不定，并没有所谓的公平贸易思想。19世纪80年代，英国纺织界在与德国纺织业的商战中，发起公平贸易运动，标志着公平贸易思想的诞生。但是，公平贸易思想在很长一段时间内并未受到重视，直至20世纪70年代，美国贸易政策环境急剧恶化，产生大量贸易赤字，美国的经济霸主地位受到欧共体、日本等国家的严重威胁，为了维护自身贸易地位，美国开始大力宣扬公平贸易，但实则是以公平贸易为噱头，对其他国家实行单边的贸易制裁。②

随着贸易开放的扩大，美国逐渐认识到，仅有“自由贸易”是不够的，还必须有公平的原则。一个开放的贸易体系必须是各国都可以公平地、无歧视地进入其他国家的市场，而不是各国都能自由地进入美国市

---

① Jagdish Bhagwati, “Free Trade: Old and New Challenges”, in The Economics Journal, 1994, Vol. 104, No. 423, pp. 231 -246.

② 1985年9月，时任美国总统罗纳德·里根作了题为“自由且公平”的演讲，这被视为美国贸易政策转向的风向标，而1988年颁布的《综合贸易与竞争法》，则是二战后美国一直奉行的自由贸易政策向公平贸易和战略性贸易政策转变的转捩点。参见吴云翔、叶明华：《从自由贸易走向公平贸易——80年代美国贸易政策转向及其原因》，《求实》2003年第S2期。

场，而美国厂商却被挡在其他国家的市场之外。因此，传统的自由贸易政策面临着挑战，于是从20世纪90年代末期开始，美国兴起了一场“公平贸易运动”。公平贸易的支持者要求国内政策有一个根本的变化，敦促决策者利用市场进入作为谈判的筹码，要求消除不公平比较优势的根源。越来越多的学者把贸易同国内政策（如环境、劳工、竞争、税收和人权）联系起来，在各种多边、双边和区域贸易谈判中，将国内政治和经济问题与国际贸易结合起来统筹考虑，其中心思想就是劳工和环境规制是有成本的，因此，必须削弱那些来自较低标准国家的进口商品的竞争力，提升本国出口产品的市场竞争力，从而以公平贸易作为有效保护本国产业的工具。而公平贸易的反对者则认为“消除不公平比较优势根源”的观点是错误的，要求劳工和环境标准应该在国际间形成一个协调统一的体系也是不现实的。

20世纪80年代以来，美国贸易政策发生了历史性转折。1985年9月，罗纳德·里根做的“自由且公平”的演讲，被视为美国贸易政策思想转向的信号，并组成以商务部长为首的贸易反击小组，以查明和制止外国的不公平贸易行为，成为美国实践公平贸易之滥觞。自此以后，以GATT为总体框架的自由贸易体制几乎趋于崩溃，第二次世界大战以后美国一直奉行的自由贸易政策开始向公平贸易政策和战略性贸易政策转移。

美国《1986年综合贸易法案》强调要对实施“不正当、不合理、不公平的贸易政策或做法”的国家采取报复行动，从而进一步强化了转向公平贸易的趋势。美国《1988年综合贸易与竞争法案》的颁布，正式标志着公平贸易取代自由贸易成为美国贸易政策的基本原则。20世纪90年代末期开始，美国的单边贸易制裁措施受到国际和国内政治的双重压力，在利益集团和学者对美国贸易政策中的“过分”自由进行了有力的批判后，美国改变了其国际贸易政策目标。于是，美国为了维护本国利益，开始了一场“自由且公平”的贸易活动。

（三）在自由贸易基础上构筑公平贸易的现实条件

就国家之间而言，贸易自由化是双赢的，但就一个国家内部而言，则有赢者和输者，换言之，因自由贸易产生的收益在国内的分配并不均衡，如果不设定利益平衡机制，将会引发严重的社会问题，无益于良好的对外贸易秩序的构建及维护。以美国为例，贸易自由化缔造了赢者与输者，输者所受损失在多大程度上能够得到补偿将决定其是否仍然继续支持自由贸易政策。具言之，美国劳动密集型部门在自由贸易中没有比较优势，所以该部门的低技能工人及其家庭受到贸易自由化的影响最大。这样，自由贸易会损害低技能的工人及其家庭，廉价的进口商品给予他们一些补偿，但是和其所遭受的损失相比，显得微不足道。第一，进口规模的扩大以及外包业务的增加削减了本国的就业岗位，进口竞争造成大量工人失业，这些工人实现再就业面临困难。① 第二，增加了不熟练工人群体的恐慌。因为进口竞争或者外包业务而失业的工人绝对数目可能较小，但是，自由贸易会导致失业这一事实为众多工人所知悉，受羊群效应的影响，该群体易形成恐慌。多数低收入家庭对未来持较为悲观的态度，在消费以及对未来投资的问题上的决策容易短视，较不理智。第三，会引起所有部门相对工资的下降，无论是贸易部门还是非贸易部门。同时，技术创新带来了标准化生产和专业分工，也降低了对熟练工人的需求。

在以上三个方面的背景下，美国的主要贸易政策开始发生变化，加大力度倡导公平贸易，而不是简单推进自由贸易，已经成为美国贸易政策的主要宗旨。美国的政治家们相信，只有公平贸易才能改善和优化美国的国际贸易环境，这是美国贸易扩大的关键；相反，单一追求自由贸易却可能导致美国因单方面开放而蒙受国际利益损失。因此，美国积极追求公平贸易的目标，并努力改变那些和美国有贸易顺差关系的国家的贸易政策。

---

① Daniel W. Drezner, “U. S. Trade Strategy: Free versus Fair”, Sponsored by the Maurice R. Greenberg Center for Geoeconomics Studies, Council on Foreign Relations Press, 2006, p. 64.

20世纪80年代初开始，美国经济向后工业化社会转变的步伐明显加快，其基本特征是：传统制造业的国际竞争力降低，而与高科技相结合的服务业的国际竞争力迅速上升。在这种情况下，在多边贸易体制下不断扩大的货物贸易自由化给美国带来了巨大的国际竞争压力，导致美国在世界经济中的相对优势地位不断下降，对贸易调整援助的需求也相应增长。

（四）公平贸易政策的不断完善

从理论角度分析，各方参与贸易的目的是为了获益，并且各方都追求自身利益的最大化，公平贸易是指贸易合作国在各种产业中遵守相同的规则。正如亚当·斯密所言：在商业行为中，商人通常既不打算促进公共的利益，也不知道自己在什么程度上促进哪种利益，他所盘算的只是自己的私益。为了实现各方利益的最大化，贸易必须公平地进行，因为不公平的贸易会使一方的利益受损，而另一方无端获益。在国际贸易中，法律制度的设计不仅要规范竞争者的交易行为，还涉及国与国的贸易关系。相应地，公平贸易的理念要求同时追求公平买卖与公平竞争，各国政府承担保障国际贸易公平进行的义务。具言之，公平贸易体现为几个要素：其一，商品或服务的跨国经营者之间应公平交易、公平竞争，前者要求经营者在平等地位的基础上根据私法自治而诚信和善意地订立及履行合约，后者则要求国际贸易经营者遵守市场竞争规则，如安全保障义务、产品质量标准、如实标识产品状况等；其二，政府依法规范国际贸易的公平竞争，具体涵盖进出口两个角度，各国既要保障本国商品能自由进入国际市场参与竞争，对不公平贸易措施积极启动救济，还要保障进口商品具备公平参与国内竞争的机会，对遭受进口商品不公平竞争的国内相关产业提供救济。[①]

但在实践中，公平贸易的重点随着时间的推移而有所不同。20世纪80年代，美国公平贸易的提出主要是针对日本，多数美国经济学家认为，

① 何宪民：《WTO体制下贸易救济实施与中国的应对策略研究》，经济科学出版社2013年版，第22页。

战后日本政府并未像美国那样对其开放国内市场，而是实行了战略性贸易和产业政策，使得日本在电视机、汽车和半导体等产业获得了竞争优势，而美国厂商在这些产业领域则遭受了重大损失，甚至丧失了竞争优势。美国指责日本因此获得了不公平的竞争优势，与此相对应，反倾销税和反补贴税的征收也都被认为是公平贸易的方式。进入20世纪90年代，随着劳工标准和环境标准的提出，公平贸易又有了新的表现形式。美国认为，有些国家保持较低的劳工标准和环境标准，在此基础上的贸易对于美国等有较高劳工标准和环境标准的国家而言，显然是不公平的。于是，公平贸易成为贸易政策的主流。

近几年来，国际公平贸易协会[①]（International Fair Trade Association，IFTA）一直在大力推行公平贸易运动，主张公平贸易是一种基于对话、透明和尊重的贸易关系，旨在推进国际贸易更进一步平等，通过向边缘化的生产者和工人提供更好的贸易环境，维护其权利，来促进可持续发展。综上，公平贸易可以概括为两部分：一是为国际贸易提供一个新的运转模式，能够对其中的生产者和消费者带来一些改变；二是挑战商业行为中的一些正统思想，使得公平贸易成为改良主流经济模型的工具。

严格从经济学的角度来分析，公平贸易认为在非充分就业的前提下，传统的分析低估了失业的成本，同时高估了贸易自由化的收益。从政治学的角度来分析，公平贸易认为一国贸易政策不仅要考虑国民收入最大化，而且还要考虑社区稳定、收入有保障等因素。如果贸易自由化搅乱了人们的正常生活，或者进口的商品和服务有悖于美国的道德标准，这些非经济的成本也应该考虑在内。公平贸易强调，一项贸易政策只有将社会、道德和政治因素都考虑在内时，才能真正地使美国人受益。同时，公平贸易主

---

① 国际公平贸易协会创立于1989年，是一个由公平贸易生产公司及协会、外销公司、进口者、零售商、国家及地区性公平贸易阵线和支持公平贸易团体所组成的全球协会；在2004年，IFAT创设了“公平贸易组织标签”（FTO Mark）以识别那些公平贸易组织；IFAT在超过60个国家有将近300个组织成员。

张利用免责条款等法律手段来减少会因贸易失业的工作岗位。此外，大力提倡为美国企业和工人扩大出口的机会，因为出口相关部门的工人工资较高。在这其中，非常重要的一条路径就是向受贸易自由化冲击的企业、工人和农产品生产者提供贸易调整援助。

简言之，公平贸易本身是一项合理的贸易政策，但由于美国倡导公平贸易的主要初衷之一是为了保护其国内相关产业，以致许多学者认为公平贸易理念乃行使贸易保护主义的借口，并将二者等同起来。不过，应当肯定的是，公平贸易在客观上有其可取之处：一是公平贸易是对各方公平竞争的要求，契合市场经济规律和各国竞争保障法的目标；二是公平贸易政策规范了政府对自由贸易的干预，使政府在自由贸易的框架之内保护国内产业免受不公平竞争的威胁，有利于国际贸易自由化的发展。也正因如此，公平贸易理念基于其内在合理性而被诸多国家的贸易救济法律体系所纳入，并继而发展为支持各国采取贸易调整援助措施的主要理论基础。

如前所述，公平贸易理念要求一国对本国因进口竞争而遭遇损害的国内产业、企业及相关从业人员提供救济。这种进口损害既可能是因不公平竞争所造成的，也可能是因公平竞争所造成的，但基于公平理念，都需要对受损者予以必要的救济。当今国际社会，为了维护国际公平贸易的长足发展，WTO 允许各成员方为了制止不公平竞争或保护国内薄弱产业的需要，有限度地采取反补贴措施、反倾销措施、保障措施，且 WTO 也并未禁止各国对受损者采取贸易调整援助措施。基于此，公平贸易理念为贸易调整援助制度的构建及实施提供了坚实有力的理论基础。

第三节 贸易调整援助制度的功能定位

一、应然阐释：贸易调整援助是公平贸易的实现机制

目前学界对于贸易调整援助制度的政策定位问题并无统一观点，从应然

层面思考，贸易调整援助属于贸易调整政策工具或措施，其功能是促进对自由贸易所导致的进口竞争进行积极调整，进而实现公平贸易。① 然而，从实然意义上讲，贸易调整援助制度并未发挥促进进口竞争结构调整的应有作用和功能，而逐渐变成欧美等国推动贸易自由化进程中的一种补偿机制。

美国贸易调整援助制度应当属于美国贸易调整政策工具或措施，而非贸易政策工具或进口救济措施，其功能定位是促进对自由贸易所导致的进口竞争进行积极调整，进而实现公平贸易，② 吸收借鉴美国贸易调整援助制度的欧盟、加拿大、日本和韩国等国的相关制度也是如此。因此，从应然角度讲，贸易调整援助制度是公平贸易实现机制。对此，可以从美国贸易调整援助制度以下三个角度的定位来进行阐释。

第一，从经济理论角度看，美国在战后主导的互惠贸易自由化给美国带来出口快速增长和经济繁荣的同时，也对国内处于比较劣势的产业（进口竞争产业）造成了经济损害或产业损害，由此产生了针对进口竞争的结构调整问题，促进因贸易自由化而产生的结构调整是美国贸易调整援助制度建立的经济学基础之一。根据经济学的一般原理，促进出口的整体目标实现与获得快速的结构调整几十年来一直是发展经济学及各国政府政策制定的重要组成内容。③ 贸易自由化引致的结构调整，特别针对进口竞争的调整是世界各国在推行贸易自由化过程中不可回避的一个难题，是贸易自由化的副产品（by - product）。针对衰退产业的结构调整一般不会自动发

① 简单地讲，贸易调整政策就是指针对贸易自由化的产业调整政策，美国分别针对衰退产业的结构调整与新兴产业的结构调整制定了不同的调整政策，而美国贸易调整援助制度旨在解决前者。

② “公平贸易”一说最早出现于英国，20 世纪 70 年代后在贸易保护主义逐渐兴起的美国得以发展。美国《1974 年贸易法》首次提出“不公平”的贸易政策的概念。以此为起点，公平贸易理念开始走向美国贸易政策前台，并逐渐融入历届美国政府的贸易政策中。1985 年里根政府提出“公平贸易”计划，要求政府成立贸易反击小组，查明和制止外国的不公平贸易行为。2003 年克林顿政府发布《公平贸易趋势报告》，提出“在国际市场上坚持把进行公平贸易作为扩大贸易的国家经济战略中的一部分”。奥巴马政府提出以“公平贸易规则”促进国内经济再工业化。参见王翀：《重新审视特朗普贸易新政下的中美经贸关系》，《海关与经贸研究》2018 年第 4 期，第 11 - 12 页。

③ Bijit Bora, Peter J. Lloyd and Mari Pengestu, “Industrial Policy and the WTO”, in World Economy, 2010, Vol. 23, No. 4, pp. 543 - 559.

生，因为调整需要成本，所以一国政府需要对调整提供援助，从而加快调整过程（adjustment process），减轻产业的调整压力。1971 年的《威廉姆斯报告》曾向美国总统建议："我们必须用方法处理由进口竞争而产生的调整问题，这些方法一方面将受到影响的工人和小企业的可能损害降至最低，另一方面仍然保持我国经济的效率和竞争力。"① 美国《1962 年贸易扩展法》创设的贸易调整援助制度就是美国对因贸易自由化而产生的经济损害正式作出的制度回应，是针对衰退产业的结构调整而采取的产业政策措施，是帮助受进口增加不利影响的工人重新就业的劳工市场政策措施。

第二，从立法体例及立法模式的角度看，《1974 年贸易法》《1988 年综合贸易与竞争法》《2002 年贸易法》三部重要的美国贸易立法，不断强化进口救济与调整援助双轨制立法体例，使其呈现出"制度化"的合作和互补关系，特别是国会与时俱进，不断修正、完善贸易调整援助制度，使"调整援助"在更大范围内被获得，从而实现"促进对进口竞争的积极调整"的立法目标。美国的逃避条款（201 条款）本身属于进口救济措施，是一种"关税调整"（tariff adjustment）② 或"保护性调整"（"消极调整"），尽管它是必要的，但却是退步的，从本质上讲是反对调整（anti - adjustment）的。与此相反，美国的贸易调整援助制度则是一种"积极调整"，所以是必要的且进步的，③ 是促进调整（pro - adjustment）的。以逃避条款（201 条款）为主的进口救济措施与贸易调整援助虽然具有密不可分的经济学基础，但两者在性质和功能上存在根本区别：前者为受损产业提供贸易保护，而后者则要求政府对受损产业的结构调整进行援助，两者相互配合，相得益彰。换言之，以逃避条款（201 条款）为主的美国进口

---

① John Hardin. Young, "America's Labor Pains and Foreign Trade: The Stillbirth of Adjustment Assistance", in Virginia Journal of International Law, 1972, Vol. 13, p. 254.

② Carl H. Fulda, "Adjustment to Hardship Caused by Imports: The New Decisions of the Tariff Commission and the Need for Legislative Clarification", in Michigan Law Review, 1972, Vol. 70, p. 795.

③ Whitney John Smith, "Trade Adjustment Assistance: An Underdeveloped Alternative to Import Restrictions", in Albany Law Review, 1993, Vol. 56, p. 948.

救济措施为受损产业提供关税保护，而美国贸易调整援助制度则为受损产业提供技术、税收、财政等各种优惠和支持措施，并且为失业工人提供求职、重新安置等津贴和再就业培训等服务。因此，美国国会从1962年开始不断强化进口救济与调整援助双轨制立法体例/模式，使两者分别解决贸易自由化引致的产业损害及结构调整问题，特别在1974年以后美国国会越来越重视贸易调整援助项目对解决因贸易自由化而产生的企业倒闭、工人失业等所谓“不公平贸易结果”的重要性和有效性。[①]

第三，从比较法角度看，日本、加拿大等发达经济体学习、借鉴“美国模式”，采用不同方式制定了贸易调整援助政策工具或措施，以解决贸易自由化引致的产业损害及结构调整问题。政府如何对因贸易自由化而产生的结构调整进行援助成为发达国家经济政策制定者历来关注的核心问题。例如，为了制定针对衰退产业结构调整的支持措施，日本将贸易政策和产业政策融合，创立了独具匠心的“日本模式”；[②] 加拿大使用补贴、保障措施与贸易调整援助项目，一方面培育最能与进口产品竞争和具有出口拓展潜力的产业，另一方面援助在进口竞争中处于比较劣势的产业，形成了独特的“加拿大模式”。[③]

综上所述，贸易调整援助制度应当是相关国家贸易政策、产业政策与劳工市场政策的互相交叉和结合，属于贸易调整政策工具或措施，而非贸易政策工具或进口救济措施。作为贸易调整政策工具或措施的贸易调整援助制度，缘起于贸易自由化，其目标是促进结构调整，其重心是帮助失业工人重新就业、提高企业的国际竞争力，消除贸易自由化所导致的企业倒

---

① 陈利强、屠新泉：《美国贸易调整援助制度的性质探究》，《法治研究》2013年第6期，第75–78页。

② 李明圆：《论日本产业政策与贸易政策的融合》，对外经济贸易大学2005年博士学位论文，第93–95页。

③ Richard S. Gottlieb, Debra P. Steger and Darrel H. Pearson, “Current and Possible Future International Rules Relating to Trade Adjustment Policies—Subsidies, Safeguards, Trade Adjustment Assistance: A View from Canada”, in Canada – United States Law Journal, 1988, Vol. 14, pp. 127 – 131.

闭、工人失业等各种不公平的贸易结果。因此，贸易调整援助制度当属于公平贸易实现机制。①

二、实然界定：贸易调整援助是贸易自由化的补偿机制

从应然意义上将贸易调整援助制度定位为一种公平贸易实现机制是科学和合理的，但实践中贸易调整援助制度并未发挥促进进口竞争结构调整的应有作用和功能，而逐渐变成美国推动贸易自由化进程中的一种补偿机制（compensation mechanism），究其原因，主要有以下三个方面。

第一，从贸易调整援助制度本身角度看，制度缺陷导致其对促进进口竞争的结构调整目标难以实现。认证程序存在瑕疵、司法审查制度尚不健全以及信息管理和监控机制缺失等根本缺陷②致使请求者很难获得贸易调整援助项目的援助利益，因此，贸易调整援助项目在实践中难以实现促进进口竞争积极调整的整体目标。美国几个主要的调查研究机构对贸易调整援助项目的有效性评价不一。为美国国会服务的、著名的公共政策研究机构——“城市研究所”（The Urban Institute）1998 年的调查报告和美国技术评估办公室（Office of Technology Assessment）1987 年的调查报告均认为，企业贸易调整援助项目总体上是成功的；但是，素有美国“国会审计胳膊”（Auditing Arm of Congress）之称的美国审计总署（GAO）的研究报告却认为企业贸易调整援助项目的效果并不清楚。实际上，在 20 世纪 80 年代，贸易调整援助项目曾遭受到前所未有的质疑，企业贸易调整援助项目几乎被取消的事实已经说明了它的无效性。从历次美国审计总署报告的统计数据看，贸易调整援助项目对促进衰退产业的结构调整、增强其国际

---

① 将美国贸易调整援助制度视为贸易救济制度/进口救济制度观点的详述，参见佟占军：《美国农业贸易调整援助法律制度及其启示》，《法商研究》2009 年第 6 期，第 137 页；王薇薇：《美国贸易调整援助立法新论》，《特区经济》2009 年第 5 期，第 241 页；张斌、吉婕：《美国贸易调整援助制度：演变、实施与绩效》，《世界经济研究》2010 年第 1 期，第 38 页。

② 有关制度缺陷的具体内容，参见陈利强：《美国贸易调整援助制度研究》，人民出版社 2010 年版，第 138 – 144 页。

竞争力的作用并不明显。即使获得贸易调整援助项目的援助利益，企业、工人或农产品生产者也很难实现调整。因此，贸易调整援助制度设计的缺陷和运行中的不足成为导致促进结构调整无法实现的重要原因。

第二，从贸易调整援助制度的经济理论角度看，除了促进结构调整、提高经济效率之外，贸易调整援助制度还建立在帕累托最优及其补偿原则之上，它为贸易调整援助项目发挥补偿机制作用和功能提供了更加现实的理论基础。基于公平原则，美国联邦政府有义务对贸易自由化的受损者或失败者进行补偿，将国民财富进行再分配，从而增加整体社会福利。从美国试图建立一种补偿机制的角度看，20 世纪 60 年代的贸易政策不仅具有福利性质，而且是一种帕累托最优政策（Pareto - optimal policy），贸易调整援助项目本身就是一个福利项目（welfare program）。[①] 因此，从经济效率层面看，贸易调整援助的制度设计旨在促进对进口竞争的积极调整，但从分配公平层面看，贸易调整援助的项目建设是出于对贸易自由化的受损者或失败者进行补偿。必须指出的是，尽管迄今为止没有实证结果支持贸易调整援助制度对促进结构调整、提升衰退产业国际竞争力的有效性及对受损者或失败者提供补偿的公平性，但相比之下，在调整与补偿之间，后者成为贸易调整援助项目存在并实现“制度化”的现实基础，并在美国推动贸易自由化进程中展示出强大的生命力。

第三，从美国体制及制度角度看，“快车道”（Fast - Track）或“贸易促进授权”（Trade Pro - motion Authority）制度与贸易调整援助制度之间的张力关系是贸易调整援助项目作为补偿机制逐步走向“制度化”的主要保障。贸易自由化产生受损者或输家是必然规律。[②] 如果对经济损害不加

① Sheila M. Raftery, “Safety Net and Measuring Rod: The North American Free Trade Agreement Transitional Adjustment AssistanceProgram”, in Temple International and Comparative Law Journal, 1998, Vol. 12, p. 13.

② Walter Sterling Surrey, “Legal Problems to be Encountered in the Operation of the Trade Expansion Act of 1962”, in North CarolinaLaw Review, 1962, Vol. 41, p. 41.

关注，那么这些受损者或输家就会组织起来，说服国会重新实施关税或采取其他的限制措施，阻止贸易自由化。为了弱化或减少抵制贸易自由化的贸易保护主义力量，必须给受损者或输家提供补偿。贸易调整援助项目成为受益者或赢家促进自由贸易、支付反对贸易自由化的对价，因为它降低了国内贸易保护的压力，为进一步推动市场开放和贸易自由化创造了良好的政治环境。因此，美国将贸易调整援助项目发展成为一种贸易自由化补偿机制，使其成为美国推动贸易自由化的国内支持项目。战后美国推动贸易自由化的实践证明，贸易保护主义力量与自由贸易主义力量在开展“政治交易”过程中，贸易调整援助项目有意或无意地成为“快车道”或“贸易促进授权”制度的“政治交换物或补偿物”（political quidproquo）。[①]“快车道”或“贸易促进授权”制度代表自由贸易主义的力量，是美国贸易自由化的“火车头”或“引擎”。该项制度与作为补偿机制的贸易调整援助制度之间逐渐形成了一种制度化的张力。美国国会每次对总统进行“快车道”授权或“贸易促进授权”时总会受到贸易保护主义的阻挠，所以需要设定并完善贸易调整援助项目加以回报。1962 年，贸易调整援助项目成为劳工组织获取对授权参与肯尼迪回合支持的“政治交换物或补偿物”。1974 年，贸易调整援助项目成为劳工组织获取对授权参与东京回合支持的“政治交换物或补偿物”。[②] 2002 年，贸易调整援助项目成为国会对总统参与多哈回合谈判“贸易促进授权”的政治交易品。总之，从“快车道”或“贸易促进授权”制度与贸易调整援助制度演变角度看，美国为了利用“快车道”或“贸易促进授权”制度推动贸易自由化，一直在不断发展并完善贸易调整援助项目，让赢家补偿输家的净损失，使其成为贸易利益再分配的工具，从而实现让输家支持贸易自由化的目的。

---

① I. I. Hall and Munford Page, “Remands in Trade Adjustment Assistance Cases”, in John Marshall Law Review, 2005, Vol. 39, p. 9.

② Chad P. Bown and Rachel Mcculloch, “U. S. Trade Policy and the Adjustment Process”, in IMF Staff Papers, 2005, Vol. 52, No. 1, pp. 107 – 128.

综上所述，尽管美国的贸易调整援助制度一直以来不断被修正，特别在1974年、1988年和2002年历经了重要而详细的检查，但其基本要求和主要框架多年来未曾改变。[①] 1962年美国贸易调整援助的立法原理是经济理论和现实政治的混合物。[②] 美国贸易政治是推动贸易调整援助项目创立的理由，但并非贸易调整援助制度维系的唯一理由。贸易调整援助制度作为贸易自由化补偿机制，应当是美国贸易自由化进程中贸易调整援助制度显示出强大活力的主要因素。

三、贸易调整援助与社会救助的关系辨析

在贸易调整援助制度的产生和演进过程中，有一个问题始终为美国国内所关注，即是否有必要对自由贸易政策所引致的失业与调整予以专门援助。对此，支持者与反对者分别阐述了各自的观点并提供理由加以论证。如图1-1所示。

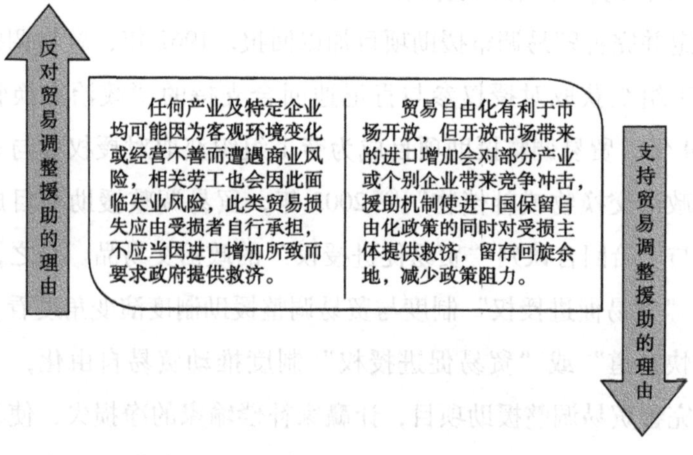

图1-1 支持与反对贸易调整援助机制的理由

---

① Brad Brooks - Rubin, "The Certification Process for Trade Adjustment Assistance: Certifiably Broken", in U. PA. Journal of Labor and Employment Law, 2004, Vol. 7, p. 802.

② Kent G. Cprek, "Worker Adjustment Assistance Black Comedy in the Post - Renaissance", in Law & Policy in International Business, 1979, Vol. 11, p. 595.

支持者基于国际贸易基本理论，认为贸易自由化尽管可以带来社会福利的净增长，但同时也使进口竞争部门面临一系列调整，如失业增加、收入下降、生产要素被迫向其他领域转移等。换言之，自由贸易并非能使进口国的所有产业、企业、个人都受益，有些产业因生产优势突出，不仅不会受到进口冲击，反而会获得更多的原材料并对外出口拓宽国际市场，而有些相对薄弱的产业则会因进口竞争激增而承受强大压力甚至严重受损，轻者面临转产或转型升级，重者则可能破产倒闭。[①] 相应地，受损企业所雇佣的劳动也因此面临被裁员的失业风险，以至于不得不寻求再就业。因此，从贸易公平的角度入手，贸易自由化的受益者应该对受损者提供适当补偿，而这种补偿需要借助于制度（即调整援助机制）进行调配，政府则是此种机制的落实者。简言之，为避免因实施贸易自由化而导致少数人遭受严重损失，需要利用政府力量予以救济，协助受损者适应新的自由化市场环境，从而使受进口竞争产业影响的调整成本由整个社会共同分担。[②]

反对者则认为，诱发生产要素面临调整和转移的因素很多，如技术进步、消费偏好改变、国内竞争等，对贸易自由化引致的调整单独实施补偿，有失公允。政府对因自由贸易政策引致的进口竞争部门调整予以特殊补偿的观点在贸易调整援助制度创立之初尚站得住脚，因为当时援助启动的条件严格限定在“贸易谈判减让所导致的进口增长”，但在美国《1974年贸易法》之后，该条件已泛化为“进口增长”“生产转移”“产/销量下降”“服务外包”。如果政府依然对此承担专门援助责任的话，对因其他经济变动（如技术进步、国内竞争等）所引起的调整，政府同样责无旁贷。

① 罗昌发：《美国贸易救济制度》，中国政法大学出版社2003年版，第52页。

② 张斌、吉婕：《美国贸易调整援助制度：演变、实施与绩效》，《世界经济研究》2010年第1期。

何况从劳工部的历史统计看，在各类失业原因中，进口竞争并非主因。[①]因此，反对者认为，真正公平的贸易调整援助制度不应区分失业原因。

贸易调整援助制度的支持者尽管不反对向所有失业者进行援助，但依然认为进口竞争部门的失业群体值得特别关注，理由有二：一是此类部门在发达国家均为劳动密集型部门，要素尤其是劳动力的流动性弱；二是与其他因素（如技术进步）所引致调整的渐进性和部门中性相比，贸易自由化引致的调整往往具有短期性、产业集中、地域集中等特征。因此，在贸易自由化进程中，对那些本已处于劣势的要素、产业或地区给予特殊调整援助才能真正体现社会公平。

但反对者则认为：一方面，无论因何原因失业，失业者大多是所在产业劳动力中的边缘者和弱势者；另一方面，随着经济全球化程度的不断加深，一国产业均面临不同程度的国际竞争，试图将贸易所引致的调整和非贸易所引致的调整作明确区分，最终只能导致援助条件的武断性和结果的不公平性。而且，从实证研究结果看，贸易调整的援助对象与一般失业救济者无论是在人口分布上还是在职业特征上，均不存在明显差异。[②]

基于上述争论的基本政策选择有两种：一是取消对贸易调整的专项援助，将之并入已有的一般失业保险体系，以体现公平；[③]二是继续保留该制度，但逐步扩大援助范围和对象，以力求平等。从实际看，政策制定者（美国国会）最终选择了后者，其主要原因如下：

一是贸易调整援助制度是对一般失业保险制度的补充而非替代。在贸

① 美国劳工部统计局 ExtendedMassLayoffs 年报将失业原因分为商业需求、组织变动、财务问题、生产特定、灾害安全、季节因素和其他等七大类 28 项，进口竞争仅为其中一项。根据 2009 年 3 月公布的 2007 年年报，2005—2007 年 3 年间，进口竞争导致的失业分别占总失业人数的 1.3%、1.1% 和 1.2%。

② C. Michael Aho and ThomasO. Bayard, "Costand Benefit of Trade Adjustment Assistance", in Robert E. Baldwin and Anne O. Krueger eds., The Structureand Evolutionof Recent U. S. Trade Policy, The University of Chicago Press, 1984, pp. 153 – 193.

③ 此类建议自 20 世纪 70 年代后期开始就不断有学者和官方机构提出，如 Frank（1977），OTA（1987），Baicker& Rehavi（2004）等。

易调整援助制度建立之前，美国从20世纪30年代开始就已逐步建立起了一套联邦—州失业保险体系，而贸易调整援助是在失业保险基础上的进一步救济。[①] 因此，即便存在不公平，其对整个失业救济体系的扭曲也不至于太大。

二是贸易调整援助是对自由贸易政策的补充。从历史上看，贸易调整援助制度的历次扩张，均处于美国推动全球贸易自由化的关键时点。例如，1962年该制度的建立是为肯尼迪回合全面关税减让寻求国内支持；1974年第一次扩张是为东京回合启动作准备；1985年和1988年的扩张与乌拉圭回合谈判休戚相关；1993年的扩张则是应对北美自由贸易区的建立；而2002年和2009年的调整显然与多哈回合密切相关。贸易调整援助作为一项国内就业促进和企业调整政策，其对国际贸易和多边谈判的意义在于缓和来自进口竞争部门的贸易保护主义压力。因此，随着贸易自由化的不断加深，贸易调整援助制度已日益演变为美国国内贸易政治的平衡机制，而非完全基于成本—收益计算的利益补偿机制。[②]

① JohnJ. Topoleski, Trade Adjustment Assistancefor Workers and Reemployment Trade Adjustment Assistance, Congressional Research Service, RS 22718, 19 February 2009.

J. F. Hornbeck, Trade Adjustment Assistance for Firms: Economic, Programand Policy Issues, Congressional Research Service, RS20210, 16 March 2009.

② 张斌、吉婕：《美国贸易调整援助制度：演变、实施与绩效》，《世界经济研究》2010年第1期，第41页。

第一章 贸易调整援助立法体系的比较法考察

中国目前尚未构建起体系化的贸易调整援助制度，在有关制度方面存在不足。而探讨贸易调整援助的立法问题，有必要对域外其他国家的相关立法模式、立法体例进行比较法的考察，以提供可资借鉴的经验。作为贸易救济制度的一个组成部分，对贸易调整援助立法体系的讨论，要将其还原至整个贸易救济立法的大背景之内，即首先对贸易救济制度立法的演进历程进行总括性的回顾，继而在此基础上找到贸易调整援助这一制度诞生的时间点，从而由点及面地予以论证，这种逻辑思路是比较适宜的。从国内现有的研究来看，贸易救济制度可根据法律渊源不同而区分为国际规则与国内规则，在贸易调整援助领域，尚未形成国际公认的多边统一规则，而主要是以各国国内立法的方式予以贯彻并实施的。而对于贸易救济制度国内规则的发展历程，可区分为萌芽阶段、迅速创新阶段、成熟阶段几个不同的分期。

通常认为，贸易救济制度的国内规则初创于 19 世纪末至第二次世界大战结束，在这一阶段，贸易救济尚属于新生事物，仅能在部分国家的个别法律文件中有零星的相关措辞，且这一阶段的贸易救济规则仅停留在反倾销与反补贴阶段，这与当时的历史环境和国际贸易的总体发展状况是密不可分的。15—17 世纪是欧洲的重商主义时代，这段时间，各国争相推进并奖励出口、限制进口，为减少外国产品向本国出口，各国树立了高关税的贸易壁垒，并采用退税、给奖金、签条约、开拓殖民地等方式激励本国产品对外出口。据悉，反补贴的国内立法最早诞生在1892年的比利时，直至1987年美国才在其关税法中增加了反补贴条款，并被其他国家陆续仿效；反倾销的国内立法始于1901年，最早为澳大利亚首创，其在海关法及产业保护法中首次明确了政府有职责制裁外国商品的倾销，随后，加拿大（1904）、新西兰（1905）、南非（1914）也相继颁布了反倾销立法。然而，20世纪30年代波及整个西方国家的资本主义经济危机的爆发，导致各国纷纷竖起高关税壁垒和非关税壁垒，这使得以自由贸易为前提的反倾销立法丧失了实质意义。

贸易救济制度国内规则的迅速发展阶段出现于第二次世界大战（以下简称“二战”）后至WTO成立前的半个世纪。在这一阶段，以GATT为基础的多边贸易体制逐步建立，推动各国积极制定本国的贸易救济规则。在这一阶段，保障措施首次进入国内贸易法的规制视野，而产业调整援助也首次作为一种独立的贸易救济措施出现在国内法中。[①] 相比之下，第二次世界大战之前各国的贸易救济规制主要限定为反倾销和反补贴措施，并无产业调整援助的规定，其原因在于，倾销和补贴本身即属不正当竞争行为，采取反倾销和反补贴措施并不以危害国内相关产业作为构成要件，国家根据贸易救济制度对进口产品采取制裁措施，基本上已经足以实现贸易救济的目的，从而维护国内相关产业的利益，因此并无产业调整援助的必要性。二战之后，越来越多的国家在立法中引入了保障措施条款，援助国内受损主体并提供产业调整援助的立法亦随之应运而生。实践中，保障措施的实施往往以国内产业已经遭受损害或面临严重的损害威胁作为前提，而为了促进贸易公平和维护贸易利益，就需要从制度层面对受损者予以救济，及时对受到消极

① 何宪民：《WTO体制下贸易救济实施与中国的应对策略研究》，经济科学出版社2013年版，第28页。

影响的产业予以调整，以便在短期的保障措施之后该产业可以重新参与到国际竞争当中，这正是贸易调整援助得以产生的制度动因。第二次世界大战后，许多国家在制定或修订其贸易救济立法时都规定了政府积极援助相关国内产业的调整。例如，1962 年，美国在《1962 年贸易扩展法》中规定政府在采取贸易救济措施的同时可以对需要调整的相关产业的经营者和雇员提供援助。1974 年，美国又增加了产业调整对社区的援助。1986 年，韩国《对外贸易法》要求贸易委员会在确认国内产业遭受进口商品激增损害时，可以建议有关部门实施保证措施和在技术方面援助相关产业中的中小企业。

特别值得一提的是，相比于之前，第二次世界大战后贸易救济制度在各国的迅速发展体现出若干新的特征，其中比较突出的一个鲜明特征是出口救济规则的引入。具言之，第二次世界大战前，各国的贸易救济立法着眼于进口贸易中的不公平竞争行为，而对本国产品向外国出口时所遭遇的贸易壁垒则没有提供相应的救济机制。自 20 世纪 60 年代以来，出口贸易救济规则缺位引发的弊端逐步受到重视。这一阶段，贸易自由化往返不定期地出现在国家间经贸关系中，引发此种现象的原因之一在于各国基于贸易保护主义所采取的贸易壁垒，这些壁垒体现为对外国产品进口的限制，限制性措施的不当采取，对出口国相关产业的发展造成了严重阻碍，也使各国开始重视出口贸易救济规则的构建。特别是，这一时期欧美发生的“鸡肉大战”使出口救济条款第一次出现在美国《1962 年贸易扩展法》中。据此，外国对美国商品不法实施进口限制时，美国政府可以采取相应的报复措施，即使外国对美国产品进行合法的出口限制，美国亦可限制该国产品的进口。这一出口救济条款表面是一种贸易报复，实则可作为一种对外贸易谈判的筹码，以此促进国家间消除贸易壁垒，控制并削减进口限制，维护国内产业向国际市场的发展。①

---

① 何宪民：《WTO 体制下贸易救济实施与中国的应对策略研究》，经济科学出版社 2013 年版，第 29 页。

第一节　法案不定期授权的美国模式

一、国内立法体例的选择

（一）贸易调整援助制度的立法演进

贸易调整援助立法最初是作为美国《1962 年贸易扩展法》的组成部分获得国会通过的，是美国国内一系列政治、经济、社会力量共同作用的产物。更确切地说，它是肯尼迪政府为了推行自由贸易政策，为了换取特定利益集团和对贸易自由化持观望态度的国会议员对自由贸易法案的支持以及获得总统对双边、多边贸易协定的谈判权而提供的一种补偿机制。将贸易调整援助的概念引入本国的贸易立法，其本质上不同于“两反一保”等传统的贸易救济措施，也不同于基于贸易保护主义而采取的进口限制措施，而是着重于通过援助措施的实施促使贸易受损者恢复竞争力，推进产业升级和结构调整，更好地应对国际贸易自由化。有学者称，尽管从贸易政策与产业政策之间的关系分析，贸易调整援助的定位存在争论，往往徘徊于保护、调整、补偿三者之间，但不容否认的是，作为一种贸易政策工具，贸易调整援助有助于在提升经济效率和保障分配公平的目标间寻求平衡，在国际贸易获益者与受损者之间进行利益整合。① 简言之，这项制度起因于贸易自由化，目标是结构调整，重点是促使受损产业恢复竞争力并促进失业工人实现再就业。

鉴于此，贸易调整援助制度自诞生之初就带上了自由贸易所致经济损害补偿机制的烙印。从立法与实践视角观察，这一制度在美国初创后，其推进并不十分顺遂，经历了发展、停滞、再发展多个阶段。早期，由于援助资格的认定标准较高，受损者的援助申请很少能获批，曾一度出现援助

① 陈利强：《美国贸易调整援助制度研究》，人民出版社 2010 年版，第 134 页。

资金预算闲置的现象，致使这一制度遭受政府部门、劳工团体及产业界的不满和质疑。[①] 美国国内各方面对于该项制度的评价也不统一，TAA立法甚至多次面临国会终止授权，但该计划并未遭到立法者最终否弃。历经半个多世纪仍然焕发出生命力，也显示出这项制度内在的独特功能。贸易调整援助立法几经修改并作为美国国际贸易法案中不可分割的部分存续至今，以其非激进、非保护主义的特性称为美国贸易救济制度的一个亮点。

由于1962年规定的贸易援助申请资格过于严格，导致很少有企业和工人能够通过这项制度获得援助。因此，1974年，对原来的贸易立法进行修订，形成了《1974年贸易法》。修订主要体现在以下几个方面：第一，不再要求证明关税减让与经济损害之间的“必然联系”；第二，在调查损害过程中，将进口增加与损害结果之间的因果关系从“重要因素”扩大至“重要地促成”；第三，对企业和工人关于损害事实认定部分分别创立新的认定标准，即相当部分工人失业或者面临失业，企业或者其分支机构在生产或者销售领域出现了“绝对下滑”；第四，以前由美国关税委员会主管贸易调整援助项目，调整为由劳工部和商务部主管贸易调整援助项目，工人或企业分别直接向劳工部和商务部提出申请，由两部部长决定是否授予调整援助资格证明；第五，同时规定对贸易调整援助授权延长到1980年9月30日。并且该法还对工人贸易调整援助内容和企业贸易调整援助内容就行了增补，其中主要是商务部在全国设立11个贸易调整援助中心（Trade Adjustment Assistance Center，TAAC），帮助企业申请贸易援助项目以及提供技术援助。

《1981年综合预算平衡法》在工人贸易调整援助项目方面强化了资格审查的标准，对失业补助金额进行削减，避免沦为失业补贴，并且完善了对工人培训和求职服务的规定；在企业贸易调整援助项目方面，修改部分

---

① 佟占军：《美国农业贸易调整援助法律制度及其启示》，《法商研究》2009年第6期，第137页。

较少。同时此次将贸易调整援助授权延长至1981年9月30日。《1985年统一综合预算平衡法》除了对工人和企业贸易调整援助项目进行重新授权以外，终止了企业贸易调整援助项目中的财政援助，仅保留技术援助。贸易调整援助授权延至1991年9月30日。《1986年贸易调整援助改革和延展法》将农产品生产销售相关企业及其工人也纳入了对工人的调整援助范围。《1988年综合贸易和竞争法》中再次放松了资格审查标准，将产品组成部件的提供者、石油和天然气勘探、开采企业的工人也纳入调整援助救济对象的范围，继续放宽该制度的限制门槛。为了避免贸易调整制度沦落为失业工人的变相失业补贴，该法把就业培训纳入获得补助金的必要条件。并且将贸易调整援助授权时间延至1993年9月30日。1993年《北美自由贸易协定执行法》中创设"北美自由贸易协定过渡性调整援助计划"，该计划针对受到北美自由贸易协定不利影响而失业的工人提供的调整援助，主要目的就是促进失业工人再就业，同时规定延长授权至1998年9月30日。后来，《1993年综合预算平衡法》《1999年预算法》《2000年预算法》继续延续授权期限至2002年1月30日。

《2002年贸易法》对现有的贸易调整制度进行重大修改，主要内容为：第一，继续放松资格审查标准，将援助对象范围扩大至农场主、农业产业工人以及已经获得调整援助资格的企业上游或下游企业中间接受到对外贸易不利影响而失业的"二级工人"；第二，将之前的工人贸易调整援助与北美自由贸易协定——贸易调整援助项目统一整合为工人调整援助制度，增加了健康保险税收优惠；第三，增设农民贸易调整援助；第四，贸易调整援助授权延长至2007年9月30日。《2008年统一拨款法》继续为工人贸易调整援助项目提供拨款。

2009年2月，时任美国总统奥巴马签署了《美国复苏与再投资法案》，作为奥巴马经济刺激方案部分内容的《2009年贸易与全球化调整援助法》于2009年2月17日获得授权，极大地拓展了之前的贸易调整援助计划，扩大了该计划的受益范围和资金额度，放松了受援助者的资格审查标准，例如把工人调整援助对象从传统的制造业失业工人扩展到特定服务业的失业工人，增加企业调整援助计划的财政拨款以及重新设立了一项社区调整援助计划等。从整体上看，为更好地应对金融危机对贸易领域造成的巨大冲击，贸易调整援助立法实施贸易救济的广度和深度都有所拓展。

（二）贸易调整援助立法在美国贸易救济法中的定位

贸易调整援助作为美国贸易救济法中的新面孔，具有鲜明的法律特征。根据《美国宪法》第1条第8款第3项，宪法授权国会管理对外贸易事项，但事实上，国会并不会亲自执行和实施外贸法律。自1934年起，国会周期性地授权总统进行贸易谈判。然而，国会作为立法机构，其与以总统为中心的行政机构之间长期存在监督、制约关系，不可避免地具有种种矛盾，这种矛盾关系的客观存在时常影响着对外贸的有效管理。美国《1974年贸易法》明确规定，允许总统与其他国家签订贸易协定，以协调、降低或消除关税及非关税贸易壁垒，并在互惠的基础上为美国商品谋求外国市场上平等的竞争机会，促使国际贸易的公平。此后，美国对外贸易谈判中引入了行政部门与立法部门的合作框架，通过国会批准总统签订的贸易协定的快车道程序，使得国会与总统的关系得以协调。[①] 这事实上为贸易调整援助机制运行的优化创造了良好的制度条件。

就制度定位而言，贸易调整援助的独特性较强。一方面，贸易调整援助的立法定位与其他救济措施不存在任何重合，它的救济思想和救济目标决定了它的进口救济效果并不像反倾销、反补贴或保障措施一样是立竿见影的，它需要一个缓冲期来逐渐发挥调整援助的效果，因此，在当前竞争激烈、冲突迭起的国际贸易领域，贸易调整援助无法成为美国贸易救济领域的主导救济措施，更确切地说，它扮演的是一个辅助性、后台性的贸易恢复、贸易激励措施角色，对受到国际贸易不利影响的产业、企业、工

① 韩立余：《美国贸易法》，法律出版社1999年版，第2页。

人、社区进行调整和提供后续救济，帮助他们恢复或提高国际竞争力水平，实现美国贸易救济法所期望的更长远、更周全的贸易救济效果。

另一方面，贸易调整援助的立法定位与其他贸易救济措施之间也不存在任何冲突，调整援助与“两反一保”之间不是此消彼长的对立关系，也不存在相互取代的可能性，相反，一个成熟、完善的贸易调整援助制度不仅不会削弱“两反一保”等其他贸易救济手段，反而能够更好地辅助、配合上述救济措施共同发挥作用，它们将弥补彼此的缺陷或不足，各尽其能、各司其职，为受到对外贸易不利影响的各个行业、各个领域提供更加全面和更为周密的贸易保护，最终为维护美国贸易利益、最大限度地提升国家贸易实力贡献自己的力量。

二、TAA 立法与 WTO 规则的关系定位

（一）贸易调整援助制度与《补贴与反补贴措施协议》的关系定位

1. WTO 下的《补贴与反补贴措施协议》

《补贴与反补贴措施协议》（以下简称《反补贴协议》）第 1 条规定了补贴的定义：“补贴是指一成员方或任何公共机构向某些企业（即指一个企业或产业或一组企业或产业）提供的价格支持、财政帮助或收入的支持，以使相关企业获得利益的行为。”由此可见，要构成《反补贴协议》的补贴行为需满足以下两个条件：“第一，补贴是政府和公共机构提供；第二，补贴使相关企业或产业获得利益”。

《反补贴协议》第 2 条规定了补贴的专项性，因为该协议对于补贴采取了一种宽泛的界定，这样就会导致很多落后地区的发展性补贴被包括在内，这样对于落后地区的经济发展是不利的，所以该协议第 2 条规定了这项制度的专项性，以此来缩小界定范围。该制度的专项性是指，“政府提供的财政资助或者收入或价格支持旨在提供给其领域内的某一或者某些特定企业或产业或某些特定地区。也就是说，这些利益接受者实际上享有了

某些特定待遇，使其获得了在正常条件下不应获得的某种优待，这样的优待违背了市场经济的公平竞争原则。对于补贴专项性的强调表明，《反补贴协议》继续采纳贸易扭曲标准和贸易损害标准，只规制那些在一国经济中造成资源分配扭曲的补贴”。

为规范补贴的认定，《反补贴协议》在专项性的标准之下将补贴分为禁止性补贴、可诉性补贴和不可诉性补贴。禁止性补贴是WTO所有成员均不得实施的补贴，也叫做“红灯补贴”。禁止性补贴分为出口补贴和进口替代补贴。顾名思义，出口补贴是为了鼓励出口，以出口业绩作为补贴条件而给予的补贴；进口替代补贴是为了阻止他国产品过多进入本国，给本国企业带来冲击而采取的使用本国产品将会给予专项性补贴。禁止性补贴规定稍微宽松的叫做可诉性补贴，也就是不完全禁止补贴，也叫“黄灯补贴”，也就是说，这种补贴有不被起诉的可能性，但如果这项补贴给他国贸易造成损害的时候，他国是可以按照FTO的规则对进行补贴的国家实行反补贴措施。不可诉补贴是指，一国政府可以随意使用而不会违反WTO规则，也就不会遭到他国的反补贴措施，该项补贴又叫做“绿灯补贴”。不可诉补贴要求不具有专项性，即使具有专项性，也属于WTO允许的范围，如科学研究补贴、环境保护方面的补贴，落后地区的发展补贴。但是不可诉补贴并不是长期有效，它的有效期只有5年，所以不可诉性补贴实际上已经不存在了。

2. 贸易调整援助制度与《补贴与反补贴措施协议》的联系

首先，在贸易调整援助项目中和《补贴与反补贴措施协议》中规制的禁止性补贴或者可诉性补贴，政府都是实施帮助的主体，并且都是政府提供资金帮助，维护国内产业安全，确保经济稳健运行。关于提供帮助的资金流向对象有相同的地方，这些资金流向相关的企业或者个人。

其次，从两者的立法目的来看，也有一定的相似之处。贸易调整援助制度的立法目的是帮助企业、个人和产业降低全球化所带来的激烈冲击，增强本国产品在国际市场的竞争力；政府补贴也同样是为了降低贸易自由化带来的冲击，鼓励企业出口产品，增强产品的竞争力，促进GDP的快速增长。比较两种法律制度立法目的，我们可知，政府根据当时的经济形势通过贸易法律政策影响一些经济活动，使得各经营者能适应社会的发展变化。

3. 贸易调整援助制度与《补贴与反补贴措施协议》的区别

虽然贸易调整援助与WTO规制的补贴行为有不少相似之处，但贸易调整援助与《反补贴协议》中的可诉补贴、禁止性补贴是不同的。贸易调整援助制度有它单独立法的意义。两者从适用条件、对象以及具体的调整内容上来看，都有很大不同。

首先，补贴和贸易调整援助适用条件是不同的。WTO的《反补贴协议》下规定的补贴所禁止的情况是，法律上或者事实上以出口实绩为条件而给予补贴或者以购买本国产品为补贴条件阻止国外产品的进口。可诉性补贴的情况是指，对本国施行的补贴造成了他国经济的损害。而美国贸易调整援助适用条件主要是在由于进口产品增加导致企业受损情况下才能使用，这种情形并不包括出口。补贴协议中损害和结果之间的因果关系要求比较严格，而贸易调整援助的因果关系要求较松，只要存在一般的因果关系就行。另外，《反补贴协议》的补贴的获得方式包括依申请获得以及职能部门依职权给予，而贸易调整援助只能依申请获得。

其次，适用对象不一致。《反补贴协议》中的补贴不仅给进口企业资金帮助，还给出口企业资金帮助，直接目的是鼓励进出口，促进经济发展。而贸易调整援助针对的对象只有企业、工人和农民，并且这些人还必须是由于进口增加而受损害的主体。补贴更侧重于短期效益，是授人以鱼；贸易调整援助则更侧重于调整，注重的是长期效益，是从根本上改善经济的发展，是授人以渔。

再次，动因不同。贸易调整援助的救济动因与两反措施存在较大差异，它的启动源于国内企业或工人受到了进口竞争的损害，而不问不公平贸易行为的存在与否，对外国厂商或外国政府也不形成诉讼等任何形式的联系。申请救济的企业或工人只需填写申请表格并提供相关佐证，不需付出诸如诉讼费用等额外成本。此外，贸易调整援助是针对国内受害企业及其工人提供的，而非针对特定产品提供，它的目标就是通过调整援助措施激发企业及其工人的内在竞争力，获得长远的竞争优势，而不局限于短期的进口限制效果，相比两反措施来说，调整援助具有一种截然不同的独特优势。

最后，风险不同。由于两反措施也是针对特定产品在特定时期实施的，它们无法对国内企业及其产品的竞争力给予任何形式的改善。同时，征收反倾销税和反补贴税涉及对外国企业的现金制裁，要经过诉讼程序且面临败诉风险，这就要求企业发动反倾销调查或反补贴调查前必须收集和评估相关证据，并考虑自己承担诉讼成本的能力等。

（二）贸易调整援助与《保障措施协定》的关系定位

保障措施是由于贸易自由化引起进口增加，在国内产业蒙受严重损害的情况下，进口国为救济国内产业而采取的进口限制措施。现代保障措施的前身又名“例外条款”，而贸易调整援助制度正是作为“例外条款”的辅助救济措施被引入美国贸易救济法的，美国政府希望利用贸易调整援助制度代替原例外条款项下的高关税、配额等保护措施对国内产业进行救济，在之后的发展过程中，贸易调整援助制度逐渐从例外条款的辅助救济措施中独立出来，成为具有独立申请程序和条件的进口救济措施，其政策理念也与现代保障措施有明显的区别。

保障措施作为贸易自由化的安全措施，其主要作用在于通过产业调整政策的顺利进行和贸易自由化所引起的成本分配，来抑制反对贸易自由化的国内政治势力。在 1994 年结束的乌拉圭回合谈判中，在保障措施议题上涉及结构调整问题，而且《保障措施协定》的序言提及结构调整的重要性，增加而非限制国际市场中竞争的必要性。同时《保障措施协定》第7（2）条和第7（4）条明确规定在进行调整的情况下可以延长有关措施，为促进产业结构调整创造了环境。但是GATT/WTO从来没有要求提交强制的产业调整计划，这不利于保障措施调整目标和功能的实现。

保障措施的前身是例外条款，而调整援助制度是从例外条款的辅助措施中发展并脱离出来的，两者虽然都来源于例外条款，但是属于完全不同的贸易救济措施。由于保障措施有着极为严格的限制条件，仅能在特定时期针对特定产品提供保护，因此使用很有限。同时，短暂的保障措施很难为国内受损企业提供调整的机会，甚至会导致受损企业对进口保护产生依赖感，降低企业提升竞争力的积极性。而贸易调整援助制度通过收入支持、技术援助、再就业培训以及优惠政策激励企业和工人进行自身调整。更重要的是贸易调整援助立足于国内，不仅可以配合保障措施的实施效果，而且不会违反WTO规则及相关贸易规则。可以说，贸易调整援助在现有的贸易救济体系中与保障措施关系最为密切，它不能取代保障措施，但能促进其更好地发挥救济效果。并且两者在救济理念和主旨方面是完全一致的，只是选择了不同的手段和方法，共同实现维护自由贸易秩序的目标。

现代保障措施主要用来保护国内生产者在面临突然的、不可预见的进口产品猛增的冲击时，通过提高关税或实施配额等方式限制进口，保障措施的使用具有严格的条件限制，它只能在特定时期针对特定产品给予保护，使用频率非常有限，保护期限也十分短暂，它无法激励受保护的国内产业主动提高竞争力，反而可能使国内产业产生进口保护的依赖性，降低其积极调整的主动性并维持低效状态。而调整援助对保障措施的政策理念进行了革新和优化，把进口竞争对企业生产、销售过程的冲击及对劳工就业权利的损害作为实施救济的切入点。

此外，保障措施一旦启动，它对产业的保护将是整体性的，该产业中没有受到损害的部分企业也能“搭便车”享受外溢的保护效果，国内全体消费者和下游企业都将为该产业的贸易保护“埋单”，而调整援助则具有独立的资格审查标准和一对一的援助指导程序，可以对产业内部真正受到损害的企业及其工人提供救济，不仅能够提高个案援助的成功率，还能提升援助效率，这也是保障措施所无法做到的。

三、TAA立法与国内相关立法的关系定位

《美国宪法》的起草者们希望在法治之下，人们的人身自由和财产权利最大限度得以实现，但是在国际贸易领域，政府的各项贸易法规或贸易政策，无论是对国内公民进出口自由的限制，还是对自由贸易的促进，都会形成对公民平等自由权利和财产权利的干预，都会导致一部分国内微观经济体内在福利的减少。生产者、消费者、贸易者和投资者之间似乎从未实现过利益的重合，因此，国家在贸易政策领域作出任何调整、变动，都要求它采取措施来弥补部分公民、企业因国家政策变动所遭受的潜在财产权利的损害。《美国宪法》对公民权利进行平等保护的本质要求政府平衡国内贸易利益分配，促进对外贸易政策的公正。

第二次世界大战后，美国经济实力位居世界第一，在国际上拥有强大的话语权，为了巩固自身经济利益，美国建议建立一套能削减关税、促进贸易自由化的国际经济体制，以便消耗国内庞大的产能和缓解就业压力。自由贸易可以给国家带来财富，也可以给国内消费者带来利益，但是任何事物都有两面性，贸易自由化也可能给进口竞争型企业带来损害，所以国家应提供相应的救济措施，从而实现美国对公民权利平等保护的要求。因此，尽管贸易调整援助制度是伴随自由贸易而产生的，但实质上它在美国宪政体制内产生，依法对公民、组织的权利进行保护并最大限度地实现本国贸易利益。

由于贸易自由化带来的产业损害或结构调整是客观存在的，美国长期

以来逐渐形成“进口救济”与“调整援助”的双轨制立法模式，旨在应对产业损害或结构调整。特定历史时期和条件下的受损者要求国会进行贸易保护立法，贸易救济措施因此逐渐发展而来并形成完备的法律体系，旨在应对产业损害，而1962年建立并逐渐演化而来的贸易调整援助项目旨在促进对进口竞争的积极调整，两者并行不悖，各司其职，共同服务于美国推动的贸易自由化进程。此外，美国的贸易调整援助立法还给予我们以下两方面启示：一方面，负责贸易调整援助资格审批和项目批准的机构要与商务部的其他机关，尤其是负责产业损害调查及“两反一保”措施的机关充分配合，彼此间构建起畅通、准确、高效、及时的信息共享机制；另一方面，要充分发挥行业协会在贸易调整援助工作中的作用。由于“两反一保”与贸易调整援助的实施均需对贸易行为、产业损害、因果关系进行认定，因此，只有各个机关之间建立起有效的信息共享机制，对进出口贸易状况展开及时监控，才能对我国企业出口商品遭遇贸易壁垒的情况和国内产业因进口激增而遭受损害的情况进行科学的评估，形成统一、规范的产业预警机制，并实现稳定且连续的国际竞争力测评效果。而行业协会作为同类企业自愿组织的、不以赢利为目的的民间组织，能够在事实上发挥沟通政府与企业之间关系的功能。①

第二节 创建基金的欧盟模式

一、贸易调整援助制度的体系选择

贸易调整援助制度最早出现在欧洲，第二次世界大战后，欧洲六国签订了大家熟知的《建立欧洲煤钢共同条约》，成立了超国家机构——欧洲

① 何宪民：《WTO体制下贸易救济实施与中国的应对策略研究》，经济科学出版社2013年版，第64页。

煤钢共同体，该机构主要负责各成员国煤钢的生产和销售，后来提供专项资金来支持落后地区进行产业调整和转型。随着该条约的实施，成员国看到了好处，并且希望扩大条约的内容，后来欧洲六国又签订了《罗马条约》，该条约主要目标在于降低欧共体各成员国之间的关税壁垒，使得商品、资本、人员、劳务在成员国自由流动，促进欧洲区域经济一体化，通过增强区域合作来促进成员国国内经济的发展。

欧盟在联盟层面上的就业政策合作始于1993年的德洛尔《增长、竞争力与就业》白皮书，1997年《阿姆斯特丹条约》首次将就业问题独立纳入欧共体条约，确认其为全欧盟共同关注的问题，同年11月，卢森堡峰会正式启动欧洲就业战略，即“卢森堡进程”。进入21世纪后，为全面应对经济全球化和人口老龄化，欧盟于2000年3月启动了“里斯本战略”，目标是到2010年成为全球最具活力和竞争力的知识经济体，并实现充分就业。但由于该战略在实施过程中演变为一个多目标、多行动、联盟和成员国责任不明的复杂结构，2005年初，欧盟委员会提议重新启动，将重点落实在“持续强劲的增长和就业机会的创造”，并建议结构基金聚焦“里斯本战略目标”，同时设立“增长调整基金”，提升危机干预能力。

值得一提的是，一项新兴制度的提出往往不被人看好和信服，当时欧共体的促成者担心很多企业和工人大量转移，给欧洲经济带来难以预估的冲击，因此他们就想出一个办法来防止这种情况的产生。当时最好的办法就是，用另一种对他们有好处的利益来换取欧洲区域经济一体化的发展，于是欧共体促成者想了一个临时性援助办法来留住这些企业和工人。虽然欧洲很早就有这样一个类似于调整援助的措施，但是欧洲的贸易调整援助制度直到2006年才真正被人们提出和运用。因为经济全球化给各个国家和地区所造成的影响都是很大的，不管是有利影响还是不利影响。对于不利影响，就要想办法来克服和避免，从而使得欧洲经济健康发展。

长期以来，欧盟没有产生类似美国TAA这样的计划，原因很简单，欧盟成员国通常为拥有比美国更高标准的福利国家，对于贸易自由化产生的“贸易痛苦”（pains from trade）问题，现有的福利机制已经能够承担调整的作用。但是随着全球化的迅速扩大，欧盟不得不在政治上承认，欧盟层面上享有的对贸易政策具有排他性的调控能力，使得欧盟需要在政治上做出表态，为由于推进全球化政策引起的成员国国内经济转移而引发的一系列损失承担责任。因此，欧盟在整体预算上，分出适度的一小部分，作为承担这种排他权利的经费。这部分经费相对于欧盟整体的预算来看，占比非常小，其最初的工具效应并不十分突出，更多是出于政治意义。在欧盟层面长期存在的是欧洲社会基金（ESF），它是欧盟预算的工具，具有“欧盟条约”赋予的作用，“使工人的就业更容易，并提高其地域和职业流动性促进他们适应工业变革和生产系统的变化，特别是通过职业培训和再培训”。但是，与美国 TAA 计划不同，ESF 并非专门针对因进口增加受影响的工人，也不能帮助整个联盟的所有工人。相反，它旨在处理一般的工业变化，并主要帮助相对低收入地区的工人。2005 年 10 月，欧盟委员会进一步提议在联盟层面上创立“全球化调整基金”（EGF），12 月，布鲁塞尔峰会批准的 2007—2013 年预算方案采纳了这一建议。2006 年 3 月，欧盟委员会推出基金草案，谈判正式展开。其间，各方争论和关注的主要问题有两个：一是是否有必要创设新的基金；二是援助的启动条件和措施手段是什么。

第一个问题实际上包括两个方面，即自由贸易和资本流动引致的失业是否有必要予以单独援助和新基金如何补充现有就业政策。围绕前者的争论始终贯穿美国贸易调整援助制度的发展演变，欧洲学者并不袖手旁观。在他们看来，欧洲国家未能建立类似制度的主要原因是特定劳动力调整政策的缺陷，如在诱发生产要素调整和转移众多因素中甄别特定原因的困难性、对贸易引致调整单独予以补充的不公平性和援助延缓调整的低效性。此外，欧洲国家对外贸易和社会保障制度有别于美国。欧盟成员国大多市场规模狭小、外贸依存度高，尽管从贸易流量的角度可以区分成员国间贸易（区域内贸易）和与非成员国间贸易（区域外贸易），但两种贸易引致的劳动力调整却无法明确区分；同时，欧洲国家就业保障支出占 GDP 比重一般均高于美国将贸易调整援助计划计算在内的公共支出水平。

2006 年，欧洲议会和欧洲理事会通过了《欧洲议会和欧洲理事会关于建立欧洲全球化调整基金的 1927/2006 号条例》，该条例从整体上构建了欧洲全球化调整基金的基本框架。主要内容包括：援助范围、资格认定标准、援助措施、授权期限、申请程序和基金管理等。欧洲全球化调整基金与美国贸易调整援助计划很大的不同就是表现在，欧洲仅仅向失业工人提供一系列的一揽子援助措施，而不会针对企业、产业等进行援助。

2008 年 7 月 2 日，在名为“重建的社会议程：21 世纪欧洲的机遇、权利和团结”会议上，欧盟委员会提交了欧洲全球化调整基金的 2007 年度工作报告。报告指出欧洲理事会决定在 2009 年度报告讨论前修改欧洲全球化调整基金相关内容。同年，《欧洲经济复兴计划》报告中，欧洲理事会宣称将为欧洲全球化调整基金建立一个更加有效的干预标准，以回应欧洲一体化进程中出现的危机。同时欧洲理事会重续修改欧洲全球化调整基金相关规则的决心，以求干预行为更加有效、迅速。2008 年 12 月 16 日，欧洲理事会通过《修改关于欧洲议会和欧洲理事会建立全球化调整基金（EC）1927/2006 号法令的 2008/0267 号决定》，主要修改内容如下：第一，扩大欧盟全球化援助基金援助对象范围，把由于经济全球化、金融危机和临时必要调整导致失业的工人也列入欧盟全球化援助基金援助对象。第二，降低干预门槛的限制，对失业人数的要求从 1 000 人下降的 500 人，明确 2（c）中的干预标准，并且从判例法中引入结构性裁员的定义。第三，进一步明确规定技术援助的相关内容，明确技术援助的范围和欧洲理事会的主动权问题。第四，放宽欧盟全球化援助基金限制，提高受惠工人数量。将援助比例从原来的 50% 扩大至 70%，同时将欧盟全球化援助基金援助期限从12个月增加至24个月，这样更加有利于对遭受全球化经济不利影响的工人有更多的时间进行调整，争取早日回到工作岗位上去。

欧盟在不断放宽欧洲全球化调整基金援助对象范围、降低援助门槛的情况下，仍旧没有达到欧洲理事会的预期目标，再加上全球经济危机进一步冲击欧洲经济，欧元态势低迷、欧洲的失业率攀升等问题愈发严重。2009年6月18日，欧洲议会和欧洲理事会通过《欧洲议会和欧洲理事会关于修改建立欧洲全球化调整基金（EC）/1927/2006号法令的564/2009号法令》。这次修改主要内容为：第一，继续扩大欧洲全球化调整基金的援助对象范围，将经济全球化和金融危机直接导致失业的工人也纳入欧洲全球化调整基金的援助对象范围，但是成员国必须证明经济全球化或金融危机与工人失业有直接必然的联系。第二，明确干预标准的失业工人人数确定标准。可以从工人接到失业通知或结束劳动合同之日算起。第三，进一步明确欧盟委员会在技术援助方面的主动权。2010年欧盟委员会通过《欧洲全球化调整基金的2009年度报告》，报告第四部分对2009年度该基金运作情况进行总结。2009年委员会共接受30例援助申请，从2009年3月份到12月份的时间里，欧盟委员会从2009年3月1日起，各成员可以根据修改后的法令申请技术援助。2020年后，欧洲全球化调整基金改革草案将对欧洲全球化调整基金再一次进行修订，以便它能够更有效地进行干预，以支持失去工作的工人。目前，工人只有在因为贸易模式或金融和经济危机后果遭遇解雇时，才能获得基金的支持。根据新规定，考虑到劳动力市场的新挑战，其他结构性的失业原因，如产业自动化、数字化等原因引起的解雇，同样可以获得支持。新规则还将降低被解雇工人的门槛，当结构调整导致失业人数符合250～500人的范围时就可以予以适用，这将允许更多工人获得支持。

欧盟现在拥有与TAA计划大致相当的工具。由EGF提供财政援助，以促进因全球化而失业的工人重新融入就业，主要由于进口到欧盟货物的实质性增长，欧盟货物或服务贸易的严重转变，使得欧盟在某一特定部门的市场份额下降，或者不得不将活动外包给非欧盟国家——只要这些原因引起的裁员对地方、区域或国家经济产生重大不利影响，无论它们是高收入地区还是低收入地区，都可以申请援助。

二、全球化调整基金在欧盟法中的地位

客观来讲，全球化调整基金并不是非常重要的工具，特别是相较于原有的调整基金来看，作为欧盟预算的一部分，全球化调整基金的年度预算上限为5亿欧元，但2007—2011年的实际支出分别为1 860万、4 900万、5 235万、8 355万和12 817万欧元。尽管呈逐年上升趋势，但分别仅占当年预算的3.7%、9.8%、10.5%、16.7%和25.6%。相较于其他调整基金来看，全球化调整基金经费占比小，所起的作用也是有限的。

评估全球化调整基金在欧盟法中的地位，可以从以下三个方面进行认识。

第一，欧盟的全球化调整基金是一种多层次治理的体现。欧洲一体化深入发展的直接表现就是欧盟超国家因素的增强，具体表现为：成员国政府向超国家机构转让了某些主权；在转让出的主权领域内，成员国政府不再享有独立行动的权力；为了完成欧盟的职责，欧盟有可供自己支配的机构，这些机构创造、执行和实施欧盟法；一个具有独立地位的欧盟委员会作为欧盟的发动机代表欧盟利益，拥有独占的提出议案权。就制度建构而言，成员国与超国家机构在欧盟政策制定时的互动与协调只能视做两层治理。一定程度上来说，全球化调整基金，包括其他基金，都是欧盟层面对成员国政府进行市场干预的一种手段，该调整基金的具体执行还需要结合成员国政府的申请和配合才能够进行。

第二，欧盟的全球化调整基金是对其他基金功能的补充。为了解决地区发展不平衡问题，欧盟出台了多项政策，为此拨出专项基金，即欧洲地

区发展基金（European Regional Development Fund，ERDF），这项政策的出台和基金的设立均在1975年。其他财政工具也有促进地区发展的功能，其中特别重要的是欧洲社会基金（European Social Fund，ESF）和欧洲农业指导与保证基金（European Agriculture Guidance and Guarantee Fund）的“指导”部分基金。自1988年后，欧洲地区发展基金、社会基金和欧洲农业指导与保证基金的“指导”部分基金合称为结构基金，与这几个基金相关的政策被称作结构政策。1993年，结构基金增加了渔业指导财政工具（Financial Instrument of Fisheries Guidance，FIFG）。虽然有不同基金的加入，但在结构基金中，欧洲地区发展基金始终是地区政策最大和最重要的财政工具。欧盟结构基金的目的是在公共部门以干预市场的方式来减少由于市场力量引起的地区经济发展的不平衡格局。成员国经济发展不平衡问题很早就引起了各国的注意。在1958年签署的《罗马条约》序言里，各国政府代表就庄严承诺：“切望缩小存在于各地区间的差别和降低较贫困地区的落后程度，加强各国经济的一致性和保证它们的协调发展。”1975年前，共同体虽然没有地区政策，但是欧共体早期的许多财政安排具有促进地区发展的功能。例如，欧洲社会基金（ESF）、欧洲煤钢共同体（ECSC）、欧洲投资银行（EIB）和欧洲农业指导与保障基金（EAGGF），因此，这一时期可称为有地区发展财政工具而无共同体地区政策阶段。

由于成员国利益冲突，这些财政工具也许对个别国家的地区发展有利，但是对促进欧盟地区整体发展收效甚微，使得欧共体地区发展差距没有缩小，反而扩大了。在此背景下，欧共体成员国于1973年决定引入共同地区政策，1975年政策开始实施，并设立了欧盟地区发展基金，并同时规定，“本基金对成员国地区发展的援助不应导致成员国自己对本国地区发展的资金投入，而应是成员国地区发展努力的补充”，即地区发展基金的辅助性原则（additionality principle）。从1975年算起，欧共体/欧盟为促进地区平衡发展投入了巨额资金。总体来说，欧盟结构基金是欧盟为实施地区政策，缩小欧盟不同地区之间的发展差异，促进其经济和社会的均衡发展，从预算中拨款设立的基金。它是由欧洲社会基金、欧洲农业指导和保障基金中的指导部分、欧洲区域发展基金和欧洲海事和渔业基金共同组成的基金体系。欧洲社会基金主要提供职业培训和就业帮助，以解决青年和妇女的就业问题；欧洲区域发展基金是4个基金中规模最大的，约占整个结构基金的一半。该基金的主要目的是支持落后地区的中小企业的发展、促进投资和改善基础设施；欧洲农业指导和保障基金主要是为农村地区采用农业新技术、改进农业产业结构和发展非农产业提供资金支持；欧洲海事和渔业基金是为帮助沿海地区受渔业生产萎缩影响的渔民而设立的。其最初的目的就是对落后地区和产业衰退地区的经济发展提供支持，以及帮助其进行产业调整。该基金属于欧盟预算的一部分，由欧盟理事会和欧洲议会批准，属于欧盟财政专项支出，其本质是一种全新的产业政策工具。

1994—1999年，欧洲社会基金对各种积极的劳动措施提供了大量的支持。这些资助的目的在于提高处于不利地位的人群、首次进入劳动力市场的青年和长期失业人员的就业能力，以及给失业和在业人员，特别是那些在中小企业工作的、最容易丧失工作岗位的人提供教与培训。这些措施也包括支持改善国家教育培训体制和各种公共就业服务。值得一提的是，虽然这些基金的目的在于加强整个欧盟经济、社会和区域方面的整合，但其首要关心的问题是创造就业机会，并不是把经济增长放在首位。而且受助区域的资格条件和扶持额度是经全面把关的，经过不断地完善，它成功地支持了欧盟经济落后地区和产业衰退地区的发展和结构调整。

全球化调整基金是对结构基金尤其是欧洲社会基金的补充，以对全球化调整导致的突发性劳动力调整做出快速反应。作为一种应急基金，在当前，它不属于多年度财务框架（MFF）的预算范围，2018年5月，欧盟委员会关于EGF的提案保留了这一框架设置。从功能上来看，原有的基金已经能够承担起结构性调整带来的失业问题。特别是欧洲社会基金，本身指向的就是提高工人获得工作的机会，以及对工人获得工作的能力进行培训提升等；欧洲的“青年就业倡议”（Youth Employment Initiative）也能为年轻人失业率超过25%的地区提供就业援助。全球化调整基金在其中所起的作用是受到限制的：一方面适用范围有限，而且一般是为工人提供一次性的个人支持；另一方面，也应当看到，其本质依然不能被视为一个纯粹的贸易调整援助的手段，也不单单为了对相关产业工人进行援助，而是带有交换性质的政治利益，因此在实际运行中，全球化调整基金的财政转移支付从一开始也是保障就业政策的一部分。

第三，全球化调整基金是调整劳动力市场政策的组成部分。20世纪80年代以来，为了解决严重的失业问题，欧洲许多国家开始追求劳动力市场的灵活性。但是大多数国家的改革都是在劳动力市场边缘进行的，没有进行全面的改革。

在欧盟一体化的进程中，从20世纪50年代开始就提出了关于就业政策的问题，但是当时并没有得到各成员国的普遍重视。到70年代中期，欧共体成员国都出现了经济增长率下降、失业率猛增的危机，就业问题日趋严重。随着就业压力的不断增大，欧盟成员国才逐渐对就业问题的重要性有所认识。进入20世纪90年代以后，欧盟的失业问题越来越严重，失业率居高不下。于是，欧盟逐渐将失业问题以及与失业有关的社会政策列为头等重要的大事。1993年12月，欧盟委员会发布了名为《增长、竞争与就业：进入21世纪的挑战和道路》的白皮书，提出了增加就业的主要政策措施。白皮书第一次展开了对欧洲就业政策的公开讨论，成为欧盟劳动就业政策的转折点，并奠定了以后欧盟就业政策发展的基础。1994年下半年，欧盟委员会与成员国协商，准备在欧盟层面上建立共同的就业政策；同年12月，欧盟埃森首脑会议决定在就业政策方面采取共同行动，埃森会议提出了增加就业的五点建议，同时也敦促成员国将其落实到就业政策中。埃森会议提出的五点建议被称为“埃森战略”，该战略的实施标志着欧盟开始全面介入成员国的就业政策领域。1997 年 6 月，欧盟成员国在阿姆斯特丹召开首脑会议，会议审议并通过了《阿姆斯特丹条约》，此后，欧盟开始明确拥有了综合协调各成员国就业政策的权利，并决定建立保证就业政策执行的运行机制。

1997 年 11 月，欧盟元首在卢森堡召开特别高峰会议，确定了欧盟共同就业政策的具体运行机制，这一机制被称为欧洲就业战略（European Employment Strategy，EES）。欧洲就业战略的总体目标是既要实现充分就业，又要保持欧洲经济的竞争力，该战略由四大支柱构成：就业能力、企业家精神、适应能力以及性别平等。欧洲就业战略的实施采用了一种新形式的政策整合方法——“开放的协调方式”（Open Method of Coordination，OMC）。通过“开放的协调方式”，欧盟确定就业政策总体的框架和目标，监督、审查成员国的就业行动计划，并且对每个国家提出“建议”，同时让成员国自行决定具体的政策和执行方案。该方法没有规定对违规者的制裁措施，但是违规者将会受到欧盟委员会以及其他成员国的不断指责，这增加了成员国向欧盟共同就业战略目标趋同的压力。

2000 年 3 月，欧盟 15 国领导人在葡萄牙首都里斯本举行特别首脑会议，达成并通过了一项关于欧盟 10 年经济发展的规划，即“里斯本战略”，其目标是使欧盟在 2010 年前成为“以知识为基础的、世界上最有竞争力的经济体”。里斯本战略围绕经济发展、就业、科研、教育、社会福利、社会稳定等多方面问题，共制定了 28 个主目标和 120 个次目标。其中最重要的两个目标是就业率和科研投入。里斯本战略提出以加速经济发展推动就业增长，在中长期内创造 3 000 万个就业机会，争取在 2010 年把欧洲的平均就业率从 2000 年的 61% 提高到 70%。在里斯本战略中，欧盟理事会明确宣布了就业政策的变化，将就业政策重点落在了提高就业率的量化目标上，以求最终实现充分就业。在这次会议上还强调了就业政策目标、宏观经济政策目标和社会政策目标之间的密切关系。

2005年2月初，欧盟委员会提出新的“增长与就业伙伴计划”，对里斯本战略的目标进行了调整，确定以经济增长和就业为优先目标，3月，欧盟首脑会议正式决定重新启动里斯本战略。

20世纪中期，所有欧洲大陆国家针对失业问题均提出了社会保险政策。大家普遍认为经济周期是导致失业的主要原因，而为工人提供失业保险是为了保障工人在失业期间能够维持基本的生活水平，被动的失业救济几乎全部是作为不附带任何义务的权利。但是20世纪八九十年代，随着失业率和贫困率的增长，人们的观点逐渐发生了改变。现在，一些人认为福利政策尤其是失业福利政策导致了失业现象的产生，福利的高替代率导致人们陷入失业的陷阱，并且没有有效的方法来刺激失业者从事有偿工作；除非工作获得的收人大于失业救济或福利待遇收入，否则没有人愿意去工作，因此他们会永远在贫困的陷阱中出不来。

从20世纪90年代早期开始，为了促进就业，许多政府就已经明确倾向于调整其失业保险政策。不断变化的权利和义务是许多欧洲国家制定政策的核心。各国政府开始背离其传统的政治理念，强调进一步强化失业者义务的重要性。无论是美国的自由主义传统政策，还是英国的自由党和工党的传统政策，或者北欧国家的社会民主党的世袭政策，都强调义务是独立的。在失业保险制度改革方面，大多数国家奉行的原则是：对劳动者的失业保护，不仅要体现在基本生活津贴的发放上，更重要的是体现在帮助失业者提高再就业的能力上，使他们能够面对因经济发展、产业结构调整和技术变革等因素造成的劳动力市场变化，在寻找新的就业岗位时处于更加有利的地位。

在这种背景下，欧盟的劳动力市场政策不再强调过去那种提高就业保护水平的传统观念，而是逐渐转向确保失业人员的基本生活，在这个基础上，将重心转移到促进失业人员再就业方面。目前，劳动力市场的激活政策已经成为欧洲劳动力市场改革的最重要领域、欧洲就业战略的基石，以及欧盟与其成员国就业政策领域中最主要的政治议程。欧洲就业战略的最终目标是提高就业率，这得到了欧盟成员国的赞成，为了实现该目标，各成员国实施的重要措施包括：降低被动的劳动力市场政策的份额，增加积极的劳动力市场政策的份额。为此，失业者和劳动力市场管理者之间已经达成一项“社会契约”。社会契约的条款是失业者在接受一定期限的失业救济后，必须接受定期的工作或者参加积极的劳动力市场项目。积极的劳动力市场政策的两个主要功能是：为失业者提供额外的培训；使劳动力的供给和需求达到匹配。因此，积极的劳动力市场政策在确保必要的安全方面发挥了重要作用。积极的劳动力市场政策能够确保失业者或者非正规就业的雇员相对容易地找到另外一份工作，而且劳动力市场政策的目标群体已经从被动的失业救济的接受者转变为积极的公民。这不仅是应对国家危机的客观需要，更重要的是，积极的劳动力市场政策培育了适应现代风险社会、具有更强就业能力的公民。

20 世纪八九十年代，欧洲的“福利国家”遭到了右翼的无情批判，为了取代“福利国家”这个概念，吉登斯提出了“社会投资国家”概念，用于描述介于“新自由主义模式”和战后西方福利国家模式之间的“第三条道路”福利国家模式。他对“社会投资国家”描述为：“福利开支将不再是完全由政府来创造和分配，而是由政府与其他机构（包括企业）一起通过合作来提供。”社会投资国家的主要原则可以简要地表述为：在任何可能的情况下，要投资于人力资本，而不是直接给予利益。

随着全球化和知识经济的发展，国家的竞争优势开始取决于具有高度灵活性、高技能和受到良好教育的劳动力队伍。劳动者缺乏知识和技能是知识经济时代的主要风险，它就像工业化时代的疾病和工伤风险一样，可以造成劳动者脱离劳动力市场，甚至落入贫困的深渊，而具有再分配性质的社会保障还不足以真正地消除这种风险，因此必须通过社会投资增强其融入市场和社会的能力。社会投资的理念强调社会公正和经济效率的统一，强调福利国家不仅仅意味着“社会支出”，还意味着积极地进行“培训和教育性的社会投资”。对于大批失业者来说，政府不应该像以前一样简单地发放救济金、提供失业保障，而是加大对教育和培训的投资，对其进行职业技术培训，帮助其掌握新技术，提高就业能力，使其重新融入劳动力市场。

因此，现有欧盟关于劳动力市场的政策可以分为两部分：一是大范围的、整体的调整政策，即针对一般的失业人员，有消极的劳动力市场政策，例如失业保险等，也有积极的劳动力市场政策，例如培训等，结合社会保障，例如医疗保健等，共同构成欧盟一般的福利制度；二是以全球化调整基金为代表的，具体的贸易调整政策可以作为特殊情况下的补充，将劳动力市场政策拓展和指向到受贸易影响的工人，EGF 在条例中也排除了消极的劳动市场政策，并认为这是欧盟成员国自身的责任。

在实际运作中，由于其具体的申请审核机制的设计，欧洲全球化调整基金提供的福利明显晚于实际的裁员期，当福利开始时，更多的流动工人已经重新进入劳动力市场。因此，那些获得援助的人主要是难以帮助的工人，包括年龄较大的工人、技能较低的工人以及有家庭照顾责任的妇女。全球化调整基金主要针对难以帮助的参与者，通过补充现有的国家计划并提供个性化的一揽子援助，从而达到调整和救助的目的。①

三、与 WTO 规则体系的关系定位

在国际法和国内法的关系上，国际法原则上在国内的效力是各国国内法界定的问题，大多由各国国内法律（主要是宪法）加以规定。一般来说，各国国内法相对尊重国际法，有的国家规定国际法是本国法的组成部分，法院可以直接加以适用。欧盟对 WTO 能否直接适用一直存在争议，

① WTO，World Trade Report 2017：Trade，technology and jobs，2017.

但欧洲法院明确拒绝了GATT1947年及WTO协定的直接适用。欧洲理事会在1994年批准乌拉圭回合最后文件时，明确指出WTO协定不能直接适用。

WTO法律规则不能在欧盟直接适用，意味着当欧盟法和WTO法律法规发生冲突的时候，欧盟法具有优先权。这一特点在欧洲法院处理的多起案件中得到体现。1999年，欧洲法院在Fediol和Nakajima案的判决中重申了WTO法的适用原则，并暗示WTO法在欧盟的适用必须经过欧洲法院审议。如果欧盟试图在WTO框架所认可的范围内施行一项特殊的责任，或者它明确地援引了WTO协定中一项具体的条款，那么，欧洲法院就应该依据WTO法律法规来审议欧盟的动议是否合法。

在其他案件中，如1994年Germany v. Council案和1999年Portugal v. Council案中，欧洲法院甚至直接否认了成员国援引GATT/WTO条款去衡量共同体（欧盟）机构所采取行动的合法性的权力。在Portugal v. Council案中，欧洲法院认为：原则上，WTO法律法规不属于欧洲法院所依据的用于审议欧盟机构行为合法性的法律。[①] 因此对于欧盟内部成员国来说，欧盟全球化调整基金的适用并不会涉及WTO合规性的问题。

第三节 其他国家贸易调整援助制度的立法考察

一、以雇佣保险制度调整的日本模式

经济管理的互相依存已经变为全球治理的核心挑战，市场开发及贸易自由化对每个国家承诺了更多的社会福利，但经济全球化的加深也产生了外部经济效果，加强了各国对经济全球化成本的关注。[②] 经济全球化的深

---

① ECJ Case C－149/96，Portuguese Republic v. Council of the European Union，ECR 1999，Judgment of 23 November 1999，para 47.

② ［美］丹尼尔·埃斯蒂：《超国家空间中的善治：全球行政法》，林泰译，法律出版社2018年版，第71页。

化需要制度上的支撑，而日本针对衰退产业的调整政策是TAA的另一种立法模式。所谓衰退产业，是指经历了幼小期、成长期、成熟期之后，进入产业生命周期的最后一个发展阶段的产业。衰退产业具有以下基本特征：产品需求量和销售量大幅下降，技术进步和创新程度下降，相比之下，另一新兴产业提供的替代品呈现出需求与销售额上升的趋势。在日本，煤炭、纺织、炼铝、钢铁等产业曾经先后沦为衰退产业。其中，纺织和钢铁业经过有效的技术改造和产业调整，脱离了衰退的厄运，实现了产品的高附加值化。[①] 由此可见，针对衰退产业开展援助调整，从而实现生产的有效转移，有利于缓解企业破产、职工失业等现象引发的社会失序问题。具体见表2－1。

表2－1　衰退产业调整政策的主要措施

调整措施	具体手段
加速设备折旧	政府通过制定和实施衰退产业设备的报废量、报废时间表，采取促进折旧的特别税制，对因设备报废产生的损失提供补偿，加速折旧
市场保护与援助	政府通过限制竞争产品的进口剧增对衰退产业实施保护，为其生产调整、资本与劳动力转移创造时机。政府还可通过价格补贴、参与采购及促销活动，对衰退产业实施援助
促进转产	政府可通过立法对指定产业部门减少或停止生产某类产品，协助其选择适宜的转产方向，提供设备贷款、发放转产补贴，加速转产
技术与经营支持	政府通过协调专利与技术推广，虽转产目标领域提供及时的技术和经营指导、咨询与援助
转岗培训	利用政府掌握的公共教育与培训设施，对不适用转产后新岗位技术要求的职工提供培训服务，减少产业调整引发的失业，保障社会稳定

不过，虽然日本早期也制定了《纺织业结构调整法案》，对纺织行业给予了类似贸易调整的援助。[②] 但相对于美国和欧盟等发达经济体，日本

① 苏东水：《产业经济学》（第四版），高等教育出版社2015年版，第293页。

② Helen Hughes, Prospects for Partnership: Industrialization and Trade Policies in the 1970s, Johns Hopkins Press, 1973, p. 256.

并没有在贸易政策内明确构建专门的贸易调整援助机制。WTO 在 2017 年年度报告关于 TAA 的讨论中，只提及了美国、欧盟、韩国，并未谈及日本。事实上，日本在完善衰退产业调整机制的同时，也设定了针对产业员工的保障机制，这种独特的调整援助机制内化于其《雇佣保险法》。具言之，日本通过一系列补贴和公共服务来帮助那些由于经济性、结构性或者技术性原因引起失业的工人。① 正如经合组织（OECD）在一次综合性调查报告中指出，日本通过早期的干预政策，使得雇主能够尽可能维持同工人的雇佣关系，让工人失业成为最后选项。

相比于欧美，日本长期保持较低的失业率，即便由于外部因素引起结构性经济问题，其在处理失业率问题上也比欧美国家高效许多，究其原因，日本的劳动力援助政策发挥了重要作用。日本的就业调整补贴制度是 1975 年以来，日本雇佣保险制度框架下的一项核心劳动力援助制度，在日本经济受到外部冲击，尤其是在两次石油危机、20 世纪 90 年代泡沫经济破灭以后和 2008 年金融危机时期，通过对指定行业和指定企业提供援助补贴，来帮助企业和劳动者渡过难关，实现经济和社会的稳定。日本雇佣保险制度并不是一项专门针对贸易调整援助的制度，但是在面临由于对外贸易引起的失业问题时，对企业进行援助是该制度预防失业和促进就业职能的应有之义。

早在 1947 年，日本就在其《失业保险法》中建立了失业保险制度。在这个阶段，日本的就业调整补贴制度注重的是对工人失业后的生活救济，强调的是失业补充功能。《失业保险法》确立了保障基本生活的失业保险理念。该法明确规定"在失业时被保险者获得失业保险金，令其生活有保障"，"生活有保障"是这个阶段日本失业保险法的立法理念。

1973 年第一次石油危机给日本的能源依赖型经济以沉重打击，由于原

① OECD，"Back to Work Japan：Improving the ReEmployment Prospects of Displaced Workers"，www. oecd. org/publications/backto - work - japan - 9789264227200 - en. htm，October 6th 2019 last visited.

有雇佣政策调整造成了就业形势恶化，创设雇佣调整给付金的呼声十分强烈。1974 年，在调整经济结构的同时，日本也改革了失业保险法律制度，废除了原来的《失业保险法》，颁行了《雇佣保险法》。与 1947 年的法律相比，1974 年《雇佣保险法》发生了以下变化：日本政府的失业保险政策重点已从消极的失业针对性地转向积极的就业政策。《雇佣保险法》在第一条明确规定“雇佣保险乃劳动者在失业之时，通过必要的给付，使其生活安定，同时使求职活动变得更加容易，促进其就业，并且为了劳动的职业稳定，把雇佣结构的改善、劳动者能力的开发提高、劳动者福利的增进作为目标。[①] 和之前的《失业保险法》相比，由单纯的失业后的生活救济转而倾向于职业安定、失业预防、就业促进对策转变，建立了雇佣保险的两大支柱制度，使雇佣保险法律制度除了具有失业补偿功能外，还增强了失业预防、促进再就业和改善劳动者福利的功能，从而使日本的雇佣保险法律制度更加完善。

《雇佣保险法》把失业保险金分为求职者给付和促进就业给付。求职者给付分为基本津贴、技术培训津贴、寄宿津贴和伤病津贴等；促进就业给付分为再就业津贴、常用就业准备金、搬家费和求职活动费等。就业调整补贴制度的产生正是基于 1974 年的《雇佣保险法》。在此基础上，创设了与失业给付并列的另一个支柱，即雇佣保险业务，其三大业务为雇佣改善业务、能力开发业务、雇佣福利业务。这三项业务，沿着积极的雇佣政策，一方面强调对劳动者能力的开发，通过向企业主支付雇佣调整给付金和职业训练给付金等，鼓励企业加强对劳动者进行培训，提高其劳动技能以预防失业，另一方面抑制企业的解雇，强调就业的安定性，在遇到经济不景气或者产业结构调整变化时，对企业主进行必要援助，使其不解雇劳动者，而是对员工进行培训或者照发工资。同时对因就业需要迁移的劳动者提供咨询服务及其他援助，必要时提供宿舍、幼儿园等福利设施以帮助

---

① 何勤华：《日本法律发达史》上海人民出版社 1999 年版，第 323 - 325 页。

其就业。

在20世纪70年代后期的结构性经济萧条下，长期失业成为问题，在这种形势下，1977年，为了扩充雇佣调整给付金，把雇佣稳定业务从雇佣改善业务中分离出来，使雇佣保险业务在原来的三个业务上增加雇佣稳定业务成为四个业务，即雇佣改善业务、雇佣稳定业务、能力开发业务、雇佣福利业务。由于政府积极的雇佣政策，在促进雇佣扩大和劳动者能力开发的同时，又通过雇佣调整给付金和职业训练给付金等，既能够对劳动者实施临时停业和职业训练，同时对实现就业保证又起到很大的作用。《雇佣保险法》和之前的《失业保险法》相比，由单纯失业后的生活救济转而向职业安定、失业预防、就业促进对策转变，建立了雇佣保险的两大支柱制度，使雇佣保险法律制度除了具有失业补偿功能外，还增强了失业预防、促进再就业和改善劳动者福利的功能，从而使日本的雇佣保险法律制度更加完善。自此，日本雇佣保险制度完善的基本框架形成。

20世纪80年代，为了达到预防失业的目的，日本政府直接对企业进行补贴，补贴金额为企业需要支付给需要被裁员职工的工资金额，以使企业选择与员工维持雇佣关系。如果不得不裁员的话，政府则提供培训补贴，来帮助这些失业工人能够根据市场需求提升自己的能力。① 对于申请补贴的标准，日本采取了较为宽松的标准，这种标准根据经济处境和贸易状况，呈现出相当的灵活性。在2008—2009年的全球金融危机期间，日本政府就有意地放宽了申请标准，以使更多的失业工人能够在该制度下得到救济。②

---

① Bednarzik, Robert W. and Clinton R. Shiells. "Labor Market Changes and Adjustment: How Do the U. S. and Japan Compare?" U. S. Department of Labor. Feb. 1989, p. 41, www. bls. gov/opub/mlr/1989/02/art4full. pdf.

② Hirashima, Masakuni. "Policies for Displacement in Japan", Japanese Ministry of Health, Labor, and Welfare. May 2013, p. 3, www. oecd. org/els/emp/Presentation%20Masakuni%20HIRASHIMA. pdf.

二、融合欧美制度的韩国模式

韩国的贸易调整援助制度是在自由贸易协定（FTA）战略推进过程中产生的。2003 年韩国政府开始编制 FTA 发展规划，制定了短期和中长期推进战略，并与多个国家和地区同时展开双边自由贸易协定谈判。2003 年 2 月 15 日，韩国与智利签订了其第一个自由贸易协定。该协定包含的农产品贸易部分规定，韩国将取消从智利进口的铜制品、大麦、羊毛以及渔业产品的关税，并在未来的 5—10 年逐渐对智利开放农产品市场，而智利则应逐步开放其汽车、机械等制造业市场。韩国农民及有关团体一直反对与智利签订自由贸易协定，全国农民总联盟认为，韩国通过与智利签订自由贸易协定等方式开放进口农业政策，把农民赶入“绝境”，“为了出口工业产品，强迫农民牺牲自己”，并在韩国各地举行了大规模示威活动。因此，为了应对农业团体的反对，确保受损农户的收入，又确保韩国—智利自由贸易协定最终能够获得批准通过，韩国政府采取了两项措施：一是对《产业损害救济法》制定修正案，制定针对智利农产品的保障措施特别条款，因履行韩国—智利自由贸易协定出现智利农产品进口激增，导致国内相关产业遭受严重损害时，为保护国内相关产业，可以启动提高关税或停止自由贸易协定中规定的关税减让等救济措施。二是制定《为履行自由贸易协定制定的对农民、渔民援助特别法》，在国会批准自由贸易协定以前或同时生效。该法规定，由政府出资 8 000 亿韩元（约 6.7 亿美元）进行农业结构调整，该金额在实施时被提高至 12 000 亿韩元（约 10.8 亿美元）。虽然该法起初仅适用于因履行韩国—智利自由贸易协定对本国农业造成的损害，但自 2004 年以后，随着韩国签订自由贸易协定的数量增多，截至 2009 年年底，该法先后经历 7 次修订，并将其实施范围拓展至因履行韩国缔结或参与的所有自由贸易协定及地区性贸易同盟而造成的农业产业损害。

2004年4月，韩国政府制定的《为履行自由贸易协定制定的对农民、渔民援助特别法》成为韩国建立贸易调整援助制度的契机。随着自由贸易的扩散与加深，制造业、服务业等产业部门都切实感受到建立贸易调整援助制度的必要性。因此，韩国FTA民间对策委员会在2004年10月首次探讨了贸易调整援助制度的引入问题，建议政府在推进FTA战略的同时实行平稳的产业结构调整援助政策。2005年，韩国知识经济部和劳动部正式着手贸易调整援助制度的立法工作。在官产学各界的共同努力下，《关于制造业等贸易调整援助的法律》于2006年4月在第259次临时国会上通过，之后在2007年4月补充了该法案的施行令和实施细则，一并于当年4月29日正式生效。

韩国的贸易调整援助制度与其FTA战略密切相关，旨在不违反WTO《马拉喀什协定》的前提下消除FTA对韩国产业部门造成的消极影响，通过援助FTA协定下受到损害或预期受到损害的企业和相关劳动者，提高韩国的产业竞争力，平稳实现产业升级，保障国民经济协调健康发展。此外，正对FTA协定中最为敏感、极易受到外来市场冲击的农渔业部门，政府配备了FTA过度基金，用于提高农渔业的产业竞争力和保障农产品进出口企业以及农民的经营和生活稳定。

从立法来看，韩国贸易调整援助主要侧重于支持中小企业（SMEs）制造业及其工人。在此之后，中小企业和服务公司也同样获得了接受贸易调整援助的资格。[①] 韩国调整援助计划要求公司证明，由于实施了自由贸易协定，他们的销售或生产减少了25%。多年来，这一要求已经放宽至10%，并且还增加了针对公司的新咨询计划。2016年7月，福利扩展到已经由TAA涵盖的公司下岗的工人。[②]

---

① Cheong, Inkyo and Jungran Cho. "Reforms of Korea's Trade Adjustment Program". Asian Economic Papers, 2011, Vol. 10, No. 1, p. 37.

② Song, Joon-heon. "Finding Beneficiaries: Trade Adjustment Assistance System in South Korea". in Journal of International Trade Law and Policy, 2017, Vol. 16, No. 2, p. 96.

该制度同时借鉴了美国和欧盟做法，既采用了欧盟的以基金形式管理援助资金的方法，又学习了美国不限产业、同时针对企业和工人提供援助的做法。根据《〈为履行自由贸易协定制定的关于贸易调整援助的法律〉的施行令》的规定，韩国贸易调整援助的产业包括制造业和服务业，排除了韩国标准产业表上的农业、林业、渔业、矿业、制造业和建筑业。

第三章 贸易调整援助机制的涵盖范围

贸易调整援助制度与其他贸易救济不同，其价值重点在于调整，即通过调整产业结构、提高产业竞争力，以使受进口损害的国内企业能够尽快适应竞争。要全面了解贸易调整援助制度，需要对其具体内容进行分析，这不仅包括相关国家的贸易调整援助立法，也包括其在实践中的具体实施效果，研究分析该制度从设立到实施的运行模式是必不可少的。美国的贸易调整援助制度发展相对完善和成熟，而其他建立了贸易调整援助制度或类似制度的国家也多以美国的模式作为参考。美国将贸易调整援助制度具体分为了工人贸易调整援助（工人 TAA）、企业贸易调整援助（企业 TAA）、农业贸易调整援助（农业 TAA）和社区贸易调整援助（社区 TAA）四种运作模式，其他国家所设立的贸易调整援助虽然各有侧重，但是目前也并未超出前述四种运作模式的范围。因此，本章内容按照美国对贸易调整援助制度具体运作模式的分类分为四个小节，每小节分别对每一种运作模式的具体内容、申请条件、申请程序和实施效果等内容进行分析和评价。由于资料和语言的限制，本章内容以美国的运作模式为主，同时将其他国家设立的相同或类似的运作模式加以对比，以加深对贸易调整援助制度的全面理解。

在国际贸易中，贸易救济措施作为保护公平贸易的措施被写入各国的国内贸易法及国际协定中。从法律本身的意义进行思考，贸易救济属于一种防御性的制度工具；但从动态博弈的视角观察，某些贸易救济措施的运用也可能会演变为一种攻击性或者对抗性的武器，从而诱发国家间经贸摩擦，严重者甚至升级为贸易战。相较于其他的贸易救济措施，贸易调整援助的独特优势在于其措施明显更具柔性特征，其针对的是国内企业的调整与升级，而反倾销、反补贴、保障措施等措施则更明显会对其他国家的出口产生一定的负面影响。在贸易中，有两个敏感因素会触发进口国采取贸易救济措施：一是价格；二是数量。①

第一节　企业及产业贸易调整援助

一、制度沿革：从贸易政策到法律机制

如前文所言，美国的贸易立法具有深厚的经济、政治、历史、文化背景，正是在美国的推动下，贸易调整援助从最初的贸易政策逐渐步入成文立法阶段。美国对外贸易法中的TAA机制，其设置及运作不但被美国各方寄予厚望，亦受到诸多国家及贸易商的广泛关注。鉴于此，对美国贸易调整援助立法开展个案研究可以作为对TAA制度进行整体研究的一个缩影。为了从宏观上把握TAA在美国的设立背景，有必要对美国的外贸法进行简要地回顾与整合。在美国现行的外贸制度“工具箱”中，201条款、301条款（包括一般301、特别301、超级301）、337条款、反倾销法、平衡税法是最具代表性的几项制度。根据《美国宪法》第1条第8项，规范对外贸易的权力属于国会（即立法机关）的专属职权，行政部门本无权自行设定对外贸易政策，但实践中，美国国会常利用立法授权方式赋予行政部门

① 王世春：《论公平贸易》，商务印书馆2006年版，第195页。

以原属于国会的外贸职权。具言之，在美国经国会立法授权行使外贸职能的行政机关包括：总统、美国贸易代表（United States Trade Representative, USTR）、商务部、国际贸易委员会。

以时间维度整理，美国《1930 年关税法》即规定：如果外国对美国产品实施歧视性措施，总统应对该国货物课以较高关税。根据美国《1934 年互惠贸易协定法》，如果总统认为外国对进口所施加的限制，不合理地限制了美国的对外贸易，则美国总统有权与该国订立贸易协定或修订关税税率，以便解决双方的关税争端。美国《1962 年贸易扩展法》在第 252 条保留了总统对外实施贸易报复措施的同时，正式在 201 条款的基础上引入了贸易调整援助机制。值得一提的是，在 20 世纪 60 年代之前，美国是国际贸易的主导者，而在此之后，西欧及日本的经济实体日渐强盛，在一定程度上对美国构成了挑战，尤其是美国制造业中很多部门的出口市场引入外国贸易商的竞争，美国的产业受到外来进口的冲击，但这在另一方面却给美国消费者提供了物美价廉的产品与服务。鉴于此，美国既无法采取保护主义牺牲国内消费者的利益，又不能无视市场完全开放、贸易绝对自由化所带来的竞争冲击，因此在平衡自由贸易与保护主义的基础上，美国在《1974 年贸易法》中创设了 301 条款，并从包括企业 TAA 在内的四个方面对原立法进行了更新。[①] 此后，《1979 年贸易协定法》扩大了总统在对外贸易方面的权限，并明确规定了贸易调查期限以避免案件拖延。《1984 年贸易与关税法》将对外贸易救济的适用范畴涵盖至服务贸易、对外直接投资、高科技产品输出等方面，并明文规定 USTR 应向国会提出年度报告，以说明美国出口所面临的贸易障碍。《1988 年综合贸易和竞争法》将原授权给总统的贸易权限悉数转移至 USTR 行使。作为推动美国贸易政策复兴的举措之一，美国于《2002 年贸易法》中对 TAA 项目进行了全面而系统的更新，该部法案包括《2002 年两党贸易促进授权法》与《2002 年贸易

---

① 罗昌发：《美国贸易救济制度》，中国政法大学出版社 2003 年版，第 6 页。

调整援助改革法》，将 TAA 的援助对象全面延伸至企业、农业及产业工人、农场主、已获援助资格的企业的上游或下游企业。[①] 2015 年 6 月，奥巴马总统签署了《2011 年贸易调整援助延长法》，同时将对企业的贸易调整援助的授权时间延长至 2022 年 6 月 30 日。

二、理念变迁：从进口救济至产业调整

美国国会第一次授权企业 TAA 是在《1962 年贸易扩展法》中，在距今约 50 年的发展过程中，企业 TAA 也经历了几次重大的变化。

《1974 年美国贸易法》对企业贸易调整援助进行了许多关键改革，主要包括三方面：一是负责机构的变化，关税委员会不再决定企业是否符合资格，而由企业直接向商务部递交申请；[②] 二是对申请标准的变化，企业只需要证明企业的销售额或产量绝对下降，大量或相当部分工人已经失业或面临失业危险，并且同类或竞争产品的进口增加是重要的促进销售额或产量绝对下降和工人失业的原因；[③] 三是援助方式的变化，删除了极少使用的税收援助方式，保留财政援助和技术援助两种方式。[④] 此外，援助获得的标准也得以简化，不再要求证明由于关税减让导致的损害。至此，援助机构得以统一，援助方式也进一步明确，企业 TAA 的框架基本形成。

随着《1981 年综合预算协调法》《1985 年统一综合预算协调法》《1988 年综合贸易与竞争法》出台，企业 TAA 主要经历了两个方面的改革：第一是援助机构的专业化。美国商务部下设经济发展局（Economic Development Administration，EDA）专门负责实施企业 TAA，国会每年从财

① 陈利强：《美国贸易调整援助制度研究》，人民出版社 2010 年版，第 84 页。

② 美国 1974 年对外贸易法第 2341 条。

③ 美国 1974 年对外贸易法第 2341 条。

④ Eleanor Roberts Lewis，Harry J. Connolly，"Trade Adjustment Assistance For Firms and Industries"，University of Pennsylvania Journal of International Business Law，Fall，1988，p. 5.

政收入中拨款，确保 EDA 管理项目的资金来源。同时商务部还在全国范围内建立了 11 家贸易调整援助中心（Trade Adjustment Assistance Center, TAAC）作为具体的项目执行机构，[①] 这 11 个中心属于地区性非营利组织，[②] 由商务部资助，以帮助所有50 个州、哥伦比亚特区和波多黎各联邦内受到进口影响的公司。根据相关法律规定，具备 TAAC 申请资格的主体主要包括大学及其附属机构、州和地方政府及非营利性组织等。TAAC 的成员主要由经验丰富的商业专家组成，主要职能是对相关企业进行宣传，帮助企业进行申请、完成该项目，联系商会、经济发展团体、私人顾问公司、私人咨询机构及银行等相关机构。EDA 与 TAAC 的伙伴关系使公司能够从 TAAC 的专家团队那里获得定制的帮助，这些专家了解其所在地区的企业所面临的挑战和机遇，以保障调整援助更加高效、准确。EDA 下设的贸易调整援助处（Division of Trade Adjustment Assistance, DTTA）是专门负责 TAA 项目的业务机构，其下设的调整建议书复审委员会（Adjustment Proposal Review Committee, APRC）由 9 名职员组成，负责企业经济调整建议书（Economic Adjustment Proposal）的复审工作。第二是国会在 1986 年取消了所有的直接财政援助，只保留了技术援助方式。财政援助是早期企业 TAA 项目提供的主要援助措施，主要内容是为企业提供直接贷款（direct loan）或贷款保证（loan guarantee）等，但由于许多获得贷款的企业后来无力偿还所借的款项，导致了庞大的呆账、坏账损失。里根政府根据《1985 年统一综合预算平衡法》，增加了政府对技术援助的参与，拓展了企业资格认证的标准，并且从 1986 年4 月开始，取消直接贷款和贷款保

① ［美］布鲁斯·E. 克拉伯：《美国对外贸易法和海关法》，蒋兆康等译，法律出版社 1999 年版，第 746 页。

② 这 11 个分布在全美国的中心包括五大湖中心（Great Lake TAAC）、中部美国中心（Mid－America TAAC）、中部大西洋中心（MidAtlantic TAAC）、中西部中心（Midwest TAAC）、新英格兰中心（New England TAAC）、西北部中心（Northwest TAAC）、纽约州中心（New York State TAAC）、东南部中心（Southeastern TAAC）、落基山中心（Rocky Mountain TAAC）、西部中心（Western TAAC）及西南部中心（Southwestern TAAC）。

证等财政支持措施。①

2002 年后，企业 TAA 历经两次修改：一是《2002 年美国贸易法》将该制度每年的授权金额扩大至每年 1 600 万美元；② 二是《2009 年美国复苏和再投资法案》将援助对象扩展至服务业企业，用以应对国际服务贸易的不断增加为美国服务产业带来的竞争压力。此外，《2009 年法案》还增加了援助资金，并增大了申请援助资格的灵活性。③ 经过一系列的演变，美国的企业 TAA 已经明确定位为：对受到进口竞争影响的生产制造业和服务业企业提供技术援助，帮助这些企业制定并实施有针对性的商业恢复计划以重新获得全球竞争力。

三、程序设置：认证、提案、调整三位一体

目前，美国的企业 TAA 项目由商务部进行管理。商务部可以在准备资格认证请求时，或者在开发一份可行的经济调整建议书时，给企业提供技术援助。企业 TAA 项目的开展实施包括三个主要阶段：①企业向商务部提出贸易调整援助书面请求并获得资格认证；②获得资格认证后，向 TAAC 申请调整援助措施，提供企业的经济调整建议书，该申请和计划均需获得批准；③提供技术援助，实施企业经济调整建议书。

第一阶段，企业向商务部下 EDA 递交调整援助申请，由 EDA 认证该企业为受贸易影响的企业。接到申请后，EDA 仔细分析申请和相关文件以确定申请是完整的和可接受的。EDA 必须在接受申请后 40 天内做出是否批准的最终决定，④ 对资格请求获得通过的企业签发资格证明，对被驳回的请求，请

① J. F. Hornbeck. "Trade Adjustment Assistance for Firms: Economic, Program, and Policy Issues", CRS Report for Congress, 20 December 2007, p. 20.

② J. F. Hornbeck. "Trade Adjustment Assistance for Firms: Economic, Program, and Policy Issues", CRS Report for Congress, 09 August 2002, p. 6.

③ J. F. Hornbeck. "Trade Adjustment Assistance for Firms: Economic, Program, and Policy Issues", CRS Report for Congress, 06 March 2009 p. 1.

④ 2009 年 5 月 17 日后，做出最终决定的期限是 40 天。2009 年 5 月 17 日前，EDA 做出最终决定基础是 60 天。

求人可以向美国国际贸易法院（U. S. Court of International Trade，USCIT）起诉。[①] 认定的标准主要有三项：①企业的销售和生产、或企业的销售或生产已经绝对下降，又或者在有数据显示的最近12个月之前的12个月内，不低于企业全部生产或销售25%的货物的销售或生产、或销售和生产已经绝对下降；②大量或重要比例工人已经全部或部分失业或面临全部或部分失业威胁；③企业产品的同类或直接竞争产品进口增加，“重要地促成”了销售或生产、或销售和生产的绝对下降及工人失业。[②]

图3－1展示了美国《1974年贸易法》中201条款的启动要件。

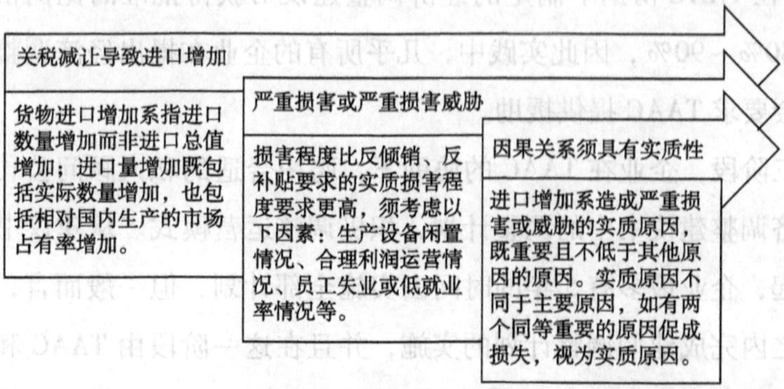

图3－1　美国《1974年贸易法》中201条款的启动要件

第二阶段，获得资格证明的企业可以在资格认证之后2年内的任何时间向EDA提出TAA利益申请，申请必须包括一份经济调整建议书。若企业无法在2年内提出经济调整建议书，则该企业的援助资格将失效，必须重新提出资格认证请求。经济调整建议书中概述的项目可以涵盖一系列功能领域，以提高企业的市场地位和整体竞争力。这些领域包括工程、信息

① McCarthy M. “Patricia，Trade Adjustment Assistance Cases：28 U. S. C. §1581（d）－Department of Labor and Department of Agriculture Decisions under the Trade Adjustment Assistance Statutes”，in Georgetown Journal of International Law，2007，Vol. 1 No. 10，p. 57.

② J. F. Hornbeck. “Trade Adjustment Assistance for Firms：Economic，Program，and Policy Issues”，CRS Report for Congress，20 December 2007，pp. 2－4.

技术、管理过程改进、营销和销售增长、新产品开发、出口扩展、增强支持系统、成本控制、员工能力建设和制造质量改进。TAAC 协助企业对其经营的内外部环境包括管理、营销、财务、生产及信息管理系统等情况进行分析，在此基础上帮助企业制定个性化经济调整建议书，并递交 EDA 批准。一旦建议书已经递交，EDA 必须在 60 天内做出最终决定，EDA 批准建议书的标准也是三项：①建议书是经过合理计算的，并且能够对企业的经济调整发挥实质性贡献；②建议书充分考虑了企业中工人的利益；③建议书表明企业将会作出一切合理努力，利用其自身的资源，谋求经济发展。[①] 在 TAAC 协助下制定的经济调整建议书获得批准的比例很高，平均高达 80%～90%，因此实践中，几乎所有的企业在提出经济调整建议书时，都会要求 TAAC 提供援助。

第三阶段，企业在 TAAC 的协助下，聘用合适的私人顾问公司，实施企业经济调整建议书中的调整计划，积极调整运营模式。从建议书获得批准之日起，企业最多有 5 年的时间去实施全部计划，但一般而言，企业会在 2 年之内完成他们调整计划的实施，并且在这一阶段由 TAAC 和企业共同挑选专家顾问来实施计划。[②] EDA 通过 TAAC 给企业提供技术援助，涉及营销、财务、企业内部管理即生产技术等内容，而不提供任何形式的财政资助。[③] 企业 TAA 项目的财政拨款用以维持全国 11 个 TAAC 的运作及支付为企业提供技术援助的费用，EDA 提供的资金不直接给予企业，而是支付给其选择的私人顾问公司或私人咨询机构，此阶段，通常由申请援助的企业和商务部分别承担需支付的技术援助费用的 50%，以使企业更加重视 TAA 项目，使其对提高企业的国际竞争力真正发挥作用。

---

① 美国 1974 年贸易法第 2342 条 b 款。

② EDA of US. Department of Commerce："Report to Congress on the Trade Adjustment Assistance For Firms Program", Fiscal Year 2010 Annual Report, 15 December, 2010, P5.

③［美］布鲁斯·E. 克拉伯：《美国对外贸易法和海关法》，蒋兆康等译，法律出版社 1999 年版，第 746 页。

从申请援助到实施援助，美国的企业 TAA 的实际操作流程环环相扣，技术援助贯穿于企业 TAA 项目运作的全过程。几乎所有的书面工作都由 TAAC 来完成。在整个过程中，TAAC 发挥着重要的桥梁作用，商务部通过这 11 个中心向企业提供各种不同形式和层次的技术援助措施，特别是在经济调整建议书的提出、批准和实施阶段，11 个 TAAC 对企业 TAA 项目预期目标的实现发挥了至关重要的作用。企业在申请援助到实施援助的每个阶段都由 TAAC 进行协助，各公司可在一年内不止一次地在准备申请的所有阶段获得 TAAC 援助，2017 财政年度，有 251 家公司在准备援助申请过程中获得 TAAC 的协助，此外，TAAC 收到了 1223 份企业关于该项目的询问。① 这不仅保证了企业 TAA 运行的高效性，还大大提高了企业参与援助制度的意愿。

值得一提的是，除了从构成要件角度论证进口增加、实质损害及因果关系，援助申请者还须向负责机构提供证据界定“相关国内产业”，原因在于：必须首先确定何种产业遭受了贸易损害，才能在此基础上计算所遭受损害的程度。故对国内产业的界定与案件结果具有决定性关联。实践中，援助申请者往往倾向于向国际贸易委员会请求在狭义的产业范围内进行损害认定，由此可以更准确地认定进口增加对产业所造成的冲击，如果采取过于宽泛的产业界定并据此认定损害，则可能会稀释产业遭受的冲击与损害。对此，因法律条款缺乏详尽的界定，故国际贸易委员会在产业范围框定方面具有一定的自由裁量权。具言之，国内产业通常被界定为生产同类产品、进口竞争产品或有直接竞争关系产品的产业，而同类产品则指在物品的固有或本质特性上有相当程度相同性的产品，这种相同性主要结合货物的材料、形状、品质、构造等方面进行认定。而所谓的直接竞争关系，则指两类产品在物品固有属性上虽无相当程度的相同性，但在商业用

① Financial Year 2017 Annual Report to Congress on the Adjustment Assistance for Firms Program, Economic Development Administration, U. S. Department of Commerce, p. 10.

途方面具有相当程度的等同性。

四、完善方向：财尽其用、质效合一

1998 年，美国城市研究机构的相关报告①指出，企业贸易调整援助特别有效，包括它的无差别的认定方法以及顾问服务的竞标程序，确保企业在经济上和管理上致力于调整策略，而且调整援助是个性化的，具有广泛的应用基础。另一方面，企业贸易调整援助也被批评没有照顾到受贸易影响的所有企业，认证程序过于严格和烦琐，援助资金受到限制。而且 TAAC 有着不一致的成本费用结构，并鼓励采用其他商业援助服务。政府问责局的报告也强调 EDA 不能监督和评估被援助后企业的情况以及 TAAC 的运作。② 企业贸易调整援助存在的问题可以概括为：烦琐的认证程序、审批时间长、缺乏监督和项目评估。

EDA 也开始积极采取措施来解决这些问题，对申请和调整方案的批准程序进行自动化和简化改革，使更多的企业获得援助认证资格；通过对直接监督和实行企业满意度与成功率的反馈机制来加强 TAAC 的运营效率。③ 这些措施的实施效果究竟如何，可以参考 EDA 向国会提供的 2017 财政年度企业 TAA 报告。

在 2017 财政年度，EDA 根据《1974 年贸易法》第 251 条接收了需要进一步接受调查的 108 份申请书和需认证的 111 份申请书。由于 TAAC 在申请过程中提供了技术援助，2017 财年只有一个申请被拒绝。但是，由于一些公司无力证明其资格，在认证前有 7 份申请书被撤回。EDA 对援助申

---

① U. S. Department of Commerce. Economic Development Administration. Effective Aid to Trade - Impacted Manufacturers: An Evaluation of the Trade Adjustment Assistance Program. Prepared by the Urban Institute, Washington, D. C., November 1998.

② US. Government Accountability Office. "Trade Adjustment Assistance: Impact of Federal Assistance to Firms Is Unclear", Report GAO - 01 - 12, Washington, DC, December 2000.

③ J. F. Hornbeck. "Trade Adjustment Assistance for Firms: Economic, Program, and Policy Issues", CRS Report for Congress, 03 January 2011, p. 6.

请的平均处理时间（从接收申请书到最终认证）为27天。2017财政年度，在接收的108份申请书和EDA认证的111份申请书中，有81家公司符合资格条件因而获得援助。其余公司，尤其是那些在2017财年末被证明有资格获得企业TAA援助的公司，将在2018财年期间获得援助。

2017财年，EDA共批准了104个经济调整建议书。虽然EDA在2017财年没有否认任何经济调整建议书，但是EDA确实发现一些建议书的内容需要进一步明确。在这些情况下，EDA与TAAC和有关公司合作，对建议书进行了必要的修改，以使建议书最终达到获批要求。EDA对经济调整建议书的平均处理时间，包括与有关公司合作修订建议书所需的时间为26天。[①]

截至2017年9月30日，有524家营业总额高达65亿美元、员工总数为37 140人的活跃企业[②]参加了企业TAA项目援助。EDA从以下两个时间段入手分析了申请企业TAA项目援助的公司在销售、生产力和就业水平上的提升程度：一是进入项目（认证）到获准企业TAA支持的项目完成实施（项目完成）；二是项目完成到项目完成后一年和两年。为了衡量这些结果，EDA比较了在特定年份（称为“基准年”）完成项目并向EDA提供数据的所有公司的平均销售额、平均生产力和平均就业率。

以2015财政年度为基准年，在2015财年完成该项目的151家公司中，有105家公司向EDA提供了所有指标的完整数据。EDA分析了这105家公司从项目完成到2016财年和2017财年的平均销售额、生产率和就业情况，主要有这样一些发现：从企业获得认证到项目完成，提供完整数据的105家公司的平均销售额增加了43%，平均生产率增加了14%，平均就业率增加了25%；从获得认证到项目完成后一年，105家公司的平均销售额

① Financial Year 2017 Annual Report to Congress on the Adjustment Assistance for Firms Program, Economic Development Administration, U. S. Department of Commerce, p. 20.

② 参与在企业TAA项目中的公司，其经济调整建议书获得批准，即使没有完成经济调整建议书中的所有项目，也被认为是“活跃的”。

增加了33%，平均生产率增加了5%，平均就业增加了26%；从获得认证到项目完成后两年，这些公司的平均销售额增加了30%，平均生产率增加了4%，平均就业增加了25%。

以上数据显示了近年来企业TAA积极运行结果的总体趋势，有一个特别的现象是，从项目完成到项目完成后一年，这些公司所报告的平均销售额下降了7%，平均生产率下降了8%，平均就业增加了0.8%。这一趋势与2016财政年度制造业整体趋势是一致的，如工业界所示。美国联邦储备委员会（Federal Reserve）公布的生产指数（Production Index）显示，2016财政年度实际产出下降，2017财政年度开始复苏。从项目完成到项目完成后的两年，这些公司的平均销售额下降了9%，平均生产率下降了9%，平均就业率则从2015年起保持不变。尽管进入该项目处于困境，但所有105家在2015财政年度完成该项目并向EDA提交完整数据的公司都在2017财政年度末投入运营。在2015财政年度完成该计划的151家公司中，共有142家在2017财政年度末开始运作。

在报告中，EDA对从2010财政年度到2017财政年度收集的总平均销售和就业数据进行分析后得出：从获得认证到项目完成，报告数据的公司的平均销售额增加了24.7%，平均生产率增加了17.9%，平均就业增加了5.9%。从项目完成到项目完成后一年，公司报告的平均销售额增加了5.8%，平均生产率增加了1.5%，平均就业增加了4.2%。在选取数据的8个财年中，有6年的平均销售额有所增加，有4年的平均生产率有所增长，有5年的平均就业率有所增长。从项目完成到项目完成两年后，公司报告的平均销售额增长了12.2%，平均生产率增长了8.3%，就业率平均增长了3.6%。在选取数据的8个财年中，有5年的平均销售额有所增加，有6年的平均生产率有所增长，有5年的平均就业有所增长。①

① Financial Year 2017 Annual Report to Congress on the Adjustment Assistance for Firms Program, Economic Development Administration, U. S. Department of Commerce, p. 23.

这些数据表明，在 2015 财政年度完成该项目的公司在项目完成后一年和两年出现的销售额和生产率下降、就业率无明显改善的情况，是总体制造条件不佳所催生的异常现象，而总体制造条件自 2017 年以来逐渐有所改善。当然，EDA 将会继续监控企业 TAA 运行的后续效果，以确定是否需要对企业 TAA 的运行进行程序更改或更全面的评估。

总体而言，美国企业 TAA 项目的任务是帮助受到进口影响的美国公司制定和实施调整项目，以恢复这些公司的全球竞争力，扩大市场，加强经营，提高盈利能力，创造更多就业机会。历史上，申请企业 TAA 项目认证的大多数公司都从事制造业。该项目为这些公司提供直接的技术援助，支持制定精准的恢复计划，通常称为“调整建议”，并且根据《1974 年贸易法》第 252 条的规定，划拨资金以实施调整建议中概述的具体项目。2017 财政年度向参与公司提供的最常见的援助类型是营销/销售改进和生产/过程改进项目，这些项目占全年支持的所有项目的一半以上。

截至 2017 年 9 月 30 日，524 家营业额达 65 亿美元、员工总数为 37 140 人的活跃企业参加了企业 TAA 援助计划。2017 财政年度，TAAC 向 251 家公司提供技术援助，帮助它们准备企业 TAA 申请，帮助 123 家公司制订经济调整建议书，帮助 481 家公司执行经济调整建议书内的项目。同时，EDA 认证了 111 份请愿书，批准了 104 份经济调整建议书。2017 财政年度，EDA 受理企业 TAA 申请的平均处理时间为 27 天，处理经济调整建议书的平均处理时间为 26 天。

以上数据和分析都说明，企业 TAA 的覆盖面和效率都得到了提升，其改进的方式主要是提高援助服务的效率以及援助的质量。数据显示项目实施效果也取得了显著的成绩，获得援助企业的运营状况总体上在较短时间内有所恢复和好转。值得注意的是，申请企业 TAA 的公司与其他公司在相同的经济环境中运营时，通过申请企业 TAA 项目的技术援助方式，积极运用自身资源调整运营模式以适应进口压力，而这种进口压力可能不会对其他公司产生特别严重的影响，这使得在企业TAA支持下的公司所获得的成功格外引人注目，但是，这些公司的成功还要取决于长期的提效、监督、评估、跟踪，从而真正实现TAA的价值目标，构造公平和互惠的全球贸易环境。

第二节　劳工贸易调整援助

一、美国劳工调整援助项目

（一）劳工调整援助符合保护弱势群体的理念追求

国际贸易自由化如同一把双刃剑，在促使产品、服务、劳动力等生产要素跨国自由流通的同时，也加剧了国际市场竞争，导致企业、工人、农民等参与国际贸易的社会成员在竞争中分出明显的赢家与输家。一些进出口企业由于掌控的信息有限、欠缺足够的市场应变能力和较高的技术水平，出现了生存困难，逐渐被社会所淘汰或边缘化，成为社会弱势群体。对这些国际贸易中遭受损失的企业予以补偿和救济，有助于实现对外开放的帕累托最优效益。[①] 为了帮助中小企业、幼稚产业、衰退产业、失业劳动者及时调整状态和改善条件，促使这些企业实现生产转移、结构调整和产业升级，使相关工人实现再就业，很多国家都在其对外贸易立法中确立了贸易调整援助制度，其中以美国、欧盟、韩国的立法经验最为成熟。[②] 就其理念而言，贸易调整援助立足于弱势群体保护的理念，以促进公平贸易与自由贸易的兼容性为己任。

美国的贸易调整援助，其本质就是劳动力的调整援助，在其立法中既

---

① 郑美青、全毅：《开放补偿机制的国际经验及其启示》，《国际商务（对外经济贸易大学学报）》2014年第4期。

② 全毅、郑美青：《构建我国FTA框架下开放补偿机制的政策分析》，《亚太经济》2014年第4期。

有专门的工人调整援助项目，也在产业调整援助和企业调整援助中贯彻工人保护原则。英国非常重视对弱势群体的整体保护，规定在英国产业衰退地区，中小企业每创造一个就业机会，就给予3 000 英镑的投资补贴。[①] 相比之下，日本针对中小企业和衰退产业的保护立法最为完备，专门对采煤业、纤维工业等企业进行保护，1978 年颁布了《特定萧条产业安定临时措施法》《特定萧条产业离职者临时措施法》《特定萧条地区中小企业对策临时措施法》等。[②] 新加坡政府设有一个专门为企业参与国际贸易与投资提供服务的政府机构，即新加坡国际企业发展局（International Enterprise Singapore），该机构在全球范围内设立了 35 个办事处及联络点，通过 5 个部门（企业部、创业部、国际业务部、企业能力发展部、贸易促进部）协同运作，为企业开发海外市场提供全方位的帮助。[③] 与此同时，新加坡还通过各类行业协会落实企业援助计划，例如新加坡印刷和媒体协会就协助企业申报新加坡生产力与技术创新局、新加坡国际企业发展局、新加坡劳动者发展机构的项目，其中针对出口商提供的包括发展规划、出口保险、国际融资、企业基金在内的项目，对提升国内企业在国际贸易中的竞争力具有重要效果，而针对劳工提供的专业技能教育、技能提升、应变力培训等项目，则有益于工人实现再就业。[④]

（二） 劳工调整援助的申请主体流程与资格认定

在美国，贸易调整援助制度最初就是由劳工组织所推动和发展的，因此工人 TAA 项目堪称美国 TAA 立法中最重要的子项目。美国的工人 TAA 项目是制定最早、实施时间最长，相对也最完善的制度，不仅有现金补贴，还有面向再就业的各项服务，并且还针对年长工人等特殊群体设立了

① 郭连强：《衰退产业调整的国际比较与启示》，《经济纵横》2004 年第 9 期。

② 韩立华、刘幸：《建立健全衰退产业调整援助政策探析》，《学术交流》2005 年第 11 期。

③ 潘伟光：《美国、韩国、新加坡促进企业对外投资政策及启示》，《计划与市场》2001 年第 1 期。

④ 王以俊：《新加坡印协为企业提供政府援助项目》，《印刷世界》2012 年第 8 期。

特殊的援助方式。就适用范围而言，该项目主要援助受对外贸易不利影响而失业的工人，包括年长的工人，其目标是使受对外贸易不利影响的工人尽快回到适合的岗位，并为其提供必要的培训和收入支持。① 依据美国《1974 年贸易法》，进口救济申请可以由国内生产商、贸易协会、经认证的工会或劳工团体提出，只要该申请主体代表相关产业即可。可见，对于援助申请人资格的认定，为劳工团体启动 TAA 程序提供了有效渠道，而身份审核的重点集中于代表性，并不要求该产业内的所有劳动者均赞成这一申请。换言之，只要产业内有相当数量的厂商或劳工赞同，或产量占国内产量相当比例的厂商支持即可。

根据美国《2002 年贸易法》，失业工人（离职工人）要获得工人 TAA 项目利益必须先后经过两个程序步骤：首先，由劳工部对援助资格进行认证；其次，在通过资格认证之后，由州政府相关机构实施援助措施。② 换言之，劳工部负责工人 TAA 项目的决策，相关州政府机构负责 TAA 计划的执行。对于前者，失业劳工要获得援助资格，又须经历双重阶段：第一，团体 TAA 资格的申请，即工人团体向劳动部申请获得申请 TAA 的资格；第二，在劳工部认证并发放团体资格证明后，该团体中的工人方可向当地的一站式求职中心提出个人的贸易调整服务和援助申请，申请获得工人 TAA 项下的各项权益。③

在以团体身份或名义申请劳工援助资格的情况下，要获得 TAA 项下权益，申请人须首先向美国劳动部或州负责人提交 TAA 团体申请资格的申请。根据《2002 年贸易法》和《2009 年美国复苏与再投资法案》，调整援助申请资格证明的书面请求应由 3 名以上劳工组成的工人团体（这里所指

---

① 陈利强：《美国贸易调整援助制度研究》，人民出版社 2010 年版，第 93 页。

② 参见《美国法典》第 19 编，第 2271 节。

③ John J. Topoleski, " Trade Adjustment Assistance for Workers （TAA） and Alternative Trade Adjustment Assistance for Older Workers（ATAA）", CRS Report for Congress, RS22718, 25 February 2008, p. 4.

的工人团体可以为来自一个企业的工人，亦可是同行业多个企业的工人，包括农业企业或任何农业企业分支机构的工人）、工人注册或公认的工会、工人正式授权的其他代表、工人的雇主或一站式经营者或合伙人[①]同时向劳工部长或州长提出。实践中，此类申请通常由与美国劳工部签订了实施TAA合同的各州机构接收，之后再转交给美国劳工部审批。书面请求需要说明提出请求的这些工人在何地、何企业生产何种产品；提出援助申请的劳工必须在或曾经受影响的企业工作，且在工作期间的生产活动与造成冲击的进口产品有关。之所以如此规定，实际上是把工人TAA项目与企业TAA项目相挂钩，在对企业因进口增加而遭受损害进行调查和认定的基础上，对该受损企业的离职员工亦提供相应的援助救济。

美国劳工TAA项目的申请流程如图3－2所示。

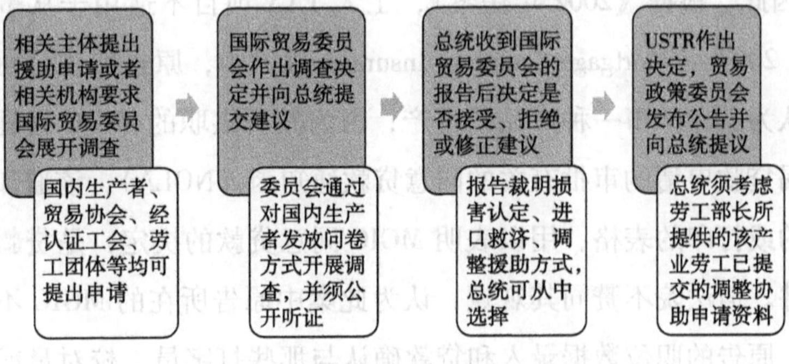

图3－2　美国劳工TAA项目的申请流程

鉴于劳工TAA项目与其所受雇佣的企业参与的TAA项目具有紧密的衔接关系，因此对企业的准确定义将直接关系到TAA项目的适用范围。据此，在对劳工申请人的主体资格作认定时，有必要对企业的外延进行限定。《2009年美国复苏与再投资法案》对企业的外延设定了基本的框架，

① 根据《1988年劳动力投资法》（Workforce Investment Act of 1988，WWAI1998）的相关规定，一站式经营者或合伙人主要是指州就业保障机构（state employment security agencies）和州离职工人机构（state dislocated worker unit）。

不仅包括狭义的工商企业，还包括了广义的农业企业、服务企业、公共机构及上述各企业的分支机构。其中，服务类企业和公共机构属于《2009年美国复苏与再投资法案》新增的主体，所谓服务业企业，是指以提供服务为主要营业的企业；所谓公共机构，是指联邦、州或地方政府的政府部门、机构或其分支机构。[①] 该规定将“企业”的含义在外延上进行了较为大胆的宽泛的解释，这在客观上充分彰显美国政府扩展企业TAA及工人TAA机制涵盖范围的力度之大。

对于产品的界定，虽然《2002年贸易法》没有明文规则，但产品的定义显然受美国协调关税表（Harmonized Tariff Schedule of the United States，HTSUS）中的定义约束。相应地，如果一种产品属于HTSUS规定的产品，那么它也是贸易法案规定的产品。但贸易法案不包括服务（贸易）。[②] 因此，根据《2002年法案》，工人TAA项目不适用于从事服务业的工人。2007年Mortgage Guaranty Insurance案[③]中，原告即该公司已离职的职员认为其在从事一种产品的生产，因为其所供职的MGIC处理中心颁发与按揭贷款申请的审批有关的同意贷款通知函（NOLA）；该通知函是一个电子的或打印的表格，用以表明MGIC同意贷款的决定，是贷款必不可少的文件。但法院不赞同其观点，认为此案中原告所在的MGIC不提供文件服务，原告的职位数据录入和贷款确认与那些打字员、校对员或软件开发员的职务也不同。原告完成的NOLA是一些已经制作好的表格，只是由其进行填写而已，所打印的NOLA并非HTSUS规定的“产品”。

（三）劳工援助的资格审查

在接到书面请求之后，州长应根据《1998年劳动力投资法》和其他联邦法律的授权，为请求者提供快速反应援助和相应服务，同时协助劳工

---

① American Recovery And Reinvestment Act of 2009，SS 1180.

② Merrill，387 F. Supp. 2d at 1343.

③ Former Employees of Mortgage Guaranty Insurance Corporation v. U. S. Secretary of Labor.

部长审查请求。劳工部在收到申请后，应立即公布该请求，并对该申请人所在企业进行调查。在接到请求40天内，劳工部长将根据法定条件，决定请求人是否通过资格审查，通过者由劳工部签发资格证明，同时告知申请人在何时何地可以申请何种具体援助措施，并立即将决定的摘要和作出决定的理由公布于《联邦纪事》（Federal Register）上，并同时告知，与该申请有利害关系的个人、企业或其他组织可以在该申请公布之日起10天内提交申请，并要求进行听证。

进行资格审查应依据以下法定标准：工人团体向劳工部请求调整援助，并证明其所供职的企业或其分支机构中存在大量或重要比例的工人已经全部或部分失业、或离职或面临全部或部分失业或离职威胁。

实践中，工人离职或面临离职威胁至少是由以下三个原因之一所引起的：

第一是进口增加。因进口增加而申请工人TAA项目必须同时满足下列三个条件。

（1）这些工人所在企业的大部分或部分工人已经完全或部分离职，或者将有完全或部分离职的威胁。

（2）第二个条件具体包括四个方面：①该企业生产的产品或提供的服务的同类或直接竞争产品有所增加；②该企业生产的零部件所直接组装的产品的同类或直接竞争的进口产品有所增加；③直接使用该企业提供的服务生产的产品的同类或直接竞争的进口产品有所增加；④由该企业生产的一个或多个零部件直接组成的进口产品的同类或直接竞争产品有所增加，且后者由外国生产的零部件直接生产，即如进口产品A和B为同类产品或直接竞争的产品，A由美国国内企业生产的一个或多个零部件直接组成，B由国外某零部件生产商生产的零部件所组装，B进口量增长时。

（3）与该公司或分支机构生产的产品的同类或直接竞争的进口产品的增长是导致完全或部分离职及其生产或销售下降的重要原因。[①]

① American Recovery and Reinvestment Act of 2009，§1801.

其中，部分离职是指还没有完全从企业中脱离的工人，但其在的受（贸易）影响的岗位上的平均每周工作时间已经减少到原来平均每周工作时间的80%以下（含80%），或者其周平均工资已经减少到原来周平均工资的80%以下（含80%）。[①] 每周平均工作时间为该工人部分离职之前的52周中扣除其加班、病假和年假后的平均工作时间。

这里“同类产品”是指那些无论在功能还是外观都十分相似的产品（即制作材料、外观、质量等）；“直接竞争的产品”是指那些虽然外观或内在功能不相同，却有同样的商业使用目的，即具有同样的使用价值且可以相互替代的产品。美国国际贸易法院的法官们在处理案件时，也有直接援引GATT中对“同类产品”和“直接竞争的产品”的定义来处理案件。但应该注意的是，考虑到TAA制度的救济目的，在处理TAA申请和TAA案件时，对“同类产品”和“直接竞争的产品”的解释不会像反倾销、反补贴或保障措施案中那样严格。在处理TAA申请争议案件时，尽管法官会考虑到该制度的救济目的，对同类产品和直接竞争的产品尽量做扩大解释，但其解释仍然不得超越立法限制的范围。在20世纪80年代，有关工人生产的产品与所涉进口产品是否属于“同类产品”或“直接竞争的产品”案件较多。在Shoe Workers of America v. Bedell[②] 案中，法官认为，即使对《1962年贸易扩大法案》第301 c（2）中的同类产品进行扩大解释，同一制成品的零部件或原材料也不能认定为其同类产品或认为是与之直接竞争的产品。在Morristown Magnavox Former Employees[③] 案中，来自日本的进口彩电对美国彩电市场产生了严重冲击，申请方所就职的企业是向美国国内彩电生产商提供零部件的企业，但法官只得表示：“即使我们十分清楚申请者失业是因为电视机市场上的国外竞争所致，但国会并没有对他们

① 19 U. S. C §2319 (6) .

② 165 U. S. App. D. C. 113, 506 F. 2d 174 (D. C. Cir. 1974) .

③ 67 1F. 2d 194; 1982 U. S.

或类似的人群提供调整援助，法案中一再强调对因同类或直接竞争的产品的竞争所导致的失业调整进行限制。”目前来看，《2009 年美国复苏与再投资法案》虽然未修改“同类产品或直接竞争的产品”的概念或范围，但其对进口产品增长的不同情况都进行了规定，基本上只要与该企业生产的产品或提供的服务直接相关的进口产品增长造成该企业工人失业时，该企业工人通过证明上述条件（一）中之任何情况即可申请获得 TAA 团体资格。

如何解释进口产品的增长也是一个十分重要的问题，即到底是全国范围内的进口产品的数据还是全州、全市范围内进口产品的数据作为依据要予以明确。《1962 年法案》用“进口至美国”将“进口产品”明确为“全国进口产品”，即只有全国进口产品的数据才会被考虑在内。《1974 年法案》为降低获得工人 TAA 的条件和门槛要求，仅规定了进口产品增长，而没有明确该增长如何确定。《2002 年法案》没有对这一概念进行明确详细的规定，但从该制度设立的目的来看，是以全国市场与进口产品为基础设立的，且以全国进口产品作为依据从经济和可操作性上是必不可少的。还需要注意的是，在《2009 年美国复苏与再投资法案》实施后，进口产品的增长包括了四种情况：①该企业生产的产品或提供的服务的同类或直接竞争的产品有所增加；②该企业生产的零部件所直接组装的产品的同类或直接竞争的进口产品有所增加；③直接使用该企业提供的服务生产的产品的同类或直接竞争的进口产品有所增加；④由该企业生产的一个或多个零部件直接组成的进口产品的同类或直接竞争产品有所增加，且后者由外国生产的零部件直接生产。只要申请人证明其所在企业符合上述任一情况，即满足了“进口产品增长”的要求。

《2002 年贸易法案》对“重要原因”进行了如下定义，即“重要的但不一定比其他原因都重要的原因”。重要原因与实质性原因有所不同，美国众议院赋税委员会在 1973 年的一次议案中指出：“实质性原因是作用不比任何其他一个原因小的重要原因。”因此实质性原因的标准是更加严格的，首先必须是重要原因，其次，其作用还不得小于其他任何原因。而重要原因则免去了后一个条件，即便是作用不比其他任何重要原因显著，但如果进口产品冲击是造成某国内产业内工人失业的重要原因之一，即可认定为重要原因。TAA 制度的立法目的是对国外进口产品冲击造成的失业或部分失业进行救济，而不是对那些因国内竞争、技术调整或转移等因素而导致的失业进行救济。因此，即便是在执行或适用该制度时应秉着宽容的态度，如将项目下的资金用于非因进口产品冲击造成的失业，将构成权力的滥用，违背该制度的立法目的。在 United Glass and Ceramic workers[①] 案中，申请方为生产平板玻璃的企业，调查发现，产品需求的大幅下降是由于技术进步导致该企业生产的平板玻璃被新的玻璃替代，另外，国内汽车和建筑市场萎缩也起到一定作用，故该企业前员工的申请未获批准。

第二是生产转移。具体而言包括：所在公司或该公司的合适的分支机构的大量或部分工人，已经全部或部分离职，或者有全部或部分离职的威胁；这些工人所在企业生产的产品或服务向外国转移；这些工人所在企业从外国获得其生产的产品或其提供的服务。

第三是间接受到贸易不良影响的上游或下游企业的“二级工人”。二级工人指已经申请获得 TAA 团体资格的工人所在企业的供应商或其下游生产商企业的工人。下游生产商为直接为申请获得 TAA 团体资格的工人所在企业的产品或服务提供增值服务（Value - added Production Procedues or Service）的企业，包括其终端流程加工的企业。[②] 供应商指生产并直接向申请获得 TAA 团体资格工人所在企业的产品提供零部件的企业。[③]

《2009 年美国复苏与再投资法案》对二级工人的概念进行了大幅度的

---

① 584 F. 2d 398；1978 U. S.

② American Recovery and Reinvestment Act of 2009，§1801.

③ 19 U. S. C §2272（b）.

扩展，不仅包括了一般意义的二级工人，还包括“二级服务工人”和“二级零部件工人”。二级服务工人指的是直接使用该工人所在企业提供服务生产的产品的同类或直接竞争的进口产品增加的情况下，该企业工人也可以申请获得 TAA 团体资格。“二级零部件工人”指，如果某企业 A 生产的一个或多个零部件直接组装进口产品 B，B 产品的同类或直接竞争的进口产品 C 直接由在美国国外生产的一个或多个零部件进行组装，如果 C 的进口量增加，则 A 企业的工人也具有申请 TAA 项目下权益的资格。[①]

经充分调查符合上述条件的申请人将由劳动部授予团体申请资格，该资格证上会明确两个日期：一是完全或部分离职开始的日期；[②] 二是该资格证的到期日。资格证的有效期为两年，到期后如果仍未恢复，则可申请延期。

值得注意的是，除了以团体名义提供劳工援助申请，工人还可以个人身份或名义申请援助利益。通常情况下，在获得 TAA 团体援助资格的有效期内，因进口增加而受损的劳工可向劳动部提出申请，经批准后可获得 TAA 项目的援助权益。不过，只有获得团体资格证明的工人才可以个人名义向当地的一站式求职中心申请工人 TAA 项目所提供的各种形式的援助措施或称援助利益。

（四）劳工 TAA 项目的援助利益

在经过资格认定和援助计划审批后，美国的劳工 TAA 机制设置了明确的援助利益以供选择使用。具言之，可以采用的援助方案包括以下几类：

1. 贸易再调整津贴（Trade Readjustment Allowances，TRA）

全职参加培训的失业工人可以获得收入支持，但在某些情况下，没有合适的培训项目或者对工人而言该培训不可行时，失业工人也可以获得收

---

① American Recovery and Reinvestment Act of 2009，§ 1802.

② 在资格证上标明该资格证所涵盖人群完全离职或部分离职开始的日期的意义在于，根据美国 2002 年《贸易法案》的规定，在该日期前一年离职或部分离职的人员不得享受该资格证下的权利，即该资格证对其不适用。

入支持。贸易再调整津贴由基本贸易再调整津贴和附加贸易再调整津贴构成，基本津贴是为期130周的收入支持，参加基础培训的工人通过申请，在此期间还可以获得最长为26周的附加贸易再调整津贴，总计可获得最高为156周的收入支持。但申请TRA是有一定条件的，其中重要的是用尽一切失业保险权利和参加TAA项下的培训等，但是如果工人因故获得了商务部对其培训的豁免，则其可以在不参加培训的情况下获得收入支持。TRA具有强制性，一旦授予，就不得因工人TAA项目资金短缺等理由予以取消或不予发放；但一旦某工人被发现无正当理由退出了工人TAA项下的培训项目，那么劳动部部长有权撤回其TRA，直至其重新参加培训为止。该规定体现了工人TAA制度的目的不仅在于援助，更在于调整，目的是使受损害的产业和工人恢复竞争力。

2. 职业培训（Training）

申请参加培训必须经过批准。在该工人没有适合的就业岗位、该工人将从适当的培训中获益、该培训完成后存在获得就业岗位的合理期待、经批准的培训是从政府机构或私人来源处合理获得、该工人有资格获得和完成该培训（包括当没有收入时，有足够的经济渠道以完成培训）、培训对该工人适合且可以有合理的费用提供等条件下，该工人才可被批准参加培训。此外，如果要申请获得26周的额外收入支持，申请人必须在许可证颁发或失业后26周内参加培训。

对获得团体资格证明的工人，根据《2009年美国复苏与再投资法案》，劳工部长可以在团体资格证明获得之日后的任何时间批准其培训，不论其是否已经用尽失业保险的所有权利，即使该团体的工人所面临的是离职的威胁，也可以参加培训。①

有下列情形之一，由劳工部长签发一份书面证明，工人可以据此免除参加培训，同时继续获得基本贸易再调整津贴：①工人在相当快的时间内

① American Recovery and Reinvestment Act of 2009, §1821.

将被召回；②工人具备适当岗位所需要的技能，并且可以预见其在可预见的将来重新就业；③工人有资格获得为期 2 年的养老金或社会保险；④工人由于健康原因不能参加或完成培训；⑤不能立即进行培训注册；⑥不能获得培训项目。培训豁免的决定每 30 天审查一次，若劳工部长认为培训豁免的条件不复存在，则应以书面形式撤销。

3. 再就业服务（Re – employment Service）

该援助措施主要是为失业工人寻找新工作提供的各种服务，如咨询、测试、安置服务以及联邦法律规定的其他支持服务，比如就业登记、就业咨询、个案评估、工作岗位推荐、拟订求职计划等。[①] 为确保失业工人能被推荐到适合的岗位并发挥技能，地方的一站式职业中心通常会提供上述服务。

4. 求职津贴（Job Search Allowances）

该援助措施主要是为在本就业区域内无法找到工作并需异地求职或供职的失业工人提供的补助。[②] 当工人异地求职时，劳工部可以全额报销其求职过程中的食宿和交通费用，但是每人最高不得超过 1 500 美元。获得资助的条件是工人必须在求职之前就提交求职津贴申请，同时，该申请必须在失业或获得资格证明后第 365 天（以发生时间在后的为准）前提交，或者在培训课程结束后的 182 天内提交。

5. 重新安置津贴（Relocation Allowances）

当具有援助资格的工人需要搬迁到其他地方安家就业时，该援助方式可支付其安家过程中的某些合理费用的 90%，并按照该工人周平均工资的 3 倍一次性付给安家津贴，但是总额最高不超过 1 500 美元。[③] 如果失业工人从其他途径获得援助，那么该部分津贴相应削减。获得该资助的条件是

① 19 U. S. C §2295 – 2296.

② 19 U. S. C §2297 – 2298.

③ 19 U. S. C §2298, American Recovery and Reinvestment Act of 2009, §1833.

工人必须在重新安置之前就提交求职津贴申请，同时，该申请必须在失业或获得资格证明后第425天（以迟发生的为准）前提交，或者在培训课程结束后的182天内提交。

6. 健康保障税收优惠（Health Coverage Tax Credit，HCTC）

《2002年贸易法案》建立了联邦医疗保险税收优惠制度，对私人保险公司提供给失业工人的医疗保险予以补助。可以获得收入支持的工人，还可以就每月缴纳的医疗保险金的80%享受税收抵免。[1] 此外，若获得工人TAA项目资格的工人购买了联邦或州指定的特定医疗保险，还可以享受到可偿还的税额抵免优惠，用以抵免其医疗保险的部分保费。医疗保险税收优惠的获取方式灵活，特别是灵活的支付方式，在保证失业工人获得医疗保险的同时，也能保证其在固定收入不足的情况下减少纳税支出，最大限度地减轻了失业工人在医疗保险上的经济负担。

7. 工人TAA项目的特别形式：再就业贸易调整援助项目

该制度原名为替代性贸易调整援助制度（Alternative Trade Adjustment Assistance for Older Workers，ATAA），最初是《2002年贸易法案》所设立的，于2003年8月开始正式实施，专门针对年龄为50周岁及以上的年长失业、不适宜参加培训的工人设立的援助项目，其实质是一种工资差额津贴，因此ATAA被认为是工人TAA项目的有益补充或特别形式。从年龄上对调整援助对象进行分类并增加援助方式的选择，使贸易救济更切合失业工人的实际需要。这些工人在自劳动关系解除后的26周内重新全职工作，并且重新就业时必须年满50岁或以上，新工作的年收入不超过5万美元。之后，《2002年贸易法案》中规定的条件之一“工人必须在离职后26周内找到新工作”被删除。凡是通过工人TAA项目资格认证的50岁或以上的失业工人，可以选择ATAA项下的工资差额津贴，用以代替工人TAA项下的贸易再调整津贴和再就业培训。

---

① 19 U.S.C §2299.

ATAA 为工人提供四个方面的援助利益：快速反应援助、再就业服务、工资保险以及医疗保险税收优惠。前两者与工人 TAA 项目提供援助利益相同。工资保险（Wage Insurance）是 ATAA 中最具特色的内容，旨在为年长工人每月提供工资保险，金额为新旧工作工资差的 50%，总金额最多不超过 1 万美元或领取时间不超过自重新就业起 2 年（以先到为准）。工资保险的计算公式为：工资保险 = 50% 乘以失业时的工资 - 再就业后的工资。每一个工人所收到的工资保险金不得超过 1.2 万美金。

在就业贸易调整援助项目设立时，申请程序与工人 TAA 项目近似，均需进行团体申请和个人申请两步。团体在申请时须同时提交 ATAA 项目和工人 TAA 项目的申请，但在享受援助利益方面，满足 ATAA 项目要求的申请者只能在 ATAA 和工人 TAA 项目中选择一个。

从获得援助资格的要求角度来看，ATAA 项目的团体申请除了要满足工人 TAA 项目要求外，还需以下两个要求：第一，50 岁或以上的工人人数必须达到最小的数量，即少于 50 人的团体，需要 3 人以上；等于或多于 50 人的团体，需要 5% 以上。第二，团体中 50 岁或以上的工人掌握着不能轻易被转让的技术。

但是，《2009 年美国复苏与再投资法案》取消了其再就业贸易援助调整项目团体资格申请的要求，只要获得工人 TAA 团体资格，并满足下列条件即可：获得工人 TAA 的团体资格；至少年满 50 周岁；再就业后每年收入不高于 5.5 万美元；依照其就业州的法律，其为全职雇员，且其没有参加培训项目；每周工作至少 20 小时，且经批准参加了第 236 条项下的一个培训项目；非为其原解聘单位所雇佣。这一改变简化了失业工人获得 ATAA 项目援助的程序和条件，减少了获得援助的限制，扩大了 ATAA 项目的适用范围。

（五）实施效果

关于工人 TAA 的实施效果，获得的数据十分有限，就申请的人数和最终获得援助资格的人数，也就是授予资格的申请和认定情况来看，2002—2007年，平均每年有大约20万受进口贸易影响失业的工人参与了该项目并得到援助。[①] 申请人数在2009年达到了一个高峰，而申请认定率也在2009年达到了一个峰值。这一现象出现的原因主要是《2009年贸易和全球调整援助法》放宽了工人援助认定资格标准，因此所呈现的数据比2002年以来要高。就获取的数据整体来看，美国对工人TAA项目申请的认定率还是很高的，在70%以上，[②] 这与美国大力推进贸易调整援助制度的发展密不可分。

从政府对工人TAA项目权益的授予情况来看，美国申请工人TAA项目的人越来越多，这说明，美国工人对于这项调整援助项目的了解比较充分，这有利于这一项目的开展。另外，在对工人TAA项目的资金支出分布上，用于工人培训的贸易调整津贴支出占绝大多数。这充分说明了这项制度的目的在于调整而非补贴。但是医疗税收保险优惠无法获得数据，根据相关资料可知这项援助利益很多人并不知道，因此实施得不理想。[③]

从工人TAA项目的基金授予情况来看，美国对这一项目的资金拨付额还是很大的。充分显示了美国政府对因贸易冲击导致的工人失业的重视。

总之，可以看出工人TAA制度对于工人的再就业起到了很重要的作用，这样不仅有利于美国经济的发展，还有利于社会的稳定。但是近年来援助人数有所下降，因为近年来认定标准又变得严格了，但是为了更好地实现工人的充分就业，其认定标准仍然应当要放松，这样才能达到援助的目的。

---

① GAO－08－165 Trade Adjustment Assistance States Have Fewer Training Funds Available than Labor Estimates When Both Expenditures and Obligations are Considered，p 18.

② 根据美国劳工部数据整理。

③ GAO－01－14 Trade Adjustment Assistance Impact of Federal Assistance to Workers is Unclear，http：//www. gao. gov/new. items/d0114. pdf，last visited on December 10th 2018.

（六）美国工人TAA机制的完善路径展望

2017年11月，查塔姆研究所[1]发布《特朗普统治下的贸易政策——对美国和世界的影响》研究报告，报告分析了特朗普治下的美国贸易政策及其对美国和世界的影响，并提出未来的贸易框架在哪些方面存在机遇。报告指出，特朗普的当选及其采取“美国优先”的贸易政策之所以受到美国大量民众的支持，在很大程度上缘于公众误解，如美国虽货物贸易赤字实则服务贸易顺差，对于那些受贸易影响严重的群体来说缺乏足够的贸易调整援助机制，某些贸易伙伴国采取了不公平贸易措施等。为此，特朗普总统试图制定新策略以援助受贸易影响的工人，然而通过简单地扩大现有的援助项目并不足以真正帮到受贸易严重影响的工人。比如，TAA存在多方面的限制，仅适合部分美国劳动力人口，并且被证明代价高昂、效率低下。贸易调整援助的制度名称本身也会引起误解，易被认为贸易——而非技术进步——是导致美国失业的主因。然而，这并不意味着要彻底摒弃TAA项目，相反，应对其进行一定的改进，从更加整体和宏观的角度减轻失业的影响。其中，一个更加全面的完善方案是“职业保险”。例如，根据美国“外交关系委员会”2016年的一份研究报告表明，救济措施应包括：提升低收入群体的所得税减免标准；提高失业人员的补助金水平；为那些想要接受再培训和提升技能的人员提供优惠贷款；为再安置人员提供补贴。为解决因贸易（以及技术进步和其他因素）导致的失业问题，其关键在于处理好“技能不匹配”，这可以通过开展技能培训和终身学习加以弥补，具体包括增加社区大学的资金投入，鼓励学徒制。事实上，2017年6月，特朗普总统已签署关于学徒制的行政命令。这种调整援助的全面策略需要美国联邦、州和地方政府以及私营部门的通力参与。[2] 投资人力资

① Chatham House，亦称英国皇家国际事务研究所。

② 上海WTO事务咨询中心：《特朗普贸易政策对美国和世界的影响》，http：//www.sccwto.org/post/25239？locale=zh－CN，最后访问日期：2020年2月1日。

本不仅可以帮助美国提升全球竞争力，而且还能帮助修复美国国民对美国贸易领导力的共识。简言之，美国可借助于工人TAA机制的创新，拟订贸易政策框架。其中，更新工人TAA机制的关键应定位于为那些受贸易或技术进步影响的群体提供援助，更好地执行现有的贸易协定。

二、欧洲全球化调整基金

（一）EGF基金的创立背景

欧洲全球化调整基金（European Globalization Adjustment Fund，EGF）是欧盟在实施欧洲就业战略进程中借鉴美国TAA经验而建立的一项对象特定（非部门特定）的劳动力调整援助政策。该基金明确针对经济全球化引致的结构调整，通过为成员国因进口冲击、资本外流而面临的集体性失业提供应急一次性资金援助，以分担失业劳动力调整成本、纠正开放经济中的收入不平等分配、缓和贸易保护主义压力，进而谋求经济全球化与社会公平、团结的协调与平衡，并为欧洲进一步融入和推进经济全球化赢得广泛政治支持。该基金根据《欧洲议会和理事会（EC）第1927/2006号条例》，即2006年《建立欧洲全球化调整基金条例》（以下简称《2006年基金条例》）设立。作为结构基金，尤其是欧洲社会基金的重要补充，EGF具有针对问题突发性、启动条件特定性和援助措施暂时性等基本特征。① 自2007年1月正式运行以来，EGF在应对全球金融危机的过程中得以补充与调整，并发挥积极作用，现已成为继欧洲社会基金（European Social Fund，ESF）、地区发展基金（European Regional Development Fund，ERDF）和凝聚基金（Cohesion Fund）之后的又一项重要的社会和地区政策工具。

欧盟的就业政策合作始于20世纪90年代，这段时间内，欧盟的失业率居高不下（持续保持在12%，部分成员国甚至高达20%）。欧盟委员会应欧洲理事会请求，在1993年发布了《增长、就业与竞争白皮书》，其中

① 张斌：《欧洲全球化调整基金：制度演变与实施绩效》，《国际商务研究》2013年第1期。

指出：欧盟内部持续的结构性和技术性失业与外部的来自高技术国家和低生产成本国家的国际竞争，是导致欧盟内部失业率居高不下的原因。为此，欧盟委员会建议，应采取措施强化职业教育与技术培训，加大对新技术和跨欧洲基础设施的援助力度，据此提升劳动力的灵活性和流动性。在此背景下，《欧盟条约》在修订过程中尤其注重强调包括就业在内的社会政策。1997年，《阿姆斯特丹条约》首次确认就业问题为全欧盟共同关注的问题，在《欧盟条约》第2条及《欧共体条约》第2条将“高水平就业”增列为欧盟及欧共体的宗旨，且在《欧共体条约》新增第8章，系统地规定欧盟就业政策的协调。《欧洲宪法条约》将经济与就业政策协调单列为欧盟的一种权能类型。根据《欧共体条约》第8章，就业政策的协调一方面必须与协调经济政策的指导方针保持一致，另一方面又另有不同的运作程序和实施方式。①

进入21世纪后，为全面应对经济全球化和人口老龄化，欧盟于2000年3月启动了里斯本战略，目标是到2010年成为全球最具活力和竞争力的知识经济体，并实现充分就业。然而，随着经济全球化的迅猛发展，欧盟经济受到很多新兴国家的严峻挑战，尤其是纺织和机电制造等行业受到外来产品的激烈竞争和严重冲击，新贫困化现象和贫富差距逐步扩大，社会公正难以保障。全球化冲击引起了欧盟各国政府和民众广泛的忧虑。此外，经济全球化加剧了欧盟内部的利害冲突和政策分歧，以英国为代表的国家主张自由竞争的“新欧洲模式”，以法国为首的一些国家则推崇强调社会福利的“老欧洲模式”。在如何提高经济竞争力、加强社会公正及解决全球化带来的问题上，欧盟内部产生了严重分歧。里斯本战略在实施过程中演变为一个多目标、多行动、联盟和成员国职责不明的复杂结构。②

---

① 曾令良：《欧洲联盟法总论——以〈欧洲宪法条约〉为新视角》，武汉大学出版社2007年版，第68－69页。

② European Commission, “Lisbon Strategy Evaluation Document”, Brussels 02/02/2010, SEC (2010) 114final, available at: https://ec.europa.eu/transparency/regdoc/rep/2/2010/EN/SEC-2010-114-F1-EN-MAIN-PART-1.PDF, last visited on February 8th 2020.

2005 年，欧盟委员会以“持续强劲的增长和就业机会的创造”为目标重启里斯本战略，同时设立增长调整基金，提升危机干预能力。① 此后，欧盟委员会就设立 EGF 基金的必要性、干预标准、基金设立后的影响进行评估。在此基础上，借鉴美国在工人调整援助方面形成的经验，《2006 年基金条例》开始施行，欧洲全球化调整基金应运而生。值得一提的是，《2006 年基金条例》所规范的 EGF 不同于欧盟结构与投资基金，特别是作为后者组成部分之一的欧洲社会基金（European Social Fund，ESF）。② ESF 作为一种长期策略，主要运用于通过终身学习等活动预估并管理工业变动所造成的社会影响，而 EGF 则是作为一种一次性的有存在时限的个人支持。

（二）EGF 基金的适用范围

EGF 旨在对全球化进程中因为世界贸易结构转型而引发失业的人士提供支持，例如由于遭遇全球经济或金融危机，部分大型公司不得不关停或迁移至欧盟以外，则失业人士可以寻求 EGF 所提供的援助。2009 年，国际劳工组织的一项报告指出：“随着全球经济衰退的加剧，经济结构调整和裁员变得越来越普遍。在全球范围内，失业人数将继续增加。”2010 年 3 月 26 日，欧洲理事会同意欧盟委员会关于启动智能、可持续和包容性增长的新战略（“欧洲 2020 战略”）的提议。欧洲 2020 年战略的三个优先事项之一是通过提高就业水平、投资技能、消除贫困和使劳动力市场现代化、培训和社会保护系统实现包容性增长，以帮助人们预测和管理变化，

① European Commission，“Restructuring - ETUC's comments：Anticipating and accompanying restructuring in order to develop employment：the role of the European Union”，available at：https：//www. etuc. org/en/document/restructuring - etucs - comments - anticipating - and - accompanying - restructuring - order - develop，last visited on February 8th 2020.

② 根据《罗马条约》，1960 年 9 月欧洲社会基金开始运营。欧洲社会基金成立时的主要任务是协助成员国解决就业问题和促使人员在地区和部门之间流动，后来由于失业问题日益严重，欧洲社会基金演变为援助成员国解决失业问题的主要机构。李林、石菲菲、贾亚男：《促进就业的欧洲社会基金政策与借鉴意义》，《科技经济市场》2015 年第 2 期。

并建立一个包容性的、有凝聚力的社会。克服全球化的不利影响还要求在整个联盟创造就业机会，并制定支持增长的坚定政策。

2009 年，作为欧洲经济复苏计划的一部分，《2006 年基金条例》被《(EC)2009/546 号条例》修订，EGF 基金援助对象的范围和标准、措施和服务、财政预算及管理等方面得以细化，EGF 基金的适用范围得以增加，新增了由于全球金融和经济危机而直接裁员的工人。欧洲议会与欧洲理事会于 2013 年发布了《关于欧洲全球化调整基金（2014—2020）的（EU）2013/1309 号条例》（以下简称《2013 年基金条例》），废止并取代了《2006 年基金条例》，《2013 年基金条例》自 2013 年 12 月 21 日生效实施，将调整范围扩大到由《(EC)第 2009/546 号条例》所规定的全球金融危机的继续或新的全球金融危机产生严重经济中断所造成的裁员。根据《2013 年基金条例》的规定，2014—2020 年期间，EGF 最大的年度财政预算金额为 1.5 亿欧元。作为通行规则，EGF 只能适用于单个公司解雇人数达到 500 人以上的失业情形，或者在某临近地区的某一行业中大量员工下岗的情况，其中，失业人数的计算涵盖该公司本身的员工、其上游供应商及下游生产商。在具体实施过程中，EGF 案件由各国国内及区域机关进行管理和执行，每个项目运行两年。

具言之，依据《2013 年基金条例》第 1 条，EGF 援助适用的前提严格限定为劳动力市场冗余及自雇人士失业问题，且此类问题产生于全球化背景下世界贸易格局的重大结构性变化或全球金融与经济危机。EGF 提供资金支持的行动，旨在保障参与者能够最大可能地通过可持续的就业而获益，并尽可能在最终报告发布前的 6 个月内实现这一目标。依据《2013 年基金条例》第 2 条，EGF 基金所能够接纳的申请专门针对两类情形：其一，由于世界贸易格局受到全球化的影响而产生的主要结构变化致使工人失业或自雇人员难以继续从业，尤其是，欧盟内相关进口的大规模增长、相关货物或服务贸易的严重转型、特定部门市场份额的渐进性下降；其二，由于《（EC）2009/546 号条例》规定的全球金融及经济危机所引发的工人失业或自雇人员停止营业现象，或者由于新的全球金融及经济危机所引发的此类现象。在 EGF 基金的申请中，受益人特指失业劳动者个人，而非任何企业或团体，且 EGF 基金并不对所有因贸易而导致失业的人员进行援助，其仅考虑两层标准：一是失业与世界贸易模式中结构改变之间的关系；二是企业或经济部门裁员对区域经济或地方经济发展的消极影响。

为了使失业主体的申请人资格能够量化，《2013 年基金条例》第 4 条明确规定了干预标准：①欧盟成员国的企业在 4 个月的时间内至少有 500 名员工失业，人员统计包括该企业的供应商或者下游企业的失业人员在内；②在一个地区的 NACE① 第二层次分类的部门中或者 NUTS② 第二分区下两个相邻地区中的中小企业在 9 个月的时间内有至少 500 名员工失业；③在较小的劳动力市场中或者特殊情况下，即使没有达到上述两条标准，但此类失业给当地经济和就业带来严重影响，基于这种情况下失业人员的资助不得超过当年资助金额的 15%。

在援助措施和手段方面，EGF 基金强调积极劳动力调整而非被动收入保障，涵盖三类主要的援助措施：求职援助服务（包括职业引导、个性化培训和再培训、职业介绍、创业能力促进、自主开业辅导等）、限期特殊补助（包括求职补助、劳动力流动补助、教育和培训补助等）、贫困或年长人员再就业激励。劳动力市场调整政策措施的分类具体见表 3-1。

---

① 经济活动统计分类（Statistical Classification of Economic Activities，NACE）是欧盟依据联合国国际标准产业分类（ISIC）对产业部门的划分，2008 年启用的新版本将经济活动划分为 21 个一级部门、88 个二级部门、272 个三级部门、615 个四级部门。

② 欧盟地区统计单元目录（Nomenclature of Territorial Units for Statistics，NUTS）是欧盟为区域统计资料收集、开发和利用而建立的地区单元划分体系，于 2003 年确立法律地位。NUTS 分为三个等级，一级为主要的社会经济区域，二级是区域政策落实区，三级是特殊区或功能区。EGF 主要针对二级区域。欧盟目前被划分为 274 个“NUTS 二级”区域。

表 3－1　劳动力市场调整政策措施的分类①

政策措施	直接措施	非直接措施
一般性措施	★对所有在共同规则下的失业工人提供失业保险和收入替代补偿的援助； ★针对上述人群实施积极劳动力市场计划	★有助于经济增长和提高就业率的微观经济政策； ★有助于劳动力重新安置的架构，如就业保护立法和工资确定机构； ★提高劳动力技能的教育和终生培训计划
特定性措施	★对因贸易导致失业的工人提供专门调整援助或附加的收入替代补偿； ★对存在贸易引致失业的特殊层级群体（如面临激烈进口竞争的企业和部门）提供专门的调整援助	★限制进口的贸易政策； ★产业再发展或者合理化改造方案（如税收减免、通过公私合作的方式来增强具有比较优势要素的竞争力）； ★当地经济发展政策； ★针对特定产业的贸易政策（如在 WTO 框架下的贸易保障措施和反倾销措施）

EGF 可以提供的援助措施涵盖了资金与非资金援助，涵盖但不限于求职方面的帮助、职业发展方面的建议、教育、培训及再培训、指导与辅助、创业及商业创新、发放培训津贴、移民或搬迁补助、生活津贴或类似支持。值得一提的是，EGF 并不发放退休金或失业救济金，这些属于社会救助的措施，而不属于贸易调整援助的范畴。

被解雇的个人劳动者可以从 EGF 项目中获益。在 2014—2020 年期间，合格申请者涵盖了个体经营者、临时工人、固定期限工人。2017 年年底，在欧盟内部失业率较高的区域内，接受教育或培训的未就业年轻人在数量上与接受援助的工人数量是一致的，这表明 EGF 在覆盖面方面具有较好的代表性和广泛性。不过，EGF 的适用仅限于对工人的援助，而不能被用于维持企业的经营或帮助企业实现现代化重组。

① 孙超：《欧盟全球化调整基金制度研究》，东华大学 2011 年硕士学位论文，第 19 页。

（三）实施阶段与程序

全球化调整基金的具体实施过程分为四个阶段：申请准备与提交、申请审核与援助金支付、援助执行、总结报告与结案。

1. 第一阶段的实施主体为成员国

符合援助条件的失业工人一般通过企业、工会、行业组织、当地劳动力市场机构向本国政府主管机构提出申请。① 成员国政府在数据收集基础上按欧盟委员会设计的标准格式填写申请书，主要内容应包括：①失业与世界贸易格局重大结构性变化或经济危机的密切联系及失业的不可预见性；②裁员企业及其上下游厂商、所属产业部门和失业工人的甄别；③裁员对当地、区域或国家就业的影响；④拟提供的援助措施、预估成本细目及其与结构基金援助措施的互补性；⑤援助措施起始或计划起始时间；⑥咨询社会合伙人的程序；⑦援助管理和财务控制。其中，失业与全球化关系、失业人数、具体援助措施是申请的核心内容。在申请准备期间，成员国应尽早通知欧盟委员会，以获得咨询服务、完善申请、减少审批周折。申请准备通常需要 2～2.5 个月，以电子申请书提交欧盟委员会之日为正式申请日。

2. 第二阶段的实施主体是联盟机构

欧盟委员会首先对申请进行审核，其间可要求申请国政府提供补充材料，并与之进行磋商。欧盟委员会在通过审核后向由欧洲议会和理事会组成的预算机构提交拨款提案。从申请提交到预算机构作出决定通常需要 6～7 个月。方案获准后 15 天内，欧盟委员会向申请国一次性拨付援助金。根据 2007—2013 年预算案，EGF 的年度支出上限为 5 亿欧元，且基金条例规定每年须留 25% 的预算资金供最后 4 个月使用。2014—2020 年预算案将

① 各国政府的全球化调整基金主管机构一般也是其欧洲社会基金管理当局，如德国的联邦劳工与社会事务部、芬兰的就业与经济部、西班牙的劳工与移民部、荷兰的社会事务与就业部、立陶宛的社会保障与劳工部等。各国均有全球化调整基金申请指定联系人，除负责基金申请、实施、报告的管理和协调外，这些联系人还组成一个专家团，每年举行两次会议向欧盟委员会提供咨询意见。

EGF 的年度支出上限下调为 1.5 亿欧元，而这一数额足以涵盖高达 60% 的项目成本。[①]

3. 第三阶段为为期 24 个月的援助执行期（2009 年 5 月 1 日前的申请执行期为 12 个月）

起始时间通常为申请提交日，也可是成员国申请中规定的援助措施启动日，但不得迟于申请提交后 3 个月。由于基金审批周期较长，且仅承担总援助金的 50%（对 2009 年 5 月 1 日至 2011 年 12 月 31 日的申请承担 65%），因此，成员国的援助措施可在申请获批甚至提出前启动，一旦获基金援助，本国支出即可与之并行，从而使调整援助更及时、时间更充裕。但成员国也因此承担风险，若申请未获批准，援助计划或面临夭折或所有支出由成员国承担。援助执行期不得延长，基金仅分担期内所发生的援助费用，且须在提交最终报告前结清。此后，若成员国政府继续提供援助，费用则同样完全由本国政府承担。当然，成员国在援助金使用时有一定灵活性，可在获批额度内不同预算项目间重新调整，但单个项目的增幅不得超过 20%，否则，调整后的支出方案须在实施期内以书面形式通知欧盟委员会并解释原因。

援助措施执行期满后 6 个月内成员国须向欧盟委员会提交总结报告，对基金的实施效率和效果进行评估。报告须按欧盟委员会专用格式撰写，主要内容包括：①实施措施分类统计，包括每种措施的预算支出、实际支出和受援人数；②受援工人分类统计，包括性别、年龄、国籍、种族和再就业状况；③援助效果评价；④支出合法性证明。欧盟委员会在收到报告后 6 个月内进行评估并结案。若援助金未用完，须在这段时间内退还。如 2007 年 3 月 23 日申请、10 月 23 日获得援助的法国雷诺案（EGF/2007/002）在 2009 年由法国政府撤回申请，并退还了全部援助金总计 125.8 万

① European Globalisation Adjustment Fund（EGF），available at：https：//ec. europa. eu/social/main. jsp？catId = 326&langId = en.，visited on December 12th，2018.

欧元；2009年，法国标致、德国明基、芬兰贝尔罗斯和马耳他纺织业4案，退还援助金总计377万欧元；2010年，意大利皮埃蒙特、葡萄牙里斯本—阿连特茹、西班牙德尔菲、立陶宛阿利图斯、西班牙卡斯蒂利亚—莱昂和德国诺基亚6案，退还援助金高达986万欧元。其中，马耳他纺织业和意大利皮埃蒙特两案结余金额分别超过基金拨付额的50%和80%。援助金实际使用低于预算额的主要原因在于：援助措施的形式和成本高估、拟援助人数高估、受援助失业工人实际援助期短于预期、部分失业工人选择低成本援助措施、援助金审批和拨付时间延误和援助措施实施滞后等。

（四）基金运行状况

基金的实际运行状况可从援助金申请和支出两方面考察。[①]

1. 基金的申请状况

《2006年基金条例》实施后，截至2013年12月31日，7年间欧盟委员会共收到申请130份，除12份申请撤案外，对118份申请（其中1份遭否决）进行了审查，基金的总体运行状况如下：

首先，2007年的援助主要针对2008年以来全球金融危机引致的失业，启动条件以2006年基金条例的第2条b款为主。2009年5月1日之前，欧盟委员会共收到18份申请（其中3份撤案），均以贸易自由化为援助前提，此后106份申请中有69份（其中3份撤案）是针对全球金融危机的失业调整。

从援助启动条件看，2007—2011年，符合第2条a、b、c三款的申请分别为34份、51份和12份。援助申请主要依据b款的原因在于该款针对中小企业，门槛较面向大企业的a款低，即：b款的失业区间为9个月，而a款为4个月；b款的失业人数统计以地区和产业部门为单位，a款则是以企业为单位。因此，基于a款的援助申请大多来自大企业，如标致、诺

---

① 本部分所使用数据均根据欧盟委员会EGF基金申请统计整理，详情可访问：https：//ec. europa. eu/social/main. jsp？catId = 582&langId = en.

基亚公司等。但是，在2012—2013年，基于a款的申请明显增多，共有15份，b款和c款则分别为4份和2份。

其次，援助申请的国别和产业分布集中，7年间有大约3/4的成员国提出申请。2007—2011年的前5年间，以援助申请人数统计，排名前五位的国家是：意大利13 910人、西班牙12 806人、爱尔兰9 835人、德国8 371人、荷兰8 098人，占总人数的60%；以援助申请金额统计，排名前五位的国家是：意大利6 619万、爱尔兰6 059万、丹麦4 988万、西班牙4 370万、法国3 900万欧元，占总金额的63%。援助申请人数和金额最少的则是捷克，分别仅为460人和32万欧元。2012—2013年，申请涉及人数的具体数据无法取得，但是就成员国获得的援助总额来看，排名前五位的国家变化为：意大利7 179万、法国6 493万、丹麦6 373万、爱尔兰6 328万、西班牙4 608万欧元。在产业分布上，7年间，有32个部门提出申请，占欧盟经济活动统计分类（NACE）88个二级部门的36%。其中，7个（零售、批发、出版、仓储、信息、运输和社会工作）为服务业，3个为建筑业，其余为制造业，而汽车制造和纺织业则是申请数量、人数和金额最集中的部门。

《2013年基金条例》实施后，现有数据表明，自2013年基金条例实施以来，共提交48份申请（2014年1月1日至2017年12月31日，共有45份申请，2018年目前有3份申请），其中1份撤案。从启动条件看，符合第4条第一项a款、b款和第二项的申请分别为26份、13份和8份。申请援助的部门共有28个，其中，零售业、汽车制造业、电子产品业等在2011—2017年申请和获得EGF的比例有所提升。

从2013年至今，援助申请依旧呈现出国别集中的特征，以案件数排名，前五位分别是：希腊8件、芬兰8件、比利时6件、法国5件、西班牙5件。以援助申请金额统计，排名前五位的国家分别是：法国3 516万、希腊3 419万、芬兰1 982万、比利时1 658万、瑞典1 240万欧元。现有数据未显示申请援助的具体人数。

2. 基金的支出状况

从基金的支出状况来看，支出总水平低于预期。2006年基金条例实施期间，EGF的年度预算上限为5亿欧元，但2007—2013年的实际支出分别为1 860万、4 900万、5 235万、8 355万、1亿2 817万、4 188万和4 561万欧元。2007—2011年虽然呈现逐年上升趋势，但分别仅占当年预算的3.7%、9.8%、10.5%、16.7%、25.6%，2012年和2013年的实际支出又出现大幅下降，分别占当年预算的8.4%和9.1%。支出水平大大低于预期的主要原因在于以下因素所导致的成员国申请不积极：申请和审核程序复杂与耗时，审核结果不确定，成员国缺乏申请经验和启动条件相对欧洲社会基金高。此外，对EGF预算过高也是造成实际支出比例过低的原因之一。

《2013年基金条例》将EGF年度预算上限降低至1.5亿欧元，2014—2018年的实际支出分别为5 756万、3 941万、1 551万、3 312万和815万欧元，总体上呈现出逐年下降的趋势，分别占当年预算的38.4%、26.3%、10.3%、22.1%和5.4%。2013年基金条例的规定大大降低了EGF的申请门槛，并简化了繁杂的申请程序，减小了成员国申请EGF的难度，但是EGF的实际支出却在逐年降低，这从侧面反映出自2014年以来，欧洲因贸易冲击而导致的大范围失业的情况有了总体的好转。

（五）基金发展前景预估及其启示

欧盟贸易调整援助机制的发展先后历经了《(EC) 2006/1927号条例》《(EC) 2008/0267号决定》《(EC) 2009/564号决定》《(EU) 2019/1309号条例》四次立法变迁，现如今已发展为独具特色、自成一体的“全球化贸易救济体系”。该制度别具一格，适用对象尤其明确，是专门针对失业工人所采取的“一站式个人服务”。欧盟EGF当下所面临的主要挑战集中于干预标准的门槛设定、不同成员国的地位差异、基金运行监管困难等方面。[①] 从发展方向来看，该制度仍有待于朝着继续扩展援助对象范围和降低干预门槛的方向不断推进。

全球化调整基金是欧盟应对经济全球化冲击、加强内部团结协作的一项重要举措，其提供一次性的、有期限的、针对个体的资助，帮助因世界贸易冲击造成产业转移而失业的人员重新就业。在2007—2013最初7年的实施区间里，每年提供将近五亿欧元的援助资金，将会有3.5万~5万受全球化冲击的劳动者每年平均每人获得1万~2万欧元的援助。该基金所资助的是积极劳动力市场政策（Active Labor Market Policy，ALMP）范畴下的措施、服务以及申请、实施和结案过程中的技术援助三部分，是对欧盟结构基金，特别是欧洲社会基金的补充。虽然该基金还处在执行的初期阶段，但是在较短时期内实现了帮助失业者再就业以及提供其他短期生活扶持的目标，缓解了因经济形势不可预见变化对劳动力市场的冲击，部分化解了社会矛盾，也可以说，其在短期内实现了救急。在长期也将会给劳动力市场带来积极的影响和长期的效益，为其他劳动力援助制度特别是社会基金制度更好地实施做好了充分的准备，这也是全球化调整基金和社会基金相互补充的体现。该基金的实施效果与成员国的法律对失业的保护程度密切相关。保护程度越高，实施效果越大。迄今为止，全球化调整基金实施3年多以来，覆盖范围越来越广，更多的成员国和受影响行业参与其中，很多地区、行业、企业获得了援助，并有效地缓解了全球化对劳动力市场的冲击。[②] 我国正处于体制转轨和增长转型的结构变化剧烈时期，经济从高速增长转向稳定增长，并且受到明显外部冲击，很多行业对外依存度高，一旦国际市场出现波动，例如外部需求缩减或进口产品增加，都会给我国经济带来严重负面影响，从而产生一系列社会问题。我国的劳动力援助制度尚不完善，我国政府一向提倡和谐社会，社会和谐发展离不开良

① 杨光世：《贸易调整援助制度研究》，山西大学2011年硕士学位论文，第32页。

② 孙超：《欧盟全球化调整基金制度研究》，东华大学2010年硕士学位论文，第34页。

好的注重公平兼顾效率的分配秩序，在如今这种失业率激增、收入差距进一步加大的情况下，借鉴欧洲发达国家的成功经验具有重要意义。

第三节　农民贸易调整援助

一、农业调整援助的法制沿革

农业贸易调整援助是指政府通过对农业生产者（参与者）提供技术、资金援助的形式，来帮助那些因国际贸易中进口农产品的冲击而遭受损害的国内农业产业，促进其进行技术调整或提高国际竞争力的一种贸易救济制度。

作为贸易调整援助制度的重要组成部分，相对于其他贸易调整援助制度模式，农业 TAA 形成于 21 世纪，发展时间较短。目前，美国和韩国均通过立法确立了农业 TAA。与美国、韩国不同，欧盟并未选择农业 TAA 这一具体模式，主要是因为欧盟的共同农业政策是一个相对完善而又不断更新的产业政策体系，无论是对欧洲农产品市场还是农村经济的发展均有涉及，《罗马公约》也强调在制定有关政策时应考虑逐步、适当地进行必要的农业结构调整，因而并无单独设立农业贸易调整援助制度的必要。

因此，本节主要对美国和韩国的农业 TAA 进行比较分析，从制度发展、援助对象、援助形式、援助程序、获得援助的条件和运行效果几个主要方面入手，这有助于加深对该运作模式的深刻理解。

（一）美国

美国长久以来就存在允许救济受进口竞争影响产业的立法。《1962 年贸易扩展法》规定，在进口产品的增加给国内相关产业造成损害时，符合条件的企业和工人可以获得援助。① 根据这一规定，已有的贸易调整援助

① Mary Anne Joseph. “Trade Adjustment Assistance: An Analysis”. in Connecticut Journal of International Law. Fall. 1990.

制度中的工人 TAA 和企业 TAA 是对所有的产业工人与企业开放的，农产品生产者因此可以被归入企业或工人贸易调整援助的受援助对象范围，但实践中却几乎没有农民产业工人和农业企业以及农牧场主通过这两个项目获得相应的援助。工人 TAA 强调的是通过对失业工人的再培训并基于培训提供一定的现金支持而使这些失业工人找到新的工作。根据美国劳工部数据，农业产业工人无论是申请还是最终获得工人 TAA 项目援助的数量相对都很少。在 1994—2000 财政年度间，只有 35 份来自农业产业的申请，仅仅包含了大约 5 135 名工人；而这些工人中有 2 181 位是佛罗里达州蔬菜公司的雇员，其中又有 1 334 名是来自一个新鲜番茄包装公司。[①] 前述这些工人基本是公司的固定雇员，而作为个体的农民、渔民和牧民则往往很难符合工人贸易调整援助项目的援助标准。

有观点认为，农产品生产者难以获得工人 TAA 项目援助的主要原因有二：第一，作为个体的农产品生产者属于自我雇佣型，因而不符合工人 TAA 计划所规定的“因失业”这一条件；第二，农产品生产者往往长期从事一类或几类相对固定的农产品生产、加工等工作，因此在心理上不情愿通过工人 TAA 再培训的方式转而从事其他工作，因为他们还可以通生产其他农产品或通过其他非农途径获得收入。[②]

此外，通常受进口竞争影响较大的农业产品并非那些可以获得直接支付和价格支持的初级农产品，如小麦、玉米、棉花、大米等。易受到进口产品激增影响的农产品生产者只能获得极少或者无法获得价格保护，也无法在传统的农业补贴项目中获得直接的资金援助，因此这些产品的农业生产者就更希望单独设立一种可以保护贸易利益的调整援助制度，美国国内对农业产业保护逐步升温。考虑到农产品生产者无法通过现有贸易调整援

---

① Geoffrey S. Becker：“Trade Adjustment Assistance for Farmers”，CRS Report RS21182，2 August 2002.

② Geoffrey S. Becker，CRS Report RS21182，Trade Adjustment for Farmers.

助计划获得援助的现实问题，美国劳工部在其2000年发布的一份报告中指出，给予农产品生产者直接的财政援助或者使其能够继续生产受到进口影响的农产品的财政性支持比帮助他们在其他领域就业更加符合既存的贸易调整计划的目的，建议建立一个独立的项目来援助受到进口影响的农产品生产者。① 基于此，美国《2002年调整援助改革法案》（以下简称《2002年法案》）对《1974年贸易法》进行了修改，为农业单独设立了一项贸易调整援助项目。

《2002年法案》创设了美国的农业TAA项目，该项目成为美国贸易调整援助体系内唯一针对特定产业的贸易调整援助项目，是独立于现有贸易调整援助之外的单独的调整援助项目。在申请资格方面，《2002年法案》不再以失业作为获得援助的资格要求，而是注重进口产品是否导致国内同类产品价格的下降。在援助方式上，《2002年法案》规定农业TAA援助方式包括现金援助和技术援助：现金援助方式用来弥补因受进口影响的农民、渔民和牧民的收入损失；技术援助方式用以促进受进口影响的农产品生产者调整产业结构和规模，提高产品质量和技术含量，增强产品竞争力。《2002年法案》对农业TAA项目自2003—2007年的实施进行了授权，2007年实施期满后的一次立法又对2008年第一季度进行了授权，但该项目在2008年的后三季度未获授权。② 随后，到2009年5月中旬，《2009年贸易与全球化调整援助法案》（以下简称《2009年法案》）对《2002年法案》中有关农业TAA立法进行了较大幅度的修订，旨在使农产品生产者和渔民获得更多农业TAA项目带来的福利，并同时对农业TAA项目进行了2009年和2010年的授权，此项授权截止于2010年12月31日，2010年美国在农业TAA项目上的财政拨款超过了2亿美元。2011年10月，经授权的农业TAA项目在2012年和2013年的财政拨款均为9 000万美元，

① Department of Labor. Report on Trade Adjustment Assistance fro Agricultural Commodity Producer.

② Section 1（c）of P. L. 110 – 89.

2014 年第一季度的财政拨款为 2 250 万美元。同时，美国农业部表示，他们将继续按部就班地依照美国国会的指示，提供足够多的资源，为需要帮助的农产品生产者提供相应的援助，但是未来的任何项目计划都要取决于国会是否会为农业 TAA 提供相应财政支持。①

（二）韩国

韩国历来重视对农业的贸易保护，其农业贸易调整援助制度的运行要早于对其他行业设立的贸易调整援助。2002 年，韩国与智利签署了韩国历史上第一个自由贸易协定，该协定包含的农产品贸易部分规定，韩国将取消从智利进口的铜制品、大麦、羊毛以及渔业产品的关税，并在未来的 5—10 年内逐渐对智利开放农产品市场，而智利则应逐步开放其汽车、机械等制造业市场。韩国选择智利为首个双边自由贸易协定对象国，主要是考虑到智利的农产品对韩国农业产生冲击的可能性较小。因为智利地处南半球，其农产品上市季节与韩国不冲突，而且在协商该自由贸易协定时，来自智利的农产品进口额占韩国农产品（不包括水产品）进口总额的比重不足 1%。尽管如此，韩国农业团体还是如临大敌，表示坚决反对国会批准该自由贸易协定，并且在韩国各地进行了大规模示威活动。研究机构的估算结果也表明，韩—智自由贸易协定将为韩国农业带来较大的损失。②

为应对国内农业团体的反对，弥补受损农户的损失，同时确保韩国—智利自由贸易协定最终能够获得批准通过，韩国政府采取了两项措施：一是颁布《产业损害救济法》的修正案，制定针对智利农产品的保障措施特别条款，规定因履行韩—智自由贸易协定而出现的智利农产品进口激增，导致国内相关产业遭受严重损害时，为保护国内的相关产业，可以启动提

① Remy Jurenas，“Trade Adjustment Assistance for Farmers”，CRS Report RS40206，5 September 2012.

② 韩春花、李明权：《韩国—智利自由贸易协定实施 8 年来对韩国农业的影响初探》，《世界农业》2013 年第 9 期。

高关税或停止自由贸易协定中规定的关税减让等救济措施。[①] 二是制定韩国《为履行自由贸易协定制定的对农民、渔民援助特别法》（以下简称《特别法》），在国会批准自由贸易协定以前或同时生效，该法借鉴了美国的农业 TAA，专门设立了对农民、渔民的特别援助项目。该法规定，由政府出资 8000 亿韩元（约 6.7 亿美元）进行农业结构调整，该金额在实施时被提高至 12000 亿韩元（约 10.8 亿美元）。虽然该法起初仅适用于因履行韩—智自由贸易协定对本国农业造成的损害，但自 2004 年以后，随着韩国签订自由贸易协定的增多，截至 2009 年底该法先后经历 7 次修订，并将其实施范围拓展至因履行韩国缔结或参与的所有自由贸易协定及地区性贸易同盟而造成的农业产业损害。此外，韩国还于 2006 年颁布实施了《为履行自由贸易协定制度的贸易调整援助法》。

韩国贸易调整援助与美韩自由贸易协定的建立有很大关联，也汲取了美国贸易调整援助制度的精华，但是其农业贸易调整援助却更接近欧盟的做法，采取了以建立基金的形式对那些因实施自由贸易协定而遭受或可能遭受损害的农民、渔民等提供援助。

美国的农业 TAA 是在贸易调整援助项下设立的一个与工人 TAA、企业 TAA 以及社区 TAA 相并列的独立的贸易调整援助项目；韩国的农业 TAA 虽然与其制造业、服务业贸易调整援助相独立，并通过不同的立法加以规定，但是，其应对的状况是相同的，即自由贸易协定的履行给国内相关产业带来损害或损害威胁，并且都是为了帮助产业内的企业、工人、农民或渔民重新获得竞争力。这就使农业贸易调整援助和贸易调整援助构成子属关系。而农业 TAA 又是有着其独自特色的一种贸易调整援助，它与工人 TAA、企业 TAA 平等对待所有产业不同，农业 TAA 体现出对农业的特

① 《韩国对应〈韩—智自由贸易协定〉推动对智利农产品保障措施立法》，中华人民共和国驻大韩民国大使馆经济参赞商务处，http://kr.mofcom.gov.cn/aarticle/jmxw/200304/20030400081323.html，2018 年 11 月访问。

别偏好，因而其更像是一种农业产业政策。但是，农业TAA对农业产业的调整是从贸易角度出发，且其着重点在进口竞争产品上，而非出口竞争产品上，此外，贸易调整援助具有贸易救济功能，属于贸易政策的范畴。因而，农业贸易调整援助可以被定性为以贸易问题为切入点，着重对进口竞争性农业产业进行结构调整的一种“产业—贸易政策”（Industrial - trade Policy）。[①] 其优点之一就是对贸易中出现的问题追根溯源，从产业这个根本上解决，既要参与贸易，又要注重产业的发展，而只有产业的健康发展才能更好地参与贸易竞争，这正是农业贸易调整援助针对自由贸易带来的损害所使用的解决问题的逻辑。

二、农业调整援助的适用对象：农产品与农业生产者

从名称来看，虽然美国和韩国都将这一制度表述为“对农民”或“对农民、渔民”提供的贸易调整援助，但实际上，两国均首先对“农业”或者“农产品”进行了定义，以此来划定这一行业的范围，然后在此基础上规定该行业内的哪些从业者可以获得援助。换言之，美国和韩国均将农业作为一个行业加以定义，而不是直接定义个体。

根据美国《2009年法案》，农业贸易调整援助的对象是农产品生产者，包括：①一个承担农产品生长的风险并享有一部分该产品市场销售份额的人，包括经营者、佃农、拥有或出租生长该产品土地的人；②一个就应税年份的联邦所得税退税报告了渔业贸易或者渔业营业收益或损失的人，该应税年份与依法提出农业TAA援助资格申请的市场销售年份一致。[②] 市场销售年份是指：①农业部长所指定的某种农产品的市场销售

① William A. Lovett: “Rethinking U. S. Industrial - Trade Policy in the Post - Cold War Era”, in Tulane Journal of International & Comparative Law, 1993, Vol. 1, pp. 135 - 140.

② Trade and Globalization Adjustment Assistance Act of 2009, American Recovery and Reinvestment Act of 2009, S1881.

年份；②在农业部长没有指定的情况下指日历年份。[①] 根据该规定可知，农场主、牧场主、养殖者和渔民都涵盖在农业 TAA 的援助范围之内，但是该援助并不涉及林业生产者。[②] 在美国农业部外国农业服务署针对农业 TAA 而公布的《联邦政府管理条例》第 7 章第 1580 部分立法修订公告中特别提道："农业贸易调整援助的目标是对初级农产品、养殖水产品、野生捕捞水产品的生产者提供援助，通过提供技术援助、现金支持、准备和实施经营调整计划以使他们适应与进口产品的竞争。因此，本项目仅授予初级农产品的生产者而不授予其加工者。"因此，美国农业贸易调整援助的对象严格地被限制在初级农产品的生产者和渔民，而那些与农产品深加工相关的产业都不在援助范围内，因此下文将美国农业贸易调整援助对象统称为"农产品生产者"或"生产者"。此外，关于"农产品生产者"的定义，《2009 年贸易与全球化调整援助法》的修订有很大变化，删除了原来将"人"（Person）严格限定为自然人而不包括法律实体的规定。虽然在农业部制定的联邦政府管理条例中仍倾向于将其理解为自然人，其在叙述"农业生产者团体"（a Group of Producers）时，将其定义为"三个以上互不属于同一家庭的生产者"，但这种定义并不会影响企业申请人的资格。但是，美国农业 TAA 将现金支持的上限设定为 12 000 美元，即使企业申请人获准资格，对其援助的意义也不大。

美国的农业 TAA 通过对"农产品"（Agriculture Commodity）进行定义来明确农业贸易调整援助所针对的产业。美国的"农产品"是指在美国统一关税表（Harmonized Tariff Schedule of the United States，HTS）相关章节

---

① Trade and Globalization Adjustment Assistance Act of 2009，American Recovery and Reinvestment Act of 2009，S1881.

② FAS，Trade Adjustment Assistance for Farmers Frequently Asked Questions，http：//www. fas. usda. gov/ITP/TAA/taafaqs. asp.

包含的产品，而不包括树木和木制品。[1] 其中，可以获得农业贸易调整援助的农产品又具体包括三类：①任何处于未加工或初级自然状态（raw and natural state）的农产品，包括牲畜在内；②属于同一品种农产品的任何种类货物；③在上述第二类农产品的情况下，任何野生捕获的水产品种类。[2] 其中“初级自然状态”指未经清洗、分类、涂层、分级、修剪、混合、检验、干燥、剥皮、冷却、焯洗、照射、熏蒸等程序改变其原始状态。相比之下，《2009 年法案》在《2002 年法案》的基础上细化了对农产品生产者和农产品的规定，强调养殖者和渔民属于援助对象范畴，强调水产品也属于农业 TAA 项下的农产品。

韩国《特别法》中所援助的产业包括农业和渔业，此处的农业应当作狭义理解。根据该法第 2 条的规定，“农业”是指农业和食品业，“渔业”则包括渔业、渔业捕捞运输业以及水产品加工业。渔业指捕捞、采集、培育水产动植物的行业；渔业捕捞运输业指将捕获的水产品或其制品从渔场运至卸货地的运输行业；水产品加工业指直接利用水产动植物作为原材料生产加工食品、种子、肥料、酱料、胶制品、油脂或皮革的行业。农民可以是从事农业生产的个人、农业合作公司或农业公司，渔民则可以是渔业经营业主、渔业合作企业或渔业企业。总之，不论是自然人还是法律实体都可以是获得援助的对象。因此，韩国的贸易调整援助对象，既包括农场主、牧场主、养殖者、渔民等初级农产品生产者，还包括农产品、水产品

---

① 根据统一关税表，“农产品”包括：第 1 章的活动物；第 3 章的鱼及甲壳动物，软体动物及其他水生无脊椎动物；第 4 章的禽蛋，天然蜂蜜，可食用动物源性产品，以及其他特别列出的产品；第 5 章的动物源性产品，以及其他特别列出的产品；第 6 章的食用蔬菜，根及块茎；第 7 章的活树及其他植物，球茎、根及类似品，切花及装饰用叶；第 8 章的食用水果及坚果，柑橘或瓜皮；第 10 章的谷物；第 12 章的油料种子及含油质果实，杂谷、种子及果实，工业或药用植物，秸秆和饲料；第 14 章的编结用植物材料，其他未特别列出的植物产品；第 23 章的残留物和食品工业的废料，配制的动物饲料；第 24 章的烟草及烟草代用品的制品；第 41 章的生皮（毛皮除外）及皮革；第 51 章的羊毛，动物细毛或粗毛，马毛纱线及其机织物；第 52 章的棉花。Harmonized Tariff Schedule of the United States, available at http：//hts. usitc. gov/，visited on Dec. 12，2018.

② Trade and Globalization Adjustment Assistance Act of 2009，American Recovery and Reinvestment Act of 2009，S1881.

的加工业者甚至运输业从业者，已经将调整对象从产业链的底端向上延伸，大大扩大了援助范围，甚至可以被理解为一切与农业相关的行业生产者、经营者，与美国相比，韩国的农业 TAA 援助对象的范围更加广泛。

三、农业调整援助的实施程序

（一）团体及个人的援助资格认定

与工人 TAA 项目相似，美国的农业生产者要获得 TAA 援助项目，需要经历两个阶段：一是获得资格认证的条件；二是获得援助的条件。只有农业生产者团体获批援助资格，农民个人才能提出申请，并结合自身情况判定是否可获得援助资格。具言之，生产者团体要获得农业部的资格认证，需要同时符合下列条件：一是生产者团体所生产的农产品遭到了一定的损害或损害威胁；二是生产者团体所生产的农产品的同类产品或直接竞争产品该市场年度的进口量高于前三年的平均进口量；三是进口增长重要地促成了国内产业所遭受的损害。就损害或损害危险的认定标准而言，曾经有所修订：2009 年之前，以最近可获得数据的一个市场年度内，生产者团体所生产的农产品产量、产值、现金收入或国内平均价格低于前五年平均水平的 80% 为计算依据；2009 年之后，以低于前三年平均水平的 85% 为计算依据。[①] 就因果关系而言，“重要地促成”意味着进口增加是国内农产品遭受损害的主要原因即可，并不要求是最主要的原因或者唯一原因。是否满足前述三方面资格认定标准，由农业部部长作出决定。

在农业生产者团体获批援助资格认定后，农产品生产者个人方可提出援助申请。居住在援助资格申请所在州或地区之外的农产品生产者或者生产者团体，可以在有关该申请的通知刊登于联邦公告之日起 15 天内请求成为具有该资格团体的成员。想以团体的模式申请获得援助，得先成为团体成员才实质享有，即使他已符合农业生产者的定义亦不例外。具言之，

① 李星星：《论农业贸易调整援助法律制度》，中国政法大学 2011 年硕士学位论文，第 21 页。

农产品生产者个体若想获得援助，必须提交申请并证明自己同时符合以下三方面条件：第一，其在申请资格认定的市场年度内生产了该农产品，并且在该市场年度之前的三年内至少有一年生产该农产品；第二，其在申请资格认定的市场年度内生产的该农产品产量低于可获得数据的市场年度内产量，或在申请资格认证的市场年度内所生产的该农产品售价低于其在此前三年内的平均售价，或申请日当天部长认定的县级价格低于前三年的县级平均价格；第三，该生产者没有获得过工人 TAA 或企业 TAA 项目提供的现金支持，且没有基于其他农产品获得过农业 TAA 项目援助。此外，如果生产者在一个作物、财政或项目年度内农场以外的收入超过 50 万美元，或者在一个作物年度内农场总收入超过 75 万美元，则不得获得农业 TAA 援助，且不符合这种情况的证明责任在农民申请者个人。①

在一个农产品内存在各自独立的货物种类的情况下，农业部长在确定上述团体受援助资格和农产品全国平均价格、产量、价值、现金收入以及货物进口量时，应当把每一个种类的货物按照一个独立的农产品对待。《2009 年法案》将进口增加导致农产品全国平均价格、产量、价值、现金收入等全国标准的比例从 80% 提高到 85%，且将计算的年份从前五年改为了前三年，这就大大降低了援助资格的门槛。同时，《2009 年法案》还增加了农产品内独立种类产品待遇的规定，这减少了计算上的困难，提高了获得援助资格的可能性。

相比之下，韩国的农业 TAA 项目根据援助措施的不同而设定了不同的资格认定条件。根据《特别法》第 2 条，“农业”指农业和食品业，“渔业”指渔业、渔业捕捞运输业以及水产品加工业。农民可以是从事农业生产的个人、农业合作公司或农业公司，渔民则可以是渔业经营业主、渔业合作企业或渔业企业，因此，自然人和法律实体都被包含在可获得援助的对象范围内。就提高产业竞争力援助、稳定经营援助、停业援助而言，资

① 李星星：《论农业贸易调整援助法律制度》，中国政法大学 2011 年硕士学位论文，第 21 页。

格认定的条件以申请者可能遭受损害为判定标准，而不要求实际遭受损害或损害威胁，这一证明标准显然不像美国那般严格。在判定是否授予提高竞争力的补贴或贷款支持时，农林水产食品部部长综合考虑以下因素：企业本身情况、支持程度、监督措施、所遭受的损害程度、措施采取后的影响及可行性分析。在判定稳定经营援助和停业援助时，受助对象的农产品仅限于韩国根据自由贸易协定承诺减让关税的农产品或水产品，且自协议伙伴国的该类产品进口增加导致国内价格下降，致使国内遭受或可能遭受损害。

（二）援助形式：现金援助与技术援助

《2009 年法案》改变了之前直接现金援助的做法，将技术援助、基于技术援助授予并为实施技术援助而给予的现金支持作为美国的农业 TAA 的两种援助形式。技术援助分为四类：初步技术援助、加强技术援助、初步经营计划和长期经营调整计划。初步技术援助是为了提高生产者在获得资格认证的农产品的生产和市场营销方面的竞争力，主要采取提供信息的方式，具体来说应包括如何提高该农产品的产量和市场销售状况，以及是否有可能和有必要为这种农产品提供一种或多种替代产品等信息。在获取初步技术援助期间，生产者在符合一定条件时还可以获得一定的交通补贴和生活补助。①

加强技术援助通常包括以下两部分内容：①提供一系列课程以帮助农产品生产者增强在生产该农产品和其替代产品方面的竞争力。这些课程常以研讨会或一对一会议的形式开展，并针对农产品生产者所遇到的具体情况进行分析讨论。②在完成这些课程后，帮助农业生产者制定一个初步经营计划。这个初步经营计划如果能体现出加强技术援助课程中所习得的技

① 如果初步技术援助的提供地点距离农产品生产者的经常住所超过了通常交通距离，则农业部长可以授予该生产者一定的交通补贴和生活补助；但是当生活补贴超过了该生产者实际每日花费的生活费用和联邦交通法规所规定的通常日津贴标准中的较低者时，或交通补贴超过了联邦交通法规所规定的通常里程标准时，农业部长可以决定不对该生产者授予上述补贴。

巧，并论证了生产者如何将这些技巧应用于日后的生产经营，就应得到农业部长的批准。一经批准，农业生产者就可以获得一笔最高 4 000 美元的资金，既可以用来实施该初步经营计划，也可以选择继续制订长期经营调整计划。

要获得实施长期经营调整计划的最多 8 000 美元资金，生产者制订的计划得满足下列条件方能得到农业部长的认可：计划应当包含生产者对不断变化的市场环境所做的有合理步骤安排的经济调整，还应考虑到生产者所雇用的工人的利益，并应证明生产者拥有足够的资源和条件以实施该长期计划。即使某一农产品生产者接受了上述所有技术援助，其在资格认证后的 36 个月里也只能获得本项目下不超 12 000 美元的资金支持。并且，一旦某一农产品生产者获得除初步技术援助之外的援助利益，便不能再获得工人 TAA 和企业 TAA 项下的现金利益。美国 2009 年对农业 TAA 所做的修改，淡化了现金援助，通过培训等技术援助给农产品生产者提供实质性且具有针对性的帮助，以解决现实问题。

韩国则与修改前的美国制度相同，主要以补贴、贷款的形式提供农业 TAA。根据《特别法》，韩国政府应采取 WTO 框架内允许的所有必要措施以提高农业和渔业产业的竞争力，并促进农业、渔业的有效重组和稳定经营，以减小因履行自由贸易协定给农民和渔民所带来的损害。其法定的援助种类主要包括：①为提高产业竞争力提供的补贴和贷款；②为稳定生产经营而提供的直接收入补贴；③对停止经营的从业者提供的停业补贴；④对生产者团体购买、储存、加工产品的支持；⑤对农产品和水产品加工者的资金支持补贴。在提高产业竞争力援助方面，《特别法》授权韩国政府可以对农业从业者的下列行为提供补贴或贷款支持：①通过购买或租用农用地而扩大经营范围；②改进生产基础设施，如供排水系统、灌溉渠道；③促进高质量农、水产品的生产，如供应高质量的种子；④促进环境友好型农产品、水产品的生产与流通；⑤设立或经营便利化农产品、水产品流通的设施；⑥发展促进生物多样性的研究以及发展推广生物多样性的研究；⑦其他农林水产食品部部长认为的对增强农渔业产业竞争力所必要的措施。[①] 但对于为提高产业竞争力可支付的补贴和贷款的金额，并没有进行详细规定。在有关稳定经营的援助方面，政府可在特定时间内专门制定政策，对因进口产品急剧增多而受损的国内相关产业的农民、渔民进行直接收入补偿，以稳固其经营。[②]

根据2009年修订的《〈为履行自由贸易协定制定的关于贸易调整援助的法律〉的施行令》（以下简称《施行令》），稳定经营援助和停业援助适用不同的条件。在产品价格下降或进口量大幅增加时，应授予生产者用于稳定经营的直接收入补偿，具体包括两类情形：①因履行自贸协定造成援助对象范围内的农产品平均价格低于标准价格；②因履行自贸协定造成目标农产品的进口量与国内产量的比例，在当年的增长超过农林水产食品部委员会审议确定的比例。当用于生产援助对象产品的工厂、土地、木材、渔船、渔具、设施等被拆除、废弃、转让时，允许向生产者支付停业补贴，但排除两类情形：①用于生产援助对象产品的工厂和渔船被拆迁、废弃、转让的时间早于公告一年前；②不仅用于农业、渔业，还用于其他经营的生产建筑、道路设施被拆迁、废弃或转让，要获得停业补贴，在援助对象农产品公告之前，用于生产的工厂和渔船仍在使用。

有关直接收入补偿标准的确定，《施行令》对农业、渔业和畜牧业分别规定了计算方法：在WTO协议准许的范围内审议决定；单位价格等于标准价格和本年度平均价格之间的差额乘以委员会认定的资助率；标准价格是指农林水产食品部部长公告之前五年中，除去最高和最低的年平均价格后，剩下三年的该农产品平均价格；援助对象产品的生产面积、农业领域的全国平均单位面积产量、渔业领域上的援助对象产品的产量及当年年

① 参见韩国《为履行自由贸易协定制定的对农民、渔民援助特别法》第4条。
② 参见韩国《为履行自由贸易协定制定的对农民、渔民援助特别法》第5条。

度平均价格的计算方法都由农林水产食品部规定。畜牧业等生产领域不适宜基于生产面积和生产量计算直接收入补偿标准，因此应当由委员会审议确定每个产品所分别适用的不同标准。有关停业援助方面，政府可以在特定时期内专门制定一项政策，对因履行自由贸易协定而导致的种植、培育、收集、挑选、耕作、培植、养殖任何种类的水果、绿色作物、牲畜、水产品的停止经营进行补贴。①

在对生产者团体的援助方面，如果某种农产品的价格由于履行自由贸易协定而下降或有下降的可能，韩国政府可以支持任何生产者团体购买、储存、加工这种产品。② 但是《特别法》没有说明支持的方式，由于这个项目的措辞“支持”比较模糊，此处应理解为不限于前述的补贴和贷款支持，更倾向于对其进行扩大解释。对农产品和水产品加工者提供的援助方案可这样理解：首先，这种援助是由于履行自由贸易协定而给加工者造成了损害，比如其农产品销量大幅下降；其次，援助是为了维护加工者的正常经营所必需；最后，这种援助通常以资金补贴形式实现。

综上所述，韩国的贸易调整援助方式虽然种类较多，但是基本上仍属于现金援助，甚至在某些项目上也直接采用了“直接收入补贴”和“资金支持”的措辞，容易让人理解为是在为农产品国内补贴另立名目。此外，如果不能有效控制援助的现金是基于提高农产品竞争力的目的而支出，那么调整援助的目的也将难以实现。③ 相比而言，修订后的美国农业贸易调整援助显得更接近实际需求。

（三）程序性事项：援助制度的运作流程

作为个体的农产品生产者要获得贸易调整援助，需要经过两个程序：首先，由农业部长对全国或特定地区的某种农产品做出资格认定；然后，

① 参见韩国《为履行自由贸易协定制定的对农民、渔民援助特别法》第6条。

② 参见韩国《为履行自由贸易协定制定的对农民、渔民援助特别法》第7条。

③ 佟占军：《美国农业贸易调整援助法律制度及其启示》，《法商研究》2009年第6期。

符合资格的农业生产者向农业部提交申请，请求获得农业贸易调整援助。农业部长做出的资格认定程序可由两种原因启动：一是依申请；二是因国际贸易委员会启动了与特定农产品相关的保障措施调查后做出肯定裁决，然后总统决定对该农产品的国内产业实施调整援助。①

依申请启动的资格认定程序是指由农业生产者团体或经他们正当授权的代表（农产品生产者协会）向农业部长申请获得针对某一农产品的贸易调整援助资格。他们可以代表全国或特定受影响地区的该农产品农业生产者的利益，当代表特定地区农业生产者的利益时，申请者中至少应有一个居住在这个受进口产品影响的区域。农业部长在收到申请后 40 天内做出决定是否给予资格认定，并予以公告。在做出资格认定的情况下，所有该特定地区或全国区域内符合条件的该农产品生产者均可获得贸易调整援助，农业部还应通知其他没有申请资格认定的该农产品生产者并告知应如何申请获得援助。符合条件的生产者应当在资格认证生效之日起 90 日内向农业部申请获得援助并提交相应的证明材料，在农业部农场服务局（Farm Service Agency）认定其符合标准后，生产者可获得分为三个阶段的技术援助。三个阶段均可终止，但后一阶段必须建立在前一阶段的基础之上。总的来说，后续的技术援助方式以前面的技术援助方式为基础，由简单到复杂、由初级到高级，最终形成一个完整的技术援助体系；农产品生产者可以选择停留在任何一个阶段，但是不能跳跃选择具体的技术援助方式。②

初步技术援助是所有申请农业贸易调整援助的申请者均可获得的。完成初步技术援助的学习后，生产者可继续获得加强技术援助并得到制订初步经营计划的指导，如果该计划得到对外农业服务局（Foreign Agriculture Service，FAS）的认可，生产者则可以获得不超过 4 000 美元的现金用以实

① 参见《美国法典》第 19 编第 2253 节。

② 佟占军：《美国农业贸易调整援助法律制度及其启示》，《法商研究》2009 年第 6 期。

施该初步计划或者继续学习制订长期经营调整计划。最后，在制订了长期经营调整计划，并得到 FAS 的认可后，生产者可再获得不超过 8 000 美元的现金以实施该长期计划。

由于韩国的农业贸易调整援助形式主要是资金支持，因此获得援助的程序总体而言也相对简单，即由申请、审查、决定、支付四个阶段构成。其中，《施行令》对稳定经营援助和停业援助的程序相对详细地做出了规定，对二者适用的程序是相同的。首先，由农林水产食品部部长对援助对象农产品是否符合援助条件进行审查，如果认定符合，将发布对该农产品提供上述援助的公告，如针对西红柿的稳定经营援助公告；但是这种程序如何启动在韩国法律中并无规定。其次，与该农产品相关的农业从业者可以向农林水产食品部提出申请，请求获得援助利益。再次，农林水产食品部部长根据农林水产食品部部令的规定对申请者是否生产援助对象产品等必要的事项进行调查。最后，当项目申请人被确认合格时，农林水产食品部部长做出有关调查结果的决定，通知申请人并支付补贴或补偿金。此外，如果某地的经济稳定可能受到进口产品的损害，如当地主要生产的农产品价格下降，那么当地政府可以自行决定实施《特别法》所规定的 5 类援助，在这种情况下，农业贸易调整援助的实施就不需要经过中央一级的农林水产食品部进行。①

总体来说，美国农业 TAA 在程序设计上显得非常严谨、环环相扣，但也正是因为程序的严密，而使得农业贸易调整援助的获得并不容易；与美国的程序设计相比，韩国的农业贸易调整援助程序要显得粗糙很多。但是通过对程序的分析，还是可以清晰地看到韩国制度对美国制度的学习痕迹：都是通过对援助对象产品的认定后发布公告，继而再由农业生产者申请决定是否授予援助；但是，韩国并没有具体化对个体生产者的资质审查程序。

① 参见韩国《为履行自由贸易协定制定的对农民、渔民援助特别法》第 9 条。

四、农业调整援助的运行效果

美国对于农业TAA的拨款比工人TAA要少很多，但是与企业TAA相比又颇显慷慨。《2002年贸易法》对农业调整援助项目的拨款标准是自2003—2007财政年度每年授予最多9 000万美元的拨款，之后的一次立法对2008年第一季度授权拨款900万美元；《2009年法案》的拨款数额是2009和2010财政年度各授权9 000万美元，并对2010年第四季度授权拨款2 250万美元。[①] 这样一笔年均约9 000万美元的拨款既包括了实施技术援助的费用、现金援助部分，也包括了美国农业部为了实施该项目所支出的管理费用和员工工资。如果这样的拨款不足以支付前面所提到的项目费用，那么法定的援助金额将会被按比例削减，这也是前面提及实施初步经营计划和长期经营调整计划的费用只规定了最高限额的原因。

美国国会在2009年对农业TAA的法定条款进行了重大的修改，以此为分界点，该计划在前期和后期的运作情况如下：根据政府问责局（GAO）的统计，由于生产者参与程度低和生产者实际收入较低，农业TAA项目在2003财政年度至2007年12月期间的实际支出远远低于授权的供资水平。[②] 根据美国农业部的数据，截至2007年12月31日，在5年期授权的4.59亿美元中，预算的最终支出总额只有4 900万美元，这包括支付给生产者的2 770万美元的现金福利、950万美元的技术援助和1 050万美元的行政费用。[③]

五年间，生产者团体所提交的72份援助申请中，仅有30个团体的申请被美国农业部认证或批准了农业TAA项目援助资格。康科德葡萄、荔枝、

---

① 参见《美国法典》第19编第2401节g项。

② GAO, Trade Adjustment Assistance: New Program for Farmers Provides Some Assistance, but Has Had Limited Participation and Low Program Expenditures, at http://gao.gov/products/GAO-07-201, GAO-07-201, December 2006.

③ OIG, Northeast Region, "Audit Report—Trade Adjustment Assistance for Farmers Program", at http://www.usda.gov/oig/webdocs/50601-03-HY.pdf, Report No. 506-1-3-Hy, June 2007, p. 2; and USDA, FY2009 Budget Summary and Annual Performance Plan, p. 27.

橄榄、野生蓝莓、新鲜马铃薯、佛罗里达鳄梨、金枪鱼和鲶鱼等农产品的生产商被美国农业部认证为有资格获得援助。大约有8 400个生产商有资格获得现金援助，其中，虾和鲑鱼生产商占支付的现金援助的大部分。

2009年8月25日，美国农业部的对外农业服务部发布了一项规则，根据经修订的农业TAA计划，规定一个团体申请资格认证的程序，以及个人生产者申请技术援助和现金津贴的程序。2010年3月1日，美国农业部发布了农业TAA临时规则，并宣布将立即开始实施2010财政年度计划。这使农业生产者团体提交申请且被认证和批准后，该团体的个人成员得以申请农业TAA包含的项目福利。在2010财年，美国农业部在2010年4月14日之前接收了来自生产者团体所提交的11份请愿书中的3份。2010年5月21日，美国农业部宣布，将接收2011财年有关农业TAA项目计划的申请，截止时间为2010年7月16日。2010年9月底，美国农业部对19个提交请愿书的生产团体中的7个进行了认证，合格的农业生产团体必须在2010年12月底之前提交援助申请。

随着2009年农业TAA计划的变化，生产者团体的认证标准以及个体生产者被批准获得项目援助的标准被放宽，预算资金的使用量比2003财政年度至2007年12月期间有所增多。在截至2010年12月的2年期授权资金近2.03亿美元中，美国农业部为申请者提供了共计1.27亿美元的项目援助，这包括8 110万美元的现金援助和生产者培训费用，3 400万美元是用于提供培训的技术援助资源费用，以及1 200万美元的行政费用。根据2009年的修正案，所承付的资金占授权资金的63%。相比之下，2003财政年度早期至2007年12月的支出占资金授权的10%。

在2009财政年度以来由寻求认证的生产者团体提交的30份请愿书中（即有资格获得援助），美国农业部认证了其中10个团体，其中包括虾、鲶鱼、龙虾、芦笋和野生蓝莓的生产商。美国农业部随后批准了约4 500家生产商在2010财年有资格获得培训援助和现金援助，而另外5 700份申请根据2011财年的计划获得批准。美国农业部的数据表明，这两年计划的大部分援助金将授予阿拉斯加、墨西哥湾和南大西洋沿岸的虾生产商。2012年9月初，2010财年和2011财年批准接受项目津贴的10 242家生产商中，有80%完成了12小时的强化培训，有79%完成了最初的商业计划，有61%完成了长期的商业计划。①

对个体生产者提供的援助项目福利要基于每年授权的资金数额，并且这一福利只提供给那些获得技术和现金援助资格的人。根据2010财年的计划，被批准的生产商有资格获得12 000美元的现金支持，但是，由于是在缩短的2011财年期间，只有2 250万美元可用于前一年其余的获准申请者，因此每个生产商将按比例获得现金支持。美国农业部当时估计根据2011财年计划，具备援助资格的生产商将获得971美元用于制订和实施批准的初步商业计划，以及额外1 943美元用于准备和实施经批准的长期商业计划，即最多可获得2 914美元的现金支持。

截至2011年，美国的农业TAA项目总共受理了102起，但是，得到农业部最终批准的仅有40起，获得农业TAA项目援助资格的总人数为18 654人，申请被批准的概率仅为30%。此外，在农业TAA项目开始实施，截止到2011年，这一项目上的实际支出还不足2亿美元，现金支持的援助也要远远多于培训支出。可见，美国农业TAA的具体实施效果并不如预期般理想。

与美国通过财政拨款实施农业贸易调整援助不同，韩国通过设立基金的方式来提供农业贸易调整援助所需的资金。根据《特别法》将为援助农民而特别设立一个基金，而对渔民的援助则由《为履行渔业协定而制定的发展渔业及对渔业援助特别法》中所规定的渔业发展基金提供财力来源。韩国政府制订一个计划，从基金中拨款12 000亿韩元（约10.8亿美元）用于《特别法》生效后7年内（即2004—2010）实施韩国与智利的自由贸易协定，并且该金额可以根据需要而提高。

① FAS, "TAAF Status Report, as of September 4, 2012", provided upon request.

此外，如果韩国与智利制定新的贸易协定，则应另行拨付款项。鉴于《特别法》的适用范围已不限于韩—智自由贸易协定，而是扩大至所有韩国参与的自由贸易协定，因此，基金数额要远大于上述金额。为了更好地提供财力支持，《特别法》还为基金的资金来源做了特别规定，基金可以通过以下方式拓展资金：①政府拨款；②任何个人捐款；③《韩国竞争协会法》第42条第4项规定的特别保留所提供的捐款；④贷款；⑤对进口产品所征收的进口差额和公开销售捐款；⑥基金的管理收益。[①] 当某种商品属于自由贸易协定中规定关税配额内或具有关税减让承诺的农产品或水产品时，在农林水产食品部部长要求下，对该产品进口商征收的在国内产品和进口产品差价范围内的一笔差额费用即是前述第五种方式所指的对进口产品所征收的进口差额，进口商承诺的捐款即是公开销售捐款。[②]

值得一提的是，《特别法》对农林水产食品部部长征收进口差额和公开销售捐款是给予无条件授权的，只要部长认为应当收取就可以对任何一种符合条件的农产品进口商征收上述两种费用。并且，韩国法并没有明确在这里所征收的费用会不会必然引起后续的对同类国内农产品的项目援助，也没有说明是否因为提供了援助才有后续的这种费用征收，抑或两者之间没有必然联系。但是，这种费用的收取虽然名义与直接征税不同，但本质上已无实质差异，因此，这种拓展基金来源的方式是对进口产品的限制性措施，而同时征得的税款又对国产品进行了补贴。然而，这种费用的收取范围又是有很强针对性的，即是对缔结了自由贸易协定的贸易伙伴国的进口产品征收，从某种程度上讲，这样的措施等同于临时免除了韩国在自由贸易协定中的关税减让等义务，效果与特别保障措施非常相近。但由于措施影响范围限于自由贸易协定，因而不违反韩国承担的 WTO 义务，因此，只要已在缔结自由贸易协定的过程中达成协议，应该不会引起后续

① 参见韩国《为履行自由贸易协定制定的对农民、渔民援助特别法》第 11 条。
② 参见韩国《为履行自由贸易协定制定的对农民、渔民援助特别法》第 19 条。

的争端。虽然美国和韩国对农业贸易调整援助项目的拨款方式不同，援助对象和援助方式上都有很大差异，但是两国都采取了通过定期授权的方式给限定项目生效期限的做法，这与根据运行状况和实际需要不断修正援助方式的现实是密切相关的。

韩国的制度在借鉴了欧盟 EGF 的做法的同时，又有所创新，采用了基金运作的方式提供项目财力保障，又极尽所能发挥了基金的优势，极大地丰富了拓展资金来源的方式。应该说韩国的农业贸易调整援助既学习了美国、欧盟贸易调整援助的优点，又将其与本国实际紧密结合，创造出了极具特色的韩国模式。

第四节　社区贸易调整援助

一、美国独特的社区观念

社区 TAA 项目是美国贸易救济立法中所特有的援助机制，其他国家或地区并没有设立类似的援助项目或基金，而这一援助机制以美国联邦制体系下的社区观念为前提。1620 年，名为“五月花”的帆船载着 101 名乘客，经过 66 天海上漂泊后，于科德角的普洛文斯顿港抛锚，为了建立起各位均得受到约束的自治基础，乘客们在上岸前订立了《五月花号公约》，堪称美国历史上第一份政治性契约，这也被视为美利坚自治秩序与文明传统的开端。作为自治理念的核心，意味着权力并非自上而下赋予的，而是基于自愿的自我授权、自我治理。在美国社会短短的数百年间，这种自治理念可追溯至最基层的社区，通过几十个或上百个人形成一个社区的自治，到几个社区通过自愿联合产生县一级的自治，继而经由几个县的联合形成某一块殖民地的自治，构筑了自下而上的坚实政体，从法理上确立了每个殖民地的独立性。

根据美国《1974 年贸易法》第 2371 节，社区援助规范意义上的社区，是置身于美国联邦制背景下的特殊概念，包括了美国各州的政治分区、社区集团，使城市、农村、州政府下属的行政区域、州政府下属行政区内的财团均涵盖在内。相比于其他援助机制，社区 TAA 项目在 1974 年才进入立法者的视野，且其发展历程较为坎坷。1982 年，美国国会曾停止对该类援助项目的立法授权。在 2008 年金融危机后，考虑到美国经济遭遇损害，很多城市的支柱型企业受到重创，为抵御区域经济的衰退，社区援助项目得以重启，旨在通过联邦机构、州机构和地方性机构的通力合作，帮助受贸易冲击的社区进行经济调整。①

二、社区援助的启动条件及援助形式

（一）援助启动条件

社区 TAA 的启动条件是：有一组工人被劳工部长认定为具有受援助资格；有一个公司被商务部认定具有受援助资格；或有一组农产品生产者被农业部长认定具有受援助资格。若社区内自 2009 年 8 月 1 日起有一起或多起上述情况，则可在最后一次获得援助资格之日起 180 天内向商务部提出社区 TAA 资格认定申请；若上述情况发生在 2007 年 1 月 1 日至 2009 年 8 月 1 日之间，则应在 2010 年 2 月 1 日前提交申请。商务部长在收到相关劳工部、商务部或农业部的通知后，结合材料判定该社区是否具备资格。

在确定相关社区符合援助资格之日起 60 天内，商务部长应派代表前往社区所在的贸易影响区域，向社区官员和该区域内的其他居民通知相应的援助利益，并协助建立该社区的贸易影响区调整援助理事会。据此设立的理事会可向商务部长申请具体援助措施及相关建议。

（二）社区援助形式

对于社区援助，可以通过技术援助、社区大学及职业培训、发放产业

---

① See Dennis R. Becker et al., "Assessing the role of federal community assistance programs to develop biomass utilization capacity in the western United States", in Forest Policy and Economics, 2009, Vol. 11, Issue 2, pp. 141 – 148.

部门伙伴补贴的手段进行。商务部对获得援助资格的社区提供各种技术援助来帮助其识别受贸易冲击后经济发展的主要障碍，增强该社区的经济实力和经济多样性，同时制订战略计划帮助其调整经济状况，实现劳动力再就业。援助实施过程中，商务部需确保社区能够获得合适的技术援助，并组建“跨机构社区援助工作组”，商务部长或其指定人担任该工作组主席，有权要求任何联邦、州、地方部门或机构提供必要的协助。

获得资格的社区若计划建立社区大学或提供职业培训，可以申请资金援助，但联邦政府只承担不超过95%的费用，社区需承担其余的5%，且单个社区资金援助总金额不得超过5 000 000 美元。社区大学和职业培训由劳工部负责，提供培训的机构可申请资金补贴，若获得批准，则每家可获得不超过1 000 000 美元的补贴，但其所提供的培训项目周期应不超过两年。

自2009 年8 月1 日开始，劳工部长根据财政状况，对“产业部门伙伴”提供补贴。“产业部门伙伴”是指社区内自愿提供服务的公共或个人的公司、团体等，他们帮助受援助的产业或部门执行调整计划，从而增强实力，创造更多就业机会。获得补贴后，产业部门伙伴可以根据当前失业工人的教育、技能水平，对他们进行针对性培训；帮助社区内的企业，特别是中小企业增加生产率、减少员工流失；提供信息和外部资源帮助企业寻找合适的熟练工人。

此外，社区援助还包括根据1965 年《公共工程和经济开发法》向再开发地区提供了贷款保证计划及其他所有形式的援助计划。具言之，对私营贷款机构向私有借款人发放的，与贸易影响区有联系的下述目的的贷款有：①兼并、重组、分期付款、现代化、开发、转产资金，或土地、场地、建筑、设备或机器的扩充所需资金；②流动资金。部长有权根据贷款条件对该贷款提供保证，包括记录和审计要求及惩罚。由州或社区支付产生于贷款保证的部分债务的协议，对雇员股权计划公司的优惠等，亦可成为针对受助者的援助举措。为了从资金上切实保障社区调整的顺利开展，在财政部簿记内建立循环性基金的社区调整援助基金是法定的资本来源，部长有权在此基础上划拨执行贷款，以保证计划所必要的金额。

三、社区援助的实施程序

与企业 TAA、劳工 TAA、农业 TAA 相似，社区 TAA 项目的实施程序也区分援助资格认定与援助利益授予两个阶段。就援助资格认定而言，州的政治分区、社区集团或代表该社区的州长，可向商业部长提出调整援助资格证明的申请。在收到申请后，商业部长应立即在《联邦公报》上公布已收到的申请，并发起调查。如果申请人或者部长发现援助申请涉及其他主体的重大利益，则应当进行公开听证，并对利益方提供机会，使其得以出席听证，提供证据，陈述意见。如果商务部长确定涉案申请同时符合以下情况，则应该证明该社区具备援助资格：①社区所在的受贸易影响的区域内，重大数量或比例的工人已全部失业或受失业威胁；②区域内厂商或分厂的销售或生产已绝对下降；③区域内相同或直接竞争产品的进口增加重要地促成了前述失业或生产销售下降。其中，前两项标准主要是针对社区贸易损害的认定，第三项标准系针对进口增加与贸易损害之间的因果关系认定。所谓“重要促成”一词，特指重要的但并不必然比其他原因更重要的原因，其有别于“主要原因”的表述。为了保障援助程序的高效进行，商务部长在收到申请后，应在不迟于提交申请的 60 天内作出裁定，确认申请的社区或社区集团是否满足调整援助的具体要件。考虑到社区援助不可避免地与社区内劳工的援助项目存在功能重叠，商务部长在必要时须与劳工部长进行协商，从而确定受影响贸易区域的规模和边界。此外，当受到援助的社区完成自我调整取得恢复时，商务部长应该及时启动资格认定的退出机制，通过公告的方式终止相关社区的援助资格，从而保障物尽其用，使援助项目更高效地服务于存在迫切需求的相关主体。

美国社区调整援助项目的实施程序见图 3－3。

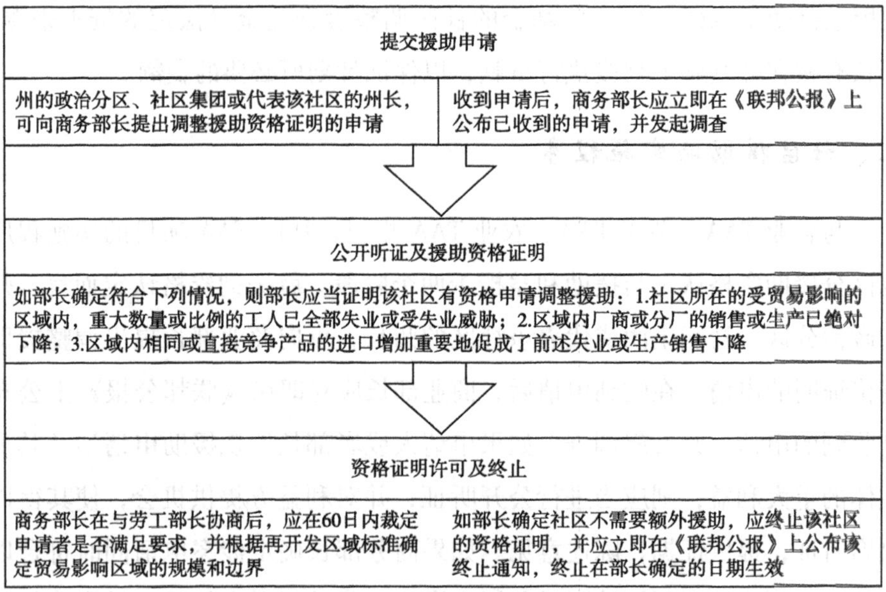

图 3－3　美国社区调整援助项目的实施程序

四、实施效果

社区 TAA 项目真正实施时间很短，相应数据缺乏，对其实施效果只能作出有限的分析。从获得援助情况分析，2009—2010 年的两年时间已经有 36 个社区获得了援助，援助金额高达 36 738 612 美元，创造了 6 586 个工作岗位，使得 1 892 个工作岗位得以保留。因为已有的数据不能对社区 TAA 项目的实施情况进行一个形象的展示，所以不能判定社区贸易调整的前景如何，虽然到 2010 年已经有那么多社区获得了援助，援助金额也还很多，但是那毕竟是金融危机过后不到两年的时间，这段时间，由于受到金融危机的影响，很多企业受到重创，因此需要政府给予一定的补偿。这个项目目前在美国本身发展得还不够成熟和完善，研究资料也比较有限，最新的数据无法获得，参考价值不大。

第四章 构建中国特色贸易调整援助制度的必要性与可行性

习近平总书记在 2017 年达沃斯论坛发表的《共担时代责任共促全球发展》演讲中指出，经济全球化使各类生产要素得以在全球范围内实现最佳的资源配置和经济流动，促进了世界经济繁荣发展。但近年来，各国保护主义渐兴、贸易壁垒盛行，使全球化进程受阻，2018 年备受关注的中美贸易争端即产生于美国总统特朗普执意采取单边措施、对中国商品大规模征税而引发的贸易摩擦的升级。我国正处于经济增长转型的结构变化期，国际贸易进出口总量从高速增长转向稳定增长，外部冲击的显著性和敏感性日益增强，对于外部市场依存度较高的产业，一旦国际进出口水平和供需状况发生剧烈波动，无疑将对我国企业的国际竞争力造成消极影响，引发收入下降乃至劳工失业。2019 年 2 月 16 日，习近平总书记在《求是》杂志刊发题为《加强党对全面依法治国的领导》的文章，其中指出，全球治理体系正处于调整变革的关键时期，我国不仅要积极参与国际规则的制定，而且要为国家经济利益的维护奠定坚实的国内法基础，由此方可胜任全球治理变革进程的参与者、推动者、引领者角色。

自由贸易为国家和社会带来广泛利益的同时，也给国内产业带来了巨大的调整成本，即进出口产品的竞争会引起国内资源的重新配置，企业减产、关停、转业乃至倒闭、工人失业、国内农产品滞销等各类社会问题接踵而至。贸易调整援助制度以其独有的特点在美国贸易救济体系中获得一席之地，并且引起了越来越多国家的重视，一些发达国家或地区如欧盟、加拿大、日本、韩国都建立了与本国国情相适应的贸易调整援助制度，一些发展中国家如墨西哥、印度、阿根廷、南非等也相继建立了类似的制度。加入 WTO 后，我国融入全球经济的速度越来越快，而我国的贸易救济制度，如反倾销、反补贴、保障措施、关税、关税配额、进口数量限制、进口许可证等一系列措施在全球竞争中是为了限制外国产品的进入，独独缺少促进国内产业积极调整的贸易调整援助制度。在上述背景下，平衡自由贸易与公平贸易的关系，制定贸易调整援助的国内立法，从制度上对我国受到国际贸易损害的行业、企业、工人、农民提供支持与援助，将有效缓和经济全球化引发的负面影响，对构建公正合理的国际经贸法律秩序亦具有关键意义。从实施效果来看，贸易调整援助与传统的贸易救济措施并不冲突，而是相互补充。具言之，贸易救济制度可以为国内产业争取时间，而贸易调整援助制度不仅为国内产业调整提供了帮助，而且一定程度上缓和了国内产业的关税、配额或其他贸易限制措施的救济需求。那么贸易调整援助制度是否真的符合我国经济发展的应然需求，在我国国情下是否又应然可行呢？本章旨在从必要性、可行性两个角度探讨贸易调整援助制度在中国的“落地”问题。

第一节　构建中国特色贸易调整援助制度的必要性

一、中国构建贸易调整援助制度的紧迫性

（一）进口贸易对中国经济的快速发展具有重要推动作用

我国于 2001 年加入 WTO，做出了对进口关税进行减让的承诺。关税

减让具有不可逆性，一经承诺，除非援引 WTO 规定的程序或例外，不得终止，且在任何情况下不允许撤回，由此进口贸易迅速增加，国家进出口经济发展一度飙升，对我国经济发展起到了巨大的推动作用。但自由贸易总有“赢家”与“输家”，双刃剑的另一面就是自由贸易带给我国的产业冲击与就业影响，近几年中美贸易摩擦的升级让我国深深意识到了我国目前现有的法律制度对因进口导致的失业工人和工人大量失业的企业无法实施有效的救济。我国构建符合中国特色的贸易调整援助制度迫在眉睫。

长期以来，我国一直实行“奖出限进”的国际贸易政策，对出口实行鼓励政策，而对进口贸易进行多种限制，极易造成进出口贸易政策的偏颇。然而近年来，进口贸易对我国经济持续快速健康发展的重要性越来越被重视，进口对我国生产的正向拉动作用受到各界的关注。据统计，我国进口贸易总额每增加 1 亿美元，GDP 平均增加 5.25 亿美元；出口贸易总额每增加 1 亿美元，GDP 平均增加 4.35 亿美元，可见进口比出口更能带动经济增长。再从进、出口之间的相关关系看，我国进口每增加 1 亿美元，就能使出口平均增加 1.2 亿美元。[①] 经济全球化对中国经济发展的推力令人瞩目：就微观层面来看，消费产品的进口大大改善了我国居民的消费结构，提高了消费水平；资源产品的进口解决了我国庞大的经济体快速发展的瓶颈，优化了我国出口产品的结构；先进技术、设备和高档消费品的进口扩大，快速提高了国内高新技术产业的技术含量和技术水平，加速推动了传统产业向高新技术产业转移，为经济的快速发展提供了强大的助推力。

2001 年 12 月 11 日，中国正式加入世界贸易组织，成为其第 143 个成员。根据 WTO 的一系列协议以及《中国入世议定书》《中国工作组报告》等文件，中国承诺降低关税并逐步取消进口贸易壁垒，从而对进口贸易起

---

① 严先博：《进口对投资与消费正引导作用加大》，http：//bank. hexun. com/2008 - 06 - 05/106466923. html，最后访问日期：2019 年 10 月 6 日。

到极大的促进作用。但与此同时，进口贸易规模的急剧扩大和贸易额的大幅增加对国内产业造成的竞争与冲击逐步凸显出来，贸易自由化的弊端也逐步得以暴露。自由贸易如同一把“双刃剑”，其不可避免地将不同的利益群体区分为“赢家”与“输家”，进口关税的大幅度降低甚至零关税政策，对国内众多的同类竞争产业造成了不同程度的冲击。

入世以来进口贸易自由化引致的国内产业安全问题日益突出，根据商务部产业损害调查局于2007年形成的《关于加入世贸组织以来中国产业安全状况的评估报告》和若干个分行业报告的相关内容，中国经济成功应对了入世过渡期的各类挑战，各行业产业安全状况总体得到改善和提高，特别是工业产业结构进一步优化，竞争优势明显增强。[①] 同时，随着中国加入WTO过渡期的结束与开放型经济的进一步发展，中国产业与国际经济的联系更加紧密，面临的进口竞争日趋激烈。2010年中国履行WTO承诺，进一步下调进口关税，进口竞争对产业安全造成的负面影响将日益突出，钢铁、化工等国内同类行业遭受损害的问题也将凸现；农产品贸易自由化对国内市场的冲击将逐步加大；服务业的进口竞争压力将给国内服务企业或产业的生存发展带来新的调整，服务业方面的产业安全问题将日趋突出。这一状况在钢铁产业与食糖产业方面体现得尤其明显。

就钢铁产业而言，自2002年以来，国际社会就刮起了限制钢材进口的风潮，各国通过反倾销、反补贴等措施限制钢材进口。而我国在加入WTO后又大幅度降低了钢材进口关税和取消钢材进口限量登记等非关税措施，从而使一些钢材出口国的大量低价钢材涌入国内，对国内钢铁产业形成巨大冲击。直至2018年3月8日，美国总统特朗普签署公告，认定进口钢铁和铝产品威胁美国国家安全，决定于3月23日起，对进口钢铁和铝产品全面征税（即232措施），税率分别为25%和10%。受321措施影响美国钢材进口激

① 陈利强、屠新泉：《美国贸易调整援助制度的性质探究》，《法治研究》2013年第6期。

增，2018年3月中国钢材进口量为123.4万吨，同比下降5.1%[①]，就业人数持续下降；生产能力、产量近期有所下降；销售量、市场份额增长趋缓；销售价格明显下降，销售收入近期出现下降趋势，税前利润近期明显下降。

就食糖产业而言，我国的食糖产值和产量仅次于粮食、油料和棉花，作为我国举足轻重的农产品，其对促进中国经济发展起着巨大作用。近年来，我国食糖消费量不断增加，2018年我国食糖消费量达1 520万吨，人均消费量约10.9千克，约为世界平均水平的50%。然而，“先天不足”与进口冲击的同时存在，使我国的食糖产业遭遇重创。一方面，我国甘蔗主产区主要为丘陵红壤旱地，土壤贫瘠，降雨量不均，以散户经营为主，规模小自然条件差也制约了机械化水平的提高。加之我国劳动力工资、土地租金快速上涨，糖料蔗生产成本不断抬升，我国食糖产业基础竞争力不断下降。另一方面，受国内需求驱动和国际糖价低迷影响，我国食糖大量进口，2011年进口292万吨，超过我国食糖194.5万吨的进口关税配额。随后进口持续高位，受进口激增影响，国内食糖产业遭受重创，连续4个榨季亏损。

在这种情况下，中国糖业协会自2014年适时发起了原糖进口加工行业自律，并推动政府部门将进口关税配额外事糖纳入自动进口许可管理，形成了“行业自律+政府管控”相结合的全新管控原糖进口模式。及时遏制食糖超量、无序进口对国内产业的冲击，保障在现有市场条件下，原糖进口“按需、有序、平稳、可控”。

2016年7月27日，广西糖业协会代表国内食糖产业向商务部提交申请书，请求对进口食糖进行保障措施调查。2016年9月22日，我国商务部发布第46号公告，启动对进口食糖进行保障措施的立案调查。[②] 立案

① 中商情报网：《中美贸易战：美国钢材进口激增中国钢材进出口情况如何?》https：//baijiahao. baidu. com/s? id = 1597955557720635776&wfr = spider&for = pc，最后访问日期：2018年12月8日。

② 商务部贸易救济调查局：《商务部公告2016年第46号关于对进口食糖进行保障措施立案调查的公告》，http：//www. mofcom. gov. cn/article/b/c/201609/20160901398588. shtml，最后访问日期：2019年9月29日。

后，商务部严格按照中国法律法规和世贸组织相关规则进行调查。鉴于本案情况较为特殊和复杂，商务部于2017年3月17日发布延长调查期限的公告，经进一步调查，做出终裁决定：认定在调查期内被调查产品进口数量增加，中国国内食糖产业受到了严重损害，且进口产品数量增加与严重损害之间存在因果关系。根据商务部建议，国务院关税税则委员会决定自2017年5月22日起对进口食糖产品实施保障措施。保障措施采取对关税配额外进口食糖征收保障措施关税的方式，实施期限为3年且实施期间措施逐步放宽，自2017年5月22日至2018年5月21日税率为45%，2018年5月22日至2019年5月21日税率为40%，2019年5月22日至2020年5月21日税率为35%。① 2017年5月22日，商务部发布第26号公告，正式对进口食糖采取为期3年的保障措施。② 这客观上为连续亏损的制糖行业赢得喘息机会，稳定了农民的种植积极性和效益，给我国糖业升级转型创造空间。

食糖保障措施是我国2001年加入世界贸易组织（WTO）以来发起的首例涉农保障措施案件，也是我国涉农产业依法、依规合理运用国际规则保护国内行业利益的一次积极尝试，基本达到了以时间换空间，促进产业转型升级的立案初衷，同时也为保障老少边穷地区数千万糖农的生计、打赢脱贫攻坚战、实现全面小康做出了积极贡献。在保障措施实施期间，探讨食糖产业的发展思路十分重要，而贸易调整援助恰恰为国内糖业的可持续发展、提升中国糖业的国际竞争力提供了有效的政策支持。

上述产业或行业不过是我国遭受进口贸易冲击的冰山一角，但进口贸易的冲击力度和对国内产业的破坏力度可见一斑，如不及时采取救助措施，我国相关产业将很可能因进口产品之“不可承受之重”而陷入泥淖，举步维艰。因此，中国必须学习、借鉴国外贸易调整援助制度，构建中国特色贸易

---

① 商务部：《商务部公布对进口食糖保障措施调查终裁决定》，http：//www. gov. cn/xinwen/2017－05/22/con－tent_ 5195869. htm，最后访问日期：2019年9月29日。

② 商务部贸易救济调查局：《商务部公告2017年第26号关于对进口食糖采取保障措施的公告》，http：//www. mofcom. gov. cn/article/b/c/201705/20170502579130. shtml，最后访问日期：2019年9月29日。

调整援助制度，有效应对产业正在或将要面临的经济损害或结构调整问题。

（二）应对当前中美贸易战的迫切需求

20 世纪 90 年代，美国曾三次对中国进行“特别 301 调查”，分别是 1991 年、1994 年和 1996 年。入世之后，2010 年 10 月，美国贸易代表办公室宣布，应美国钢铁工人联合会申请，将按照《美国贸易法》第 301 条款，对中国政府所制定的一系列新能源政策和措施展开调查。2018 年 7 月 16 日，美国将中国诉诸世贸组织争端解决机制，指称中国政府针对美钢铝 232 措施实施的应对措施不符合世贸组织的有关规则。中国“入世”以来，随着中美两国经济贸易关系的发展，贸易摩擦愈演愈烈，美国成为与中国发生贸易摩擦最多、最激烈的国家。2003—2005 年年末，美国单方面挑起的一系列摩擦给中美贸易关系蒙上了浓重的阴影，2018 年的美钢铝事件掀起了“中美贸易战”的核心浪潮。

截至 2017 年上半年，按照 WTO 统计口径，我国实施贸易救济措施 261 起，其中反倾销 250 起，反补贴 9 起，保障措施 2 起。采取贸易救济措施为我国国内产业创造了公平的贸易环境和发展空间。但是，我国面临的 WTO 其他成员诉讼案件也不断增多。中国入世以来至 2017 年上半年，在 WTO 争端解决机制下被诉案件达到 39 起，其中涉及《补贴与反补贴措施协定》的 16 起；主要涉及汽车及汽车零部件；关税减免、退税、补贴、贷款、其他鼓励措施；取向电工钢；风力发电设备；白羽肉鸡；纺织品服装示范基地项目。截至 2017 年上半年，我国以第三方身份参与 WTO 争端案件程序的共计 140 起，其中涉及《补贴与反补贴措施协定》的案件 28 起。[①] 此外，贸易救济制度对社会福利的影响，对下游产业的负面影响，以及引起的贸易转移的问题也越来越引起重视。

中美贸易间的摩擦，是中美经济关系中的重要问题。贸易争端的产生主要有两部分原因：一是中国具有比较优势的出口领域；二是中国没有优

① 于洋：《美国对企业贸易调整援助的效果分析及启示》，《中国经贸导刊》2018 年第 2 期。

势的进口和技术知识领域。我国的劳动密集型产业偏多，对于进口市场毫无竞争力，赵瑾曾提出引起中美双方贸易摩擦的原因和类型中，因一方某些进口激增或者进口限制引起的微观经济摩擦与双方贸易不平衡导致的宏观经济摩擦是占据前两位的主要因素。因此贸易调整援助制度应对中美贸易战的迫切需求，可以弥补现有贸易救济制度的不足。贸易调整援助制度并不是针对进口产品征收的特别关税来限制进口，不会影响社会福利；针对企业的贸易调整援助主要是帮助企业恢复竞争力，不会引起贸易转移的发生，也不会对下游产业造成负面影响。中美贸易战中的进口竞争力问题迎刃而解，在贸易调整援助制度的调整下，我国密集型产业将向技术性产业靠拢并达到缓和中美贸易摩擦的目的。

二、我国企业面临严峻的国际进出口形势

（一）广泛签署自贸协定扩大进出口

随着中国对外贸易迅猛、强劲而快速地发展，中国企业面临的进出口贸易格局发生了深刻的变革，对外贸易结构也在不断地进行升级和调整。总体而言，中国对外贸易的发展可分为改革开放前、改革开放至中国“入世”以及“入世”至今三个阶段。在改革开放前，我国的经济基础薄弱，进出口贸易发展迟缓，规模相对较小，领域比较窄，进口主要以生活必需品为主；在改革开放到“入世”期间，我国的对外开放政策极大地促进了进出口贸易的发展，出口由初级产品向制成品转变，对外贸易迅速发展，进出口产品结构改变明显；“入世”至今，中国进出口商品中工业制成品进出口一直保持着很高的水平，中国出口市场主要集中在发达国家，并逐步由集中化向多元化发展，中国与周边新兴国家的贸易往来日益密切。[①] 从长远来看，“一带一路”建设的不断推进，意味着我国进出口贸易的规模与数量仍将大幅增长，我国的企业既面临着更加严峻的进口产品竞争，也面

① 曹欣欣、程钰：《中国进出口贸易格局演变研究》，《现代商贸工业》2017 年第 28 期。

临着中国产品“走出去”与他国进行竞争的问题，是否具备高水平的国际竞争力，无疑将对整个国民经济的健康、持续、快速发展起到重要作用。

党的十八大提出我国要加快实施自由贸易区战略，加强双边、多边经贸合作。自由贸易区建设，是我国顺应全球化、区域化潮流，以扩大对外开放促改革、促发展、促创新、促共赢的战略举措。根据世界贸易组织的统计，截至2015年1月，签订并生效的区域贸易协定达到398个，绝大多数是近10年出现的，其中自贸协定约占90%多。目前，欧盟自贸区伙伴国达到69个，韩国达到48个，美国为20个，我国为22个。无论在数量还是质量上，自贸区都呈现快速发展趋势。

近年来，因多边贸易体制遇阻，签署双边或区域自贸协定的国家正越来越多。仅2018年以来，全球范围内就有CPTPP、欧日EPA等一系列超大自贸协定签署。这些大型自贸协定已经不仅仅是为提振成员之间贸易增长而设，更多带有争夺国际经贸规则制定权的考虑。在此情况下，加快实施自由贸易区战略，构建高标准自贸区网络，不仅是短期内促进市场多元化、推动贸易稳定增长的题中应有之义，也是中国在新一轮国际竞争中掌握主动的必然要求。21世纪以来，中国对外商签自贸协定的数量和速度不断突破。截至2020年1月，中国已与25个国家和地区达成了17个自贸协定，自贸伙伴遍及欧洲、亚洲、大洋洲、南美洲和非洲。[①] 与此同时，中国正与27个国家进行新自贸协定的谈判。[②] 贸易自由化的加剧在给我国市场带来新鲜活力的同时，也给竞争力不强的中小民营企业敲响了警钟。自

---

① 2019年10月，中国商务部部长钟山与毛里求斯驻华大使李淼光代表两国政府在北京签署《中华人民共和国政府和毛里求斯共和国政府自由贸易协定》，该协定是我国商签的第17个自贸协定，也是我与非洲国家商签的第一个自贸协定。http：//tradeinservices. mofcom. gov. cn/article/news/ywdt/201910/92493. html，最后访问日期：2020年2月7日。

② 其中，2005年11月，智利成为第一个同中国签署自由贸易协定的拉美国家；2008年4月，中国与新西兰签署自贸协定，这是中国与发达国家签署的第一个自贸协定，也是中国签署的第一个涵盖货物贸易、服务贸易、投资等诸多领域的全面自由贸易协定；2010年1月1日，中国—东盟自贸区全面建成，这是中国与其他国家和地区建成的最大自贸区。

由贸易协定战略全面实施以来，外国对我国的进口迅速扩张，在很大程度上对我国国内相关产业造成更大的竞争压力，外国产品强劲的竞争力有利于在我国部分市场上形成竞争优势，对我国产业可能造成的负面影响亦不容忽视。

我国经济拥有强大的韧性、潜力和回旋的空间，这种韧性在外贸领域是同样具备的。我们是全球最大的制造业国家，拥有完备的工业体系。我们有220多种工业品产量居世界首位，国内产业为外贸发展提供了强有力的支撑。我们有数量庞大的外贸企业，去年有进出口实绩的，就是有实际进出口活动的外贸企业，达到了49.9万家。尤其是生产经营更加灵活的民营企业，释放出更强的外贸发展活力。不过，对于贸易自由化带来的进口竞争冲击、中美经贸摩擦引发的对外出口壁垒，如果不能因时制宜地采取合适的应对策略，无疑将对我国的外贸发展形成消极影响。对企业而言，应适时采取多元化的国际战略以减少贸易摩擦所带来的负面影响，增强自身生存能力。[①] 与此同时，对于政策制定者而言，出台贸易调整援助等政策工具，有助于降低企业国际贸易风险，为受损企业提供有效的“定心丸”，从而实现贸易救济的全面覆盖，打消其顾虑、增进其信心。

（二）国务院不断推出“稳外贸”政策组合拳

当下，与中国签署自贸协定的经济体以发展中国家和新兴经济体居多，这使得自贸协定对中国外贸的提振作用相对有限。目前，中国外贸进出口总值的40%以上都是由民营企业贡献的，而民营企业又连着千家万户。作为拉动经济增长的“三驾马车”之一，外贸能否持续健康发展，直接关系到就业和民生，关系到整体经济运行，也关系到外界对中国经济的评价和信心。在外贸发展遇到多重困境之际，加大稳外贸力度恰逢其时。

① 王泽宇、殷建瓴、张利庠：《中美贸易摩擦对企业退出国际贸易市场的影响》，《首都经济贸易大学学报》2019年第2期。

2019 年 10 月，商务部部长钟山发布《国务院关于加快外贸转型升级推进贸易高质量发展工作情况的报告》（要览见表 4－1），其中提出：要推动与世界重要经济体商建自由贸易区进程。这意味着，今后我国将在中日韩自贸协定、中欧投资协定谈判进程中发力，并在谈判过程中采取更加积极的姿态。报告中指出，要加大适应国内需求的农产品、日用消费品和设备、零部件等进口，培育一批进口贸易促进创新示范区。受中美贸易战影响，2019 年以来，与出口相比，中国进口相对低迷。加大国内有需求的农产品、日用消费品和设备、零部件等进口，既能满足民众提高生活质量的要求，又能推动国内产业转型升级，还可以提振外贸增长，收到“一石三鸟”效果。中国持续增加进口，将带动相关国家仓储、运输、加工等整条产业链的发展进步，相当于点着了这些国家经济增长的引擎，这反过来也有助于中国外贸和经济实现更大发展。但与此同时，进口的增长无疑将加剧国内企业的竞争，借此机遇引入贸易调整援助立法，从政策角度做好防范和救济，颇为必要。

表 4－1　《国务院关于加快外贸转型升级推进贸易高质量发展工作情况的报告》要览

<table>
<tr><th>相关方面</th><th colspan="3">主要内容</th></tr>
<tr><td>我国对外贸易基本情况</td><td colspan="3">贸易规模快速增长；贸易结构不断优化（国际市场布局更加多元、国内区域布局更加均衡、商品结构持续优化、各经营主体共同发展、贸易方式进一步优化）；有力推动国民经济和社会发展；更好促进与世界经济的融合</td></tr>
<tr><td>外贸工作进展情况</td><td>加强贸易高质量发展战略谋划：商务部会同相关部委形成《关于推进贸易高质量发展的指导意见》</td><td>加快培育外贸竞争新优势：积极主动扩大进口；促进加工贸易创新发展；加快培育贸易新业态新模式；促进服务贸易创新发展</td><td>营造法治化国际化便利化贸易环境（建设自贸试验区、探索建设自由贸易港、深化外贸管理体制改革）；积极开展多双边经贸合作（加快自由贸易区建设、积极参与世贸组织改革、推进“一带一路”建设）；加大财税金融政策支持</td></tr>
<tr><td>存在的困难和问题</td><td colspan="3">世界贸易增长不确定性增大；国际经贸规则面临重构；新的竞争优势尚未形成；参与国际规则制定的能力有待提升；营商环境有待进一步改善</td></tr>
</table>

续表

相关方面	主要内容			
下一步重点工作	确保外贸稳中提质：建立推动贸易高质量发展部际工作机制，整体推进贸易高质量发展全局性工作，加强政策储备，积极应对中美经贸摩擦	积极扩大进口：扩大进口空间，优化进口结构，鼓励国内有需求的资源性产品进口，促进研发设计、节能环保、环境服务等生产性服务进口	进一步优化国际市场布局，促进贸易新业态发展，大力发展服务贸易	深入推进“一带一路”建设，加快推进自由贸易试验区和自由贸易港建设，统筹开展多双边合作，切实改善营商环境，进一步加大政策支持

（三）推进《中美经贸协议》进一步扩大进口

2020年1月15日，在平等自愿和相互尊重的基础上，中美双方在华盛顿正式签署第一阶段经贸协议。协议文本包括序言、知识产权、技术转让、食品和农产品、金融服务、汇率和透明度、扩大贸易、双边评估和争端解决、最终条款九个章节。双方一致同意：美方将履行分阶段取消对华产品加征关税的相关承诺，实现加征关税由升到降的转变；中方将扩大自美农产品、能源产品、工业制成品、服务产品进口，未来两年的进口规模，要在2017年基数上增加不少于2 000亿美元；在农业方面，中方将增加对美国乳品、牛肉、大豆、水产品、水果、饲料、宠物食品等农产品进口，今后两年平均进口规模为400亿美元。根据该协议，扩大自美进口规模符合我国既定方针和现实所需，将由中国企业和消费者根据市场原则自愿购买，政府不会为实现这一规模而采取行政指令、财政补贴等方式。从比较优势角度看，中美双边贸易具有很强的互补性。事实上，中方从不刻意追求贸易顺差，始终追求自由贸易，坚持通过扩大进口实现外贸平衡发展。连续举办进博会、大幅度降低部分进口商品关税已经充分说明，扩大进口是中方的既定方针和一贯的工作方向。一方面，扩大进口符合经济规律，与美国相比，中国在制造业、服务业、农业等领域尚有差距，扩大自美进口有利于更好满足人民日益增长的美好生活需要，以竞争倒逼国内企业提升创新能力和经营效率，推动产业转型升级。增加自美能源进口，将有助于我国实现能源进口多元化，保障能源供给安全。而且双方将基于市场价格和商业考虑开展采购活动。与此同时，扩大自美进口有利于优化资源配置、调整产业结构、适应消费需求、促进中国经济高质量发展。但与此同时，从短期来看，扩大对外开放、增加进口不可避免地会对中国产业产生冲击，挤占中国企业的市场空间。对此，必须提供一定的贸易平衡与损害救济，因此贸易调整援助的设置具有必要性。

在我国进出口结构转变以及加快自由贸易区建设的双重影响下，我国企业必将面临比加入WTO时更加严峻的进口竞争，部分行业、企业将会成为新的自由贸易的“失败者”，我国面临的调整成本、社会压力会比较大。失败的企业必将面临调整，如果其调整成功，那么就可以重新参与全球竞争，此时政府作为社会福利的再分配者，应当对企业的调整进行援助，实现自由贸易福利的转移。否则，如果进口竞争的情况持续下去，我国受损行业、企业团体、工人团体中的贸易保护势力将会阻碍我国贸易自由化进程。贸易调整援助制度能够缓和贸易自由化和保护主义的矛盾，在向受损害的企业和工人提供援助的同时，缓和了对增加关税、配额或其他贸易限制措施的救济需求，巩固自由贸易的成果。因此，我国可以考虑引入贸易调整援助制度作为我国贸易自由化政策的有效补充，完善中国对外贸易法治。

三、贸易调整援助有助于完善贸易救济体系

（一）我国贸易救济措施无法有效打破自由贸易僵局

我国于1994年通过了《中华人民共和国对外贸易法》，该法首次引入了“反倾销、反补贴、保障措施”等贸易救济相关概念，同时针对国外歧视性条款做了相关救济规定。对外贸易法的颁布，标志着我国对外贸易法律制度的正式确立，填补了国际贸易领域的法律空白。国务院于1997年

出台了《中华人民共和国反倾销和反补贴条例》，标志着我国贸易救济制度的正式确立。为了适应“入世”的需要，国务院在2001年重新制定了《中华人民共和国反补贴条例》和《中华人民共和国保障措施条例》。通过一系列法律法规的制定，我国贸易救济法律制度从无到有，从起步到较为成熟，从学习借鉴他人经验到自成一体的变化，展示出我国在国际贸易领域中不断成长、逐渐熟悉WTO规则以及其他国际贸易规则的过程。随着我国对外贸易的迅速发展和国际贸易形势的急剧变化，现行的贸易政策不足以维护我国的经济安全和市场秩序的稳定，因此我国在2004年对《对外贸易法》进行了修订，同时对相关法规及规章也进行了相应的修改。从以上我国《对外贸易法》及相关法规规章的制定和修改过程可以看出，我国贸易救济制度是以WTO规则为前提，以2004年《对外贸易法》为基础，对已有的制度进行改造和扩充以适应不断变化的国际贸易形势，并且引入第三国倾销、反规避、服务贸易领域的紧急措施以及针对贸易转移的特殊保护措施等贸易救济条款。在不到20年的时间里我国贸易救济制度逐步建立和完善，并且各项工作都取得了长足进展，但我们应该认识到我国的贸易救济制度与欧美等国家相比还存在很大的差距，我国对贸易救济措施的利用程度在逐渐提高，但对我国产业的保护力度还远远不足。

与美国和欧盟的贸易救济法相比，我国贸易救济法尚未建立贸易调整援助相关制度。虽然传统贸易救济措施在一定时期也能有效地帮助受害企业或工人充分阻隔相关进口产品的竞争，为其争取调整重振的机会。但是传统贸易救济措施也有自身的局限性，主要表现在两个方面：第一，反倾销、反补贴和保障措施的适用对象范围特殊，只能针对特定时期特定产品；第二，其适用限制条件严格，保护期限十分短暂，无法从真正意义上激励国内企业或工人主动提高自身竞争力，甚至会导致国内企业对进口限制措施产生过分依赖性，降低其积极调整的主动性。我国应革新贸易救济理念，将进口竞争对企业或工人的不利影响作为出发点，通过收入补贴、职业培训、技术支持等多种手段对他们进行激励或调整。更为重要的是，这些援助措施立足于国内，在配合传统贸易救济措施效果的基础上，能够更好地实现一国或地区企业国际竞争力的提升。我国要建立完善的贸易救济法律体系，就必须引进贸易调整援助制度。

从我国对外经贸发展过程不难看出，我国具有明显比较优势和较强国际竞争力的行业和产品，已经逐渐成为其他 WTO 缔约方采取反倾销和保障措施的众矢之的，并且这种现象近年来有增无减，中国面临的经贸摩擦正呈高发态势。[①] 根据中国贸易救济信息网的统计，自 2016 年 1 月至 2020 年 2 月，中国产品在境外遭遇的“两反一保”调查案件多达 414 起，其中在 2016 年共 124 起，2017 年共 76 起，2018 年共 106 起，2019 年共 99 起，2020 年 1 月至 2 月共 9 起。自加入 WTO 以来，中国也对外国进口发起了 308 起“两反一保”调查。在这些进出口贸易救济调查案件中，以反倾销运用得最为频繁，保障措施次之，反补贴案件相对较少。[②] 2016 年，我国的钢铁产品陷入全球围剿的不利局面。其中，中国国际贸易促进委员会承担了应对我国钢铁贸易摩擦的过半任务，组织应对的钢铁案件共有 14 起，涉案金额约 31 亿美元，其中包括美国不锈钢双反案、加拿大钢构件双反案、印度彩涂板反倾销案件、泰国焊缝钢管反倾销案、越南镀锌钢板反倾销案、南非轧扁钢保障措施等。截至目前，反倾销仍然是最主要的贸易救济措施，就我国的具体情况而言，我国仍然是贸易救济措施的最大受损国，被其他国家反倾销次数最多。可喜的变化是，我国提起或发起的反倾销次数已经接近欧盟和美国的水平。当然，发起贸易救济调查的次数多寡并不代表运行机制的先进性，我国的反倾销和反补贴相对欧盟和美国还有不小差距，如法律法规有待于细化和完善、工作体系有待于加强以及社会

① 佟家栋等：《与贸易救济措施相关的争端解决机制研究》，首都经济贸易大学出版社，2006 年版，第 303 页。

② http：//cacs. mofcom. gov. cn/cacscms/view/notice/jkdc，最后访问日期：2020 年 2 月 9 日。

认知度不够等。一些学者提出了进一步完善立法，完善调查、预警、跟踪机制，加强专业化人才培养等建议。同时，高频运用贸易救济措施并不必然意味着贸易救济能实现高效目标。在反倾销赢得的保护期内，如何提升企业竞争力是关键议题，否则，在贸易救济措施到期后，国内产业仍然将会面临强劲的国际竞争。我国贸易救济制度的功能应当定位为维护公平贸易，提升企业竞争力，而后者是关键。国际分工与产业转移是经济全球化的必然结果，但我们要淘汰的是高能耗、高污染的落后产业，对于处在初创期、成长期的健康产业，国家应当给予必要的援助。①

作为信息公开和保障公共资讯透明度的重要渠道，中国贸易救济信息网不仅公开列明了我国开展进口调查和遭遇出口应诉的具体案例，而且设置了预警监测平台，以专栏的方式展现了国际贸易壁垒的动态信息。通过关注已经公布的信息可知，相比于反倾销、反补贴，保障措施作为应急手段，使用的机会很少。在我国现有的"两反一保"救济体系中，主要是反倾销和反补贴在发挥贸易救济作用，保障措施则很少被运用，这在欧美国家亦不例外。截至目前，我国只运用过两次保障措施，即针对钢铁产品进口及食糖产品进口的保障措施。就钢铁保障措施而言，在证明出现了不可预见的发展时，我国政府主要适用了如下两项理由：第一，2001 年 7 月份美国国际贸易委员会发起了钢铁产品保障措施调查，2002 年 3 月 5 日美国宣布对进口钢铁产品采取保障措施，并已于 2002 年 3 月 20 日正式实施，这些措施进一步阻碍了美国钢铁产品的进口。近年来美国对进口钢铁产品不断采取的贸易措施使美国在 1998—2001 年间的钢铁进口减少了 33%。第二，欧盟于 2002 年 3 月 27 口宣布并于 3 月 29 日正式对进口钢铁产品实施临时保障措施。对此，我国的论证逻辑是，由于美国和欧盟实施保障措施，两个国家钢铁产品进口的减少导致中国钢铁产品进口的增加，而美国

① 伍俊颖：《我国"贸易调整援助制度"的必要性与可行性分析》，《中国商论》2019 年第 14 期。

和欧盟采取保障措施我国是不能预见的。美国“2001 钢铁保障措施案”，因为没有证明“不可预见的发展”被 WTO 专家组和上诉机构推翻。由于 WTO 规则对于不可预见性的要求，使得保障措施难以救济单纯因为产品数量增加造成严重损害或严重损害威胁的产业。反观吸收保障措施理念的企业贸易调整援助制度却能够有效在美国发挥作用，借鉴美国的贸易调整援助制度，可以丰富我国的贸易救济体系，通过对外和对内的综合手段实现对企业的有效援助。

现行贸易救济措施对解决经济损害（产业损害）问题会产生一定的效果，但中国缺乏一个系统的贸易调整政策以积极应对因贸易自由化而产生的产业结构调整问题。加入 WTO 后，中国根据 WTO 规则积极构建贸易救济法律体系，同时组建了专门的贸易救济调查机构，依法、公正、合理地实施贸易救济措施，维护了国内公平贸易秩序，对维护产业安全发挥了重要作用。但是，与美国等发达经济体相比，中国运用“两反一保”，为进口竞争产业提供救济的频率或次数严重不足，尤其在 2009 年前，反补贴措施和保障措施甚至面临“救济失灵”的困境。值得一提的是，实施反倾销措施使中国涉案产品的进口贸易量在指控对象国和非指控对象国之间发生了“贸易转移”，同时可能会招致更多的贸易摩擦，从而在一定程度上影响双边贸易关系的健康发展。此外，保障措施本质上是一种消极的“关税调整”，对国外进口产品实施保障措施从根本上无助于促进产业结构调整以及提升传统产业或新兴产业的国际竞争力。由于缺乏一个系统的贸易调整政策，迄今为止中国还没有一项行之有效的制度以解决因贸易自由化而产生的结构调整问题。借鉴国外贸易调整援助法律和实践经验，积极探索建立我国贸易调整援助制度，可以解决现有的贸易保障僵局，有利于防范和化解市场开放带来的国际经济风险，有利于我国产业结构调整和竞争力的提高，有利于保障国民经济的健康发展。

（二）贸易调整援助可有效应对贸易自由化的不利影响

贸易调整援助制度试图通过实施积极的援助措施，消除贸易自由化对工人、企业和农产品生产者所造成的不利影响，促使其通过自身调节而提高国际竞争力，可以说，贸易调整援助制度是贸易自由化的必然选择。

纵观自由贸易发展历程可以发现，不管在哪一个历史阶段，始终是贸易自由主义和贸易保护主义之间此消彼长、相互妥协的过程。长期以来，关税政策和贸易政策在很大程度上都是由贸易保护利益集团的政治压力所决定的。① 随着经济全球化的纵深发展，政府在推行贸易自由化的同时，伴随着进口竞争的不断加剧与生产转移，国际竞争力的变化势必会给国内或地区的一些进口竞争型企业、工人以及农产品生产者带来不利影响。因此，需要对进口型产业进行结构调整，为这些遭受对外贸易不利影响的企业、工人以及农产品生产者提供援助，补偿他们在国际自由贸易中遭受的损失。如果政府不能够对这些企业、工人以及农产品生产者提供相关援助或补偿，那么他们就会选择抵制自由贸易政策的继续推行，转而投向贸易保护主义的怀抱。政府如果想要继续推行自由贸易政策，就必须补偿那些因贸易自由化而遭受经济损害的企业、工人以及农产品生产者，以争取更多的利益团体支持自由贸易政策的推行。

自从 GATT1947 开启多边贸易谈判以来，各主要发达国家相继制定了“两反一保”措施，在为国内企业、工人以及农产品生产者提供贸易保护的同时，也建立起贸易调整援助相关制度，帮助因贸易自由化冲击而遭受损失的企业、工人以及农产品生产者恢复竞争力，重新参与国际竞争。纵观美国和欧盟的贸易政策的制定和发展历程可以看出，完善的贸易体制是正确的贸易政策制定的保障，制度的不断创新是推行自由贸易政策的关键，贸易调整援助制度的产生，就是顺应自由贸易的需要。自从 1962 年美国吸收欧洲的“调整援助”概念而在本国建立起贸易调整援助制度并成功实施以来，欧盟、加拿大、日本和韩国等国也在参与全球化自由贸易竞

① ［德］E. U. 彼得斯曼：《国际经济法的宪法功能与宪法问题》，何志鹏、孙璐、王彦志译，高等教育出版社 2004 年版，第 203 页。

争中，逐步建立并完善相关制度。[①]

（三）维护本国或本地区经济的安全与稳定

随着关税大幅度削减，贸易自由化加速发展，美国和欧盟的贸易调整压力与日俱增，贸易保护主义不断抬头。基于“自行车理论”，贸易自由化只能始终保持前行，否则就会倒下。[②] 在贸易自由化进程中，随着美国在全球的霸主地位的减弱，欧盟、日本、中国、俄罗斯等经济体的实力日益壮大，形成了“一超加多强”的国际贸易格局。美国和欧洲在努力维护自身地位的同时，都不同程度地采取种种限制自由贸易的措施，避免贸易自由化对本国或本地区产业造成严重损害，例如进行承诺的重新谈判、针对不同风险采取各种保障措施等。

然而，这些限制措施并没有从根本上维护本国或本地区经济的安全与稳定，虽然传统贸易救济措施在一定时期能够成功阻止外国商品大量流入本国或本地区市场，但是不能从根本上改变国际贸易的不利地位，甚至一些国家和地区面临着经济主权日渐薄弱的威胁。因此，美国和欧盟在继续推行贸易自由化的同时，不断寻求贸易保护主义色彩较轻的保护措施，以确保自身的经济安全。[③] 而贸易调整援助制度既不带浓厚的贸易保护主义色彩，也不会招致外国政府或企业的报复，最重要的一点，该制度能够为由于进口激增而遭受利益损害的企业、工人以及农产品生产者提供援助措施，为其重拾竞争力创造机会。受损企业或工人通过贸易调整援助措施重新回到竞争市场上，能够有效地阻止进口商品大量涌入本国或本地区市场，从而有效地维护本国或本地区经济的安全与稳定。因此，贸易调整援助制度是维护本国或本地区经济安全与稳定的重要手段。

---

① United States General Accounting Office, Considerations for Adjustment Assistance under the 1974 Trade Act: A Summary of Techniques Used in Other Countries, January 1979, p. 3.

② ［美］I. 戴斯勒（I. M. Destler）：《美国贸易政治》，王恩冕、于少蔚译，中国市场出版社 2006 年版，第 18 页。

③ ［日］中川淳司、清水章雄等：《国际经济法》，白巴根译，北京大学出版社 2007 年版，第 94 页。

（四）完善本国或本地区的贸易救济法律体系

贸易调整援助制度作为贸易救济法律体系中的新成员，其蕴含着独特的救济理念和救济方式，同时还具有其他进口救济措施所无法比拟的优越性，被公认为目前最具有发展潜力的贸易救济制度，该制度立足于国内，在配合传统贸易救济措施效果的基础上，能够更好地实现一国或一地区企业、工人或农产品生产者国际竞争力的提升。同时，贸易调整援助制度的特点和性质又决定了其贸易救济效果并不像反倾销、反补贴和保障措施一样能够产生立竿见影的救济效果，而是需要一个缓冲期才能够逐渐发挥调整援助的效果。无论是美国贸易调整援助制度还是欧洲全球化调整基金，其在贸易救济法律体系中一直处于辅助性、持续性的贸易恢复或贸易激励地位，不可能成为贸易救济法律体系中的主导者。该制度通过对受到自由贸易不利影响的企业、工人或者农产品生产者进行调整和后续性的救济措施，帮助他们恢复或提高国际竞争力，以实现贸易救济法所期望的更长远、更完美的贸易救济效果。因此，贸易调整援助制度是贸易救济法中不可或缺的一员，设立贸易调整援助制度是完善贸易救济法律体系的迫切需要。

（五）维护企业、工人和农产品生产者的切身利益

美国贸易调整援助制度是成功地将贸易政策、产业政策以及劳工市场政策相互交叉和结合而形成的，欧盟贸易调整援助制度为受全球化负面影响而导致结构调整中的失业工人提供特定的、一次性的援助，其主要针对劳工市场政策。因此，不论是美国的贸易调整援助制度，还是欧盟的贸易调整援助制度，其核心就是维护企业、工人或农产品生产者的切身利益，尤其在促进工人就业、提升企业竞争力方面发挥着极其重要的作用。具体表现在以下三个方面：

第一，援助企业、工人及农产品生产者，提升其参与国际经济贸易活动的竞争力。贸易调整援助制度就是为了帮助因为自由贸易而遭受损害的

企业、工人或农产品生产者设立的，通过向他们提供各种援助措施，协助他们走出困境，促使他们积极主动地调整结构，提高国际竞争力。① 特别重要的是，通过实施基础知识教育和技能培训项目，提升工人的个人素质和专业技能，进而影响企业整体素质的提升，甚至能促进整个产业或行业的复苏。

第二，增加就业机会，促进充分就业。各国历来把工人就业作为衡量一国经济发展水平的重要指标，伴随着全球化缺陷的凸显，增加就业机会、促进充分就业成为各国经济和社会发展水平的重要指标，也是各国对外贸易政策的重要目标。与其他贸易救济措施相比，贸易调整援助制度是唯一将促进就业作为目标的贸易救济措施。贸易调整援助制度的核心就是“调整”，通过对受损企业以及工人提供援助，特别是向遭受失业或失业威胁的工人提供求职咨询、求职补贴、技能培训等一系列针对个人的援助措施，使那些工人提高自己的专业技能水平，重新回到劳动力市场上，增强自身的竞争力。

第三，引导企业转型升级，以适应国际竞争环境。与其他贸易救济措施相比，贸易调整援助制度的主旨是应对进口竞争带来的产业结构调整以及促进遭受损失的企业调整结构，尽快恢复和提升其国际竞争力。换个角度来看，对工人的援助实质上是通过提升工人的职业素质和个人能力来实现企业竞争力的提升。

美国贸易调整援助制度是成功将贸易政策、产业政策以及劳工市场政策相互交叉和结合而形成的，欧盟贸易调整援助制度是为受全球化负面影响而导致结构调整中的失业工人提供的特定的、一次性的援助，主要针对劳工市场政策。不论美国贸易调整援助制度，还是欧盟贸易调整援助制度，其核心就是维护企业和工人的利益。目前我国虽然建立起了失业保障

① ［美］弗里德里克·M. 艾博特：《世界贸易体制下的中国》，李居迁译，法律出版社 2001 年版，第 7 页。

体系，但是我国没有建立针对贸易自由化或经济全球化的保障体制。当金融危机席卷全球时，仅在2009年上半年我国沿海中小企业倒闭数量就高达两万多家。由于我国没有专门针对贸易自由化的调整援助制度，失业工人数量和倒闭企业数量呈继续扩大之势，广大的企业和工人的利益没有得到及时有效的救助。因此，我国建立贸易调整援助制度，能够更好地维护企业和工人的利益。

第二节　构建中国特色贸易调整援助制度的可行性

一、贸易调整援助制度合法性分析

（一）《反补贴协议》视角下企业及工人TAA项目的合法性

贸易调整援助制度的合法性是其整个制度在我国落地的关键因素。WTO《保障措施协定》的序言部分述及结构调整的必要性，以及增加国际市场贸易竞争的重要性，但并未明文规定资助产业调整或促进结构调整的专门条款。就客观效果而言，保障措施兼具贸易保护与产业调整的机能。GATT/WTO之父杰克逊教授提出，之所以不在多边协定中专门规定产业调整援助问题，是因为此类条款难于履行和实施。[①] 除了《保障措施协定》之外，还有WTO《反补贴协议》以及《农业协定》，贸易调整援助制度的设立必须在合规合法的前提下，因此有了贸易调整援助制度是否符合WTO规则的分析和评价。

贸易调整援助制度是否构成《反补贴协议》下的“补贴行为”或禁止性补贴或可诉性补贴，是许多学者在提倡设立TAA时比较担心和忧虑的问题之一，因此要分析贸易调整援助制度与《反补贴协议》之间的共同与

① 陈利强、屠新泉：《WTO体制下美国贸易调整援助制度的合法性探析》，《国际经贸探索》2011年第2期。

不同之处。

首先我们要确定《反补贴协议》中的补贴行为的概念。根据《反补贴协议》第1条、第2条的规定，补贴是指成员方或任何公共机构向某些企业（即指一个企业或产业或一组企业或产业）提供的财政援助、价格支持或收入的支持，以使相关企业获得利益的行为。由此可见，要构成《反补贴协议》中的补贴行为要满足三个条件：第一，补贴由政府和公共机构提供；第二，补贴的性质为财政资助或任何形式的收入或价格支持；第三，补贴使相关企业或产业获得利益。

由上述可知，两者之间的联系是显而易见的。补贴行为和贸易调整援助所设定的资金来源是相同的，都是政府或者下属机关发放资金，然后资金流向相关的行业部门、企业或者企业员工个人。众所周知，政府一般来说，并不进行专门的、以营利为目的的生产经营活动，政府的收入一般是通过财政收入和税收收入所获得的。给予特定对象的专项性补贴以及贸易调整援助都是政府把获取的收入进行转移支付的表现形式，都是政府通过资金的单向流动操作，实现自己所认定的适宜的经济战略与宏观目标的微观操作活动。在政府资金转移的具体操作方法上，都存在着资金的直接转移和潜在资金或者债务的直接转移两种做法。涉及资金的直接转移具体包括赠款、贷款和投股，潜在资金或债务的直接转移主要是指贷款担保。应该说，政府无论是启动补贴还是启动贸易调整援助项目，基本上都采用了这两种类型的资金操作手段，为企业的再生产和发展注入了必需的能量。政府无论是在贸易调整援助项目中还是在《反补贴协议》中规制的禁止性补贴或者可诉性补贴中，都承担着实施行为主体的职能。

其次，就设立背景而言，美国、韩国以及欧盟设立TAA的初衷都是为了帮助企业抵御全球化所带来的剧烈冲击，进而增强本国产品的国际竞争力。而政府补贴也主要是为了增强企业出口产品的竞争力，为某些国际竞争中处于劣势的行业或者企业提供支撑。所有的法律政策尤其是经济贸易方面的法律政策，很大程度上是依托于当时的经济形势所出台的，是通过贸易法律政策对一些生产经营活动进行经济产业层面上的调整，使得各经营者和经营活动能够适应社会变化发展的需要。

最后，就制度本质而言，《反补贴协议》以规制政府或任何公共机构提供的财政资助为导向，从而避免对国际贸易秩序形成扭曲作用。进一步理解，所谓的财政资助其实就是一种最基本的利益授予行为，不管是直接转移还是放弃征收抑或是购买货物。贸易调整援助制度正是基于全球化的发展使得本国相关产业利益风险评估做出的防御性政策，为的是抚平全球化给产业造成的损失，使得相关企业和产业工人的利益恢复到原来的水平和状态。原来丧失的利益通过政府的援助政策实现。所以说，政府的援助实际上也是一种针对相关企业或者个人的利益授予行为。在市场经济、商品经济的大潮中，以生产经营为目的的企业绝大多数都是自负盈亏、独立核算成本的，难免会受到各种风险的影响。通过政府利益授予、转移支付行为，提供政府补贴或者给予贸易调整援助政策，能够使得企业最大限度地把存在的利益损失降至最低。

虽说贸易调整援助与政府补贴行为存在着不少相似之处，但必须强调的是贸易调整援助绝对不属于《反补贴协议》中所指出的可诉补贴以及禁止性补贴。从它们两者的根本性目的、适用条件、针对的对象乃至具体的调整范畴上来看，均存在着很大差异。具体如下：

第一，贸易调整援助与《反补贴协议》中的补贴针对的对象不一致。《反补贴协议》中的补贴不仅仅侧重于给予相关企业和个人一定的经济财政上的资助，其直接后果就是企业和个人的收支情况得以在短时期内改善并给获得外部提振，有利于进一步扩大再生产；而贸易调整援助的针对对象不仅仅是企业，相当部分的侧重点是放在了产业工人身上，尤其是针对工人的培训项目，这是贸易调整援助项目最大的特色。前文中提到的美国进入20世纪80年代之后，调整援助的形式和花费比例结构发生了重大的变化，培训部分占到了更加突出重要的位置，进入培训工人所占人员的比例在不断地提高。另外，在美国《2002 年贸易法》中，明确了培训豁免仅仅存在于该法所列出的六种原因以及规定工人必须报名参加培训才能获得贸易再调整津贴的时间要求。从中可以看出，贸易调整援助更加侧重于产业工人调整援助，对工人的援助高于针对企业的援助。反观《反补贴协议》所指的政府补贴行为，基本上不存在针对员工本身的援助，一般是通过生产环节、流通环节的价格支持从而支持企业的再生产活动。据此，TAA 与政府补贴行为在支持对象方面有差异。

第二，两者之间在设立的目的上也有很大的不同，如上所述，两者设立的时代背景具有相似之处，都是为了增强本国相关产业的国际竞争力，但其中的区别也是显而易见的。贸易调整援助更多的是采用政府支持的方式增强受到冲击的行业抵御风险的能力；而《反补贴协议》中的补贴行为则更加倾向于给相关生产环节直接注入资金，使得它在出口产品的竞争中获得比较竞争优势。前者类似于防守性手段保护国内产业，而后者则是用积极主动进攻的方式方法维护并且扩大国内相关行业在海外的利益。换句话说，贸易调整援助的直接目的是一国政府为了应对全球外部环境的变化做出的各项政策调整和倾斜。为了抚平国际市场的变化给国内相关产业带来的周期性波动，政府在这个项目上，更加关注的是企业的发展、员工的就业情况，是一项宏观的运用财政、货币以及产业政策相结合的项目，其所关注的是产业的长期发展、产业工人综合素质的提升，并非直接影响本国出口产品的价格问题。而《反补贴协议》中的补贴行为则是直接地提升竞争力，是为国内产业扩大海外市场奠定基石的。补贴行为更看重的是短期内对企业及产业工人的提振，对出口的直接支撑作用；而贸易调整援助则把短期可能实现的结果转化为了长期的产业支持，并重在考虑治疗该产业长期存在的顽疾和沉疴。

第三，正是因为两者之间在对象和目的上不同，获得《反补贴协议》

项下的补贴和获得贸易调整援助资格的条件也是不同的，无论是从实体条件上还是程序条件上都不一致。实体条件方面，《反补贴协议》项下规制禁止性补贴和可诉性补贴，禁止性补贴一般是指法律或事实上视出口实绩为条件或条件之一而给予的补贴。美国《2002 年贸易法》对贸易调整援助的授予条件做出了清晰的规定，其中对企业授予贸易调整援助制度申请资格的条件为：工人失业或者受到失业的威胁；产品销量锐减，直接竞争产品大增，进口产品增加与之相关。可见，SCM 项下的补贴一般和 GATT1994 密切相关，利益的减损是在减让表中明确规定了的，绝非泛泛而谈的内容。而调整援助的申请条件仅仅要求进口产品和国内产品销量锐减之间存在一般的因果关系和前后顺序即可，无需严格完整的论证。程序性条件方面，《反补贴协议》补贴的获得方式是多种的，既可以是相关企业单位依申请获得，也可以是职能部门依职权给予，比如说依照出口业绩给予的补贴项目，总之，灵活性非常强。反观贸易调整援助，则迥然不同。一般而言，TAA 只能由相关企业根据自身的实际情况，向本国有关部门申请获得贸易调整援助项目的资格，而不存在什么相关部门依照职权主动向某企业提供贸易调整援助的情况。

第四，两者之间在调整范畴即内容上差异显著。正因为如前文所述，在授予对象、设立目的以及获得的资格条件上存在着差异，所以两者的核心内容也是有区别的。贸易调整援助并非简单地财政收入转移，而是一项系统的综合配套工程，包括转移支付、工人培训、再就业生产合理化建议等一系列的内容。正如前文所提到的，可以分为工人贸易调整援助、替代贸易调整援助、企业贸易调整援助以及农民贸易调整援助。而其中的工人贸易调整援助占到很大的比重，这正好也体现出调整援助所针对的重点是受冲击的产业工人这一特征。美国对于工人的津贴补助包括寻找工作津贴、重新安置津贴、贸易再调整津贴以及寻找工作便利服务。而《反补贴协议》项下的禁止性补贴和可诉补贴侧重于给予企业或相关产业的直接资金支持，资金支持一般体现在生产出口产品的各个环节之中，这等于直接调整了相关企业的出口产品的价格，通过直接转移相关成本的方式提出相关产品的出口形势。很显然，贸易调整援助的调整范畴较之政府补贴更加全面系统，更加宏观化，绝非直接作用于产品的出口价格注重短期效果那么简单。

第五，即使只根据《反补贴协议》中可诉性补贴和禁止性补贴的规定与贸易调整援助制度进行对比，我们也可以发现，贸易调整援助制度不符合《反补贴协议》中规定的可诉性补贴或禁止性补贴的条件。根据《反补贴协议》第1条、第2条、第5条的规定，可诉性补贴是指那些不是一律被禁止，但又不能自动免除质疑的专项性补贴，在对其他成员方造成严重损害时，受到该类补贴措施的成员方可以提出反对意见或向WTO争端解决机构提出申诉。根据第6条，符合这几类条件的补贴可视为造成严重损害的补贴：①补贴额超过某产品总价的5%；②弥补某一产业的经营亏损；③弥补一个企业经营亏损的补贴，且这种补贴不属于为长期发展或避免严重社会问题而向该企业提供的一次性、非周期性和非重复性的补贴；④政府放弃债务或为负债而赠予。而禁止性补贴根据《反补贴协议》第3条的规定是指：出口补贴即视法律或事实上视出口实绩为唯一条件或多种其他条件之一而给予的补贴；进口替代补贴即视使用国产货物而非进口货物的情况为唯一条件或多种其他条件之一而给予的补贴。仅对条件二进行考量我们就可以发现，贸易调整援助制度是属于为应对严重社会问题而向企业提供的非周期性、非重复性补贴，不具有可诉性。贸易调整援助制度也不是出口或进口替代补贴，不属于《反补贴协议》中规定的禁止性补贴。

通过治理产业内部根本问题的贸易调整援助项目能更好地实现产业结构的优化和调整以及国民经济可持续性发展，具有其他一些举措或政策完全不能比拟的优越性。与一般人认为的贸易调整援助有采用可诉性补贴或者禁止性补贴的可能，从而会违反《反补贴协议》所不同，笔者认为贸易调整援助项目并非可诉性补贴或者禁止性补贴。两者之间的差异重点体现在针对对象、设立目的、获取的资格条件以及调整范畴上。客观地说，类似于配套综合性工程的贸易调整援助在国家面对全球化所造成的国内产业冲击时，比使用容易触发贸易争端解决机制的政府补贴行为更加合理，更加能够从较为长远的角度引导国内相关产业和整体国民经济快速发展。如果仅仅把贸易调整援助制度简单地理解为变相的政府补贴行为就略显偏颇了。

（二）《农业协定》视角下TAA项目的合法性

《反补贴协议》不适用于农业和农产品补贴问题，《农业协定》专门针对农业领域的补贴问题做了特殊的安排，将补贴分成“出口补贴”和“国内支持”两种类型。[①] WTO用“国内支持”代替“国内补贴”概念，足以说明农业领域补贴规制的特殊之处，因此“国内支持”概念成为《农业协定》国内支持纪律的基础和核心。[②]《农业协定》以及WTO争端解决专家组至今尚未对“国内支持”的含义做出明确的界定，学术界对“国内支持”的外延和内涵观点不一，因此要准确界定这一概念并不容易。一般认为，“国内支持”应当是各成员政府提供给农业生成的、除出口补贴之外的各种财政资助或援助措施。《农业协定》用“综合支持量”计算各成员在农业领域的国内支持力度，并根据可能对贸易产生扭曲作用的程度，将“国内支持”分为“黄箱支持”“绿箱支持”与“蓝箱支持”三种类型。[③] 其中，“黄箱支持”是指对贸易扭曲作用较大的措施，属于“综合支持量”的计算范围，主要包括价格支持、营销贷款、种植面积补贴、牲畜数量补贴及贷款补贴等。[④]“绿箱支持”是指不会产生贸易扭曲作用或贸

① 彭岳：《贸易补贴的法律规制》，法律出版社2007年版，第156页。

② 李晓玲：《WTO框架下的农业补贴纪律》，法律出版社2008年版，第135页

③ 单一：《WTO框架下补贴与反补贴法律制度与实务》，法律出版社2009年版，第376－378页。

④ 甘瑛：《WTO补贴与反补贴法律与实践研究》，法律出版社2009年版，第46页

易扭曲作用很小的措施，《农业协定》附件2在“政府服务计划”中以肯定式清单方式，开列了12种类型措施。“蓝箱支持”是指在生产限制计划中对生产者进行的直接付款。在这三种类型的“国内支持”中，“黄箱支持”是各成员需要通过谈判削减AMS总量的方法逐步减少的措施，属于削减承诺下的“国内支持”，而“绿箱支持”和“蓝箱支持”属于允许发达国家使用的“特殊和差别待遇”。

从2001年开启多哈回合谈判以来，美国在WTO多哈谈判层面，一方面同意向WTO做出的具有贸易扭曲的农业补贴削减幅度，另一方面国会与总统均支持新的农业法案，维持或增加农业补贴。因此从一定程度上讲，2002年农民TAA项目的问世改变了美国TAA项目的性质，是美国推动多哈回合谈判、削减农业领域补贴措施的一种退步。农民TAA项目的援助措施主要包括技术支持、现金津贴与再就业培训三种形式。从“黄箱支持”的概念和内容角度看，现金津贴应当属于对贸易具有扭曲作用的措施，曾在2006年WTO对美国贸易政策评审报告中被提及。由于WTO对农业补贴政策的法律规制比一般补贴政策宽松很多，特别是《农业协定》未授权各成员采取反补贴措施，所以只要没有超出WTO中的削减承诺，美国仍然享有使用“黄箱支持”的权利，因为它毕竟不是《农业协定》所禁止使用的“出口补贴”。从推动贸易自由化的历史经验角度看，美国在农业补贴政策方面显示出了高超的技术水平，主要目的在于补偿因农产品贸易自由化而受到不利影响的农民，赢得他们对美国进一步推动自由化的更加广泛的政治支持。总之，WTO体制下美国贸易调整援助项目整体上是合法且可行的，但也要从《反补贴协议》和《农业协定》的角度，分别对工人TAA项目、企业贸易调整援助项目与农民贸易调整援助项目的援助措施展开具体分析和个案研究才能得出科学的、正确的答案。

二、贸易调整援助制度在我国的法律基础

（一）贸易调整援助制度在我国的法律依据

我国加入的WTO《保障措施协定》中，对国际贸易中国内产业调整做出了较为宽泛的一般性规定，其序言中写着“认识到结构调整的重要性和增加而非限制国际市场中竞争的必要性”。另外，《保障措施协定》第5条规定：“成员应仅在防止或补救严重损害并便利调整所必需的限度内实施保障措施。”延长保障措施期限的条件为：“只要进口成员的主管机关以符合第2条、第3条、第4条和第5条所列的程序已经确定保障措施对于防止或补救严重损害仍然有必要，且有证据表明该产业正在进行调整……”第12条第2款：“在延长措施的情况下，还应（向保障措施委员会）提供有关产业正在进行调整的证据。”由上述规定可知，WTO成员方在采取保障措施时，对遭受损害的国内产业进行调整符合WTO规则，是该成员方实施保障措施的条件和义务。我国作为WTO成员方，应遵守上述规定，完善贸易调整援助方面的立法，在实施保障措施时，对国内相关产业进行调整和援助。

我国在2004年修订《对外贸易法》时，增加了第八节“对外贸易救济”，国家可以通过采取反倾销措施、反补贴措施、保障措施及同第三国磋商等，消除或者减轻进口产品增加对国内产业的损害或者损害的威胁或者阻碍。其中《对外贸易法》第44条和45条分别规定：“因进口产品数量大量增加，对生产同类产品或者与其直接竞争的产品的国内产业造成严重损害或者严重损害威胁的，国家可以采取必要的保障措施，消除或者减轻这种损害或者损害的威胁，并可以对该产业提供必要的支持。”“因其他国家或者地区的服务提供者向我国提供的服务增加，对提供同类服务或者直接竞争服务的国内产业造成损害或者产生损害威胁的，国家可以采取必要的救济措施，消除或者减轻这种损害或者损害的威胁。”

我国法律虽未规定贸易援助调整制度，但我国加入的WTO《保障措施协定》中允许并规定成员方实施保障措施应在产业调整的范围内进行；《对外贸易法》规定了实施保障措施时“对该产业提供必要的支持”，设立贸易援助调整该制度在我国对外贸易立法的框架之内，符合我国现有法律制度；而且，商务部具有立法上的授权，享有对进口贸易导致的国内产业损害进行调查并实施相应救助措施的权力。但《对外贸易法》第44条规定的是对产业实施必要的支持，并不涉及受进口产品损害的企业和个人，且没有具体的实施办法，与美国、欧盟等实施的贸易援助调整制度不可同日而语。近年来，商务部高度重视产业安全预警工作、国际竞争力调查与评估工作，这两项工作的展开，为推行贸易调整援助奠定了坚实的基础。具言之，自2005年《关于进一步加强产业损害预警工作的指导意见》出台以来，商务部产业损害调查局联合行业协会，已在汽车、钢铁、化肥、纺织、电子信息、物流、农产品、医药等十几个行业建立了产业损害预警机制，监测企业数量已经达到近万家。与此同时，商务部于2006年出台《商务部关于进一步加强产业安全数据库扩容工作的指导意见》，将产业安全数据库扩容工程视为维护产业安全的一项基础性、前瞻性、预防性措施，为产业损害预警监测体系建设、实施贸易救济、开展产业国际竞争力调查与评价、联系产业以及充实公共商务信息服务体系提供科学的、完备的数据支撑。2015年，商务部发布了《关于进一步做好产业安全预警工作的通知》（商安管函〔2015〕152号），规范《产业安全统计报表制度》，优化产业安全数据库结构，完善预警综合服务，通过联合地方商务主管部门、全国性行业协会、商会、重点龙头企业等各类主体以强化产业安全保障体系。与此同时，我国加强产业调研，积极开展产业安全评估，定期出台重点产业国际竞争力报告，探索构建中国产业国际竞争力调查与评价制度，为促进产业国际竞争力打下扎实的基础。

（二）自贸港建设为TAA机制提供了“压力测试”平台

就制度设计而言，自贸港堪称自贸区的“升级版”，前者意味着更高的开放化水平与贸易便利化水平。具言之，一方面，在通关政策上，自贸港则实行“境内关外”的特殊监管模式，货物到港后只要不入关，就可以不交税、不报关，企业成本得到极大节约，当然这对监管安全提出了更高要求；另一方面，在经济目标上，自贸港瞄准巨大贸易量带来的附加值，开展离岸贸易、离岸金融都是重要的发展方向，因此涵盖了仓储、集装箱转运、货物加工等各类临港经济活动。在自贸区建设过程中，许多“先行先试”的法治创新安排和举措与现行法律、行政法规相冲突，学理上称之为“法律绿灯”模式。相比之下，自贸港建设的前提是全国人大依据《立法法》对海南经济特区（自由贸易港）进行立法授权而推进改革，真正落实“重大改革于法有据”。这种从“法律绿灯”到“立法先行”的转变，折射出我国推进自由贸易区（港）建设法治模式的变革和法治国家、法治政府、法治社会的一体建设，是全面依法治国的深入发展与鲜明写照。从这个角度审视，自贸港试行TAA制度具有更为坚实的法律授权基础和更为充分的现实可行性。

（三）上海自贸区贸易调整援助立法形成了先行经验

2017年7月15日，上海市商务委、上海自贸区试验区管委会联合印发《中国（上海）自由贸易试验区贸易调整援助试点办法》，企业一年内20%以上，或者连续两年每年10%以上的员工出现离职，可以提出贸易调整援助申请。根据《试点办法》，在上海自贸试验区内，工商注册登记满3年以上的企业，因其国内销售的主要产品受到同类或直接竞争产品进口冲击，或者出口产品在主要目标国家或地区受到贸易摩擦及其他贸易壁垒影响，导致出现以下情形之一的，可以提出贸易调整援助申请：其一，一年内20%以上，或连续两年每年10%以上的员工出现离职；其二，产品产量或销售量较上一年度下降30%以上。《试点办法》在适用情形中，参考美国、欧盟贸易调整援助制度的设定，对国外相似制度中受进口产品冲击的情况以及对主要出口商品在目标国受贸易摩擦等壁垒影响的情况予以了考虑，成为此次试点的一大创新和亮点。我国长期以来，企业进出口环节受贸易摩擦等贸易保护主义措施影响，对国内产业安全造成了极大的威胁。截至 2016 年年底，本市企业累计遭受全球贸易摩擦案件影响数量达 740 余起，仍在实施措施的达 445 起，对企业生产经营造成长期困扰和伤害。贸易调整援助试点办法因此而生。根据《试点办法》要求，对企业实施贸易调整援助将以技术援助为主要援助方式，并由实施机关通过购买公共服务的方式向企业提供。援助方式主要包括对企业经营调整过程中，在市场推广、检测认证、国际市场营销、产品设计研发、信息化水平提升、风险管理咨询及培训、出口信用保险、供应链管理及融资、人员培训等方面给予协助。同时，对于企业通过援助开展实施经营调整计划的期限暂定为 2 年。《试点办法》的设立为我国推行贸易调整援助制度进一步奠定了基础。

第五章 中国贸易调整援助立法的制度设计

作为谋求互利共赢、共同发展的全球公共产品，“一带一路”建设遵循共商、共建、共享原则，遵循市场规律与国际通行规则，致力于实现全球范围内的高质量与可持续发展。在“一带一路”建设过程中，促进贸易畅通、推动贸易自由化、维护自由贸易秩序既是各方赖以合作的共同信条，也是推动全球化发展和打造人类命运共同体的重要保障。[①] 与此同时，也应注意到，在自由贸易的大背景下，各国都在竞相对部分产业采取不同程度、不同措施的贸易保护，由此引发各类贸易摩擦乃至贸易冲突。2019年5月10日，美国正式对中国价值2 000亿美元的输美商品加征25%关税。与此同时，中国国务院关税税则委员会发布公告，自2019年6月1日起，对已实施加征关税的600亿美元清单美国商品中的部分，提高加征关税税率。由此，休战数月的中美贸易冲突再度重启。众所周知，关税措施本身如同一把“双刃剑”，削减关税被视为世界贸易组织的一般原则。[②] 加征关税固然会阻碍出口国的出口畅通性，但由于美国的加税清单中涉及大

① 蓝庆新：《以新型国际关系推动贸易自由化发展》，《人民论坛·学术前沿》，2018年第20期。

② 孔庆江：《国际经济法律规范的可移植性与国家经济安全的相关性研究——以WTO法为例》，武汉大学出版社2016年版，第47页。

量的日用品和中间产品，关税升级必将通过价格上涨机制传导至美国企业与消费者当中，提升生产成本并造成贸易利益的损失。鉴于此，在“一带一路”贸易自由化的背景下探讨公平贸易的合理性，并针对贸易保护主义措施给企业造成的损失探讨救济方案，甚为必要。“师夷长技以制夷”，缘起于美国对外贸易立法中的贸易调整援助制度为此提供了有效的解决途径，本章试图对其合规性、政策定位、法律内涵与制度构造进行阐述。

第一节　贸易调整援助的功能分析及其合规性论证

一、在贸易救济制度框架内研究贸易调整援助的必要性

贸易救济制度，泛指进口国政府为使本国国内产业免受或补救进口产品的不利影响而采取的限制进口的保护性措施。从狭义上理解，贸易救济措施主要指反倾销、反补贴措施和保障措施。[①] 但从广义上理解，凡是当外国的出口对进口国国内产业造成负面影响时，进口国政府采取的所有旨在减轻或消除负面影响的措施均可被归入贸易救济的范畴之内。[②] 相比之下，在世界范围内，美国的贸易救济法律体系最为完整，其贸易法律工具也最为多样化，不仅包括传统的“两反一保”措施，还包括旨在限制外国产品进口的关税、关税配额、进口数量限制、进口许可证，以及旨在对国内受损产业进行积极援助和救济的贸易调整援助制度，同时也包括为了预防或缓和对外贸易摩擦而展开的国际谈判等一系列举措。[③]

2018 年 3 月以来，美国以巨大的货物贸易逆差为借口对中国出口商品单边采取加征高额关税的措施，挑起中美双边贸易摩擦，并以此为由在贸

① 余劲松：《国际经济法学》（第二版），高等教育出版社 2019 年版，第 153 页。

② 高维新、蔡春林：《贸易救济法教程》，对外经济贸易大学出版社 2009 年版，第 12 页。

③ 孙叶平：《论我国企业贸易调整援助制度的构建——以美国贸易调整援助制度为借鉴》，中国政法大学 2011 年硕士学位论文，第 12 页。

易和投资等领域出台系列措施压制中国，中国随即反制，中美贸易摩擦升级为贸易战。在中美互对340亿美元出口产品加征关税后，特朗普政府又对2 000亿美元的中国商品征收10%的进口关税，中美贸易战再次升级。鉴于中美经贸关系是两国关系的“压舱石”和“推进器”，关系两国人民福祉，中方积极与美国展开磋商，试图寻求破解之道。2018年2月至2019年5月，中美两国展开了11轮经贸磋商，但并未取得实质进展。2019年6月，美国政府再次对中国出口产品加征关税并提升关税税率，这无益于稳定两国关系，作为回应，中国也针对美国出口的农产品加征关税，公开发布了《关于中美经贸磋商的中方立场》。在中美贸易战愈演愈烈的背景下，两国的出口企业均不可避免地遭遇重创。“师夷长技以制夷”，滥觞于欧洲、发展于美国的贸易调整援助制度为弥补国际贸易中受损者的损失提供了法律渠道。我国《对外贸易法》第44条为因进口激增而受损的产业寻求贸易调整援助提供了法律授权，商务部曾于2008年致力于起草《贸易调整援助暂行办法》，但该草案并未提上立法议程。2015年，国务院在《关于加快实施自由贸易区战略的若干意见》第19条中重点提出：在减少政策扭曲、规范产业支持政策的基础上，借鉴有关国家实践经验，研究建立符合世贸组织规则和我国国情的贸易调整援助机制，对因关税减让而受到冲击的产业、企业和个人提供援助，提升其竞争力，促进产业调整。根据这一指示，上海市商委会、上海自贸区管委会于2017年联合发布《中国（上海）自由贸易试验区贸易调整援助试点办法》，作为在上海自贸试验区法治“先行先试”的背景下结合我国国情而制定的创新型立法，该办法确立的援助对象不仅适用于受到进口冲击的企业，还适用于出口受到阻碍的企业，涵盖范围更为完整。不过，该办法仅适用于上海自贸区内的企业，因此具有局限性。在中美贸易战使国内部分企业遭受损失的情况下，需要着力研究自贸区的实践是否形成了可在全国范围内普遍推广的法治经验，并探讨构建中国贸易调整援助立法的必要性、可行性及具体制度安排。

二、贸易调整援助制度的兴起及其界定

（一）贸易救济法律变革与贸易调整援助的兴起

以《关税与贸易总协定》为核心的WTO多边贸易体系的建立，极大地推动了国际贸易自由化的发展，但同时也使有关国家的国内产业更容易遭遇来自进口商品的竞争损害。首先，贸易自由化意味着商品、服务、劳动力、技术等生产要素的跨国自由流动，这将不可避免地加剧国际市场的竞争。而倾销、补贴等不正当竞争手段的存在，危及进口国贸易市场的公平环境，对有关国内产业造成了严重的损害或损害威胁。其次，大幅度地削减关税和取消数量限制客观上使进口产品数量激增，对国内部分薄弱的本土产业造成过度冲击，威胁经济秩序稳定。再次，在自由贸易的总体趋势下，一些国家仍然奉行贸易保护主义，采取单边贸易措施，积极推动扩大出口、限制进口，这导致国际贸易中的进出口状况不甚平衡，遭遇贸易损害者往往挑起贸易摩擦并升级贸易争端。上述状况的存在，不利于国际贸易良好秩序的持续发展和良性运转，亟待确立相应的救济机制予以调和。

在上述背景下，各国积极制定并完善本国的对外贸易立法，构建符合本国国情的贸易救济法律体系，以服务于国家发展进出口贸易的现实需要。总体来看，贸易救济法的发展，与全球经贸格局的总体趋势相吻合，其制度的建构与执行，具有浓厚的时代印记。相比于各国在第二次世界大战前制定的贸易救济立法，二战后的贸易救济立法彰显出以下三个重要特征：

其一，在反倾销与反补贴措施之外，确立了保障措施的国内立法。与反倾销及反补贴不同，保障措施主要是作为对公平竞争和自由贸易环境下进口国企业遭受贸易损害的应对机制而确立的，其实施对维系多边贸易体系的稳定性具有重要意义。

其二，保障措施的实施意味着进口国相关的国内产业可能或已经遭受严重损害，必须迅速调整，以便在短期的保障措施结束后能够重新参与国际竞争。基于此，作为与保障措施相配套的救济机制，以美、欧、日韩为代表的国家和地区先后制定了产业调整援助的国内立法。

其三，二战前的贸易救济规则偏重于进口贸易，对出口救济则几乎没有涉及，而在二战后，贸易自由化时常遭遇阻碍，部分国家采取限制进口的措施，对出口国的相关出口企业发展造成了严重阻碍。由此，各国开始将出口救济引入对外贸易立法中，通过立法授权遭受不公平出口限制的出口国采取贸易报复与反制措施。①

（二）贸易调整援助的法律界定

贸易救济是在国际贸易自由化背景下所产生的法律概念，属于经济开放所伴生的补偿机制。具言之，由于贸易自由化是一个渐进的过程，依据国际规则承诺开放其国内市场的国家，在其国内产业受到国际贸易损害时，可以采取暂时背离其承诺的适当措施，对外国产品的进口施加特定的限制，并对遭受损害的国内产业进行救济，由此便形成了不同的贸易救济措施。② 狭义的贸易救济特指“两反一保”，即反倾销、反补贴和保障措施。而广义的贸易救济则涵盖各国为了保障国际贸易秩序、维护国际贸易相关方权益的所有行政行为，除了狭义的贸易救济措施外，还包括加重关税、实施进口许可证或配额、限制进口数量、贸易调整援助等。

可见，从广义上理解，贸易调整援助属于贸易救济措施之一，但相比“两反一保”，贸易调整援助具有独特的功能。对于该制度的功能定位而言，多数学者达成的共识是贸易调整援助是由政府实施的、对受到进口产

---

① 何宪民：《WTO体制下贸易救济实施与中国的应对策略研究》，经济科学出版社2013年版，第29页。

② 高维新：《WTO贸易救济权研究》，对外经济贸易大学出版社2012年版，第20页。

品竞争而导致损害的国内相关产业中的企业和工人提供救助的一种法律制度。[①] 简言之，援助只是手段，制度本身应以调整为落脚点，针对的受众是因进口增加而遭受损害的国内企业及劳工，弥补和补偿受损企业的贸易损失只是附带效应但并不是主要目的。不过，2017 年《中国（上海）自由贸易试验区贸易调整援助试点办法》将贸易调整援助的受众从遭受进口损害的国内企业扩大到包括出口产品在主要目标国家或地区受到贸易摩擦及其他贸易壁垒影响的企业，这便使有权申请援助的主体范围大为拓展，遭遇进口损害或出口遭遇壁垒的企业均可作为申请人。事实上，这种同时涵盖出口援助与进口援助的做法，更符合当前中美贸易战背景下补偿国内受损企业的现实需求。当一国的产品出口至外国市场时，如果有关国家采取不正当或不合理的进口限制措施，则出口国的贸易利益将受到此种贸易壁垒的不当影响。尤其是，当出口国某一产业产品的销售集中在某国市场的情况下，该国采取的进口限制措施，将会使出口国的国内产业及国内相关企业遭受重创和冲击。[②] 因此，该类不当的进口限制亦构成损害国内贸易秩序的外来贸易损害行为，其行为虽然未跨越国境，但其引致的不利贸易影响却已波及出口国。为了使贸易调整援助切实有效地发挥全面的救济作用，实有必要将出口援助也纳入其中。

（三）美国贸易调整援助制度的示范意义

根据贸易救济所针对的原因行为不同，进口贸易救济措施可以分为针对不公平贸易行为的反倾销与反补贴措施以及针对公平贸易行为的保障措施。国内产业如果由于国际贸易自由化所带来的过度进口竞争（Excessive Import Competition）或扰乱性进口竞争（Disruptive Import Competition）而遭受损害，各国通常设置专门的进口救济制度予以协助，从而使国内产业

---

① 吕晓杰：《贸易调整援助制度的法律问题初探》，http：//ielaw. uibe. edu. cn/fxlw/gjjjfl/gjjjfxll/11542. htm，最后访问日期：2019 年 6 月 11 日。

② 高维新：《WTO 贸易救济权研究》，对外经济贸易大学出版社 2012 年版，第 46 页。

暂时脱身于（escape temporarily）外国产品的高强度竞争，获得暂时性的救济（temporary relief）。在美国的对外贸易立法中，具备进口救济功能的条款特指美国《1974 年贸易法》第 201 节，简称“201 条款”，也被称为保障措施条款、逃避条款、脱身条款、防卫条款等。作为进口贸易救济制度的重要一环，201 条款的适用无外乎通过提升关税或施加数量限制以达到缩减进口的目的。然而，不同于反倾销与反补贴措施，申请人援引 201 条款的救济不需要证明进口的竞争行为属于不公平行为，只要有合法之目的即可申请。自 1988 年之后，美国的 201 条款不但保留了原有的进口救济性质，还强调“产业调整”之功能。[①] 这种转变，使 201 条款的适用频率大为提升，进出口贸易与国内产业调整深受其影响。换言之，201 条款确立的暂时性救济措施，虽然体现为限制进口的方式，但限制进口本身不是目的而是手段，这表明该条款并不是仅仅为了实现贸易保护主义的行为，而是旨在从长远出发促进贸易自由化的真正实现。从理论上分析，尽管贸易自由化能够促进市场开放、增强进口竞争、提升国内产业的经济效率，从而使进口国消费者以较为低廉的价格获得更多元的最佳选择。然而，贸易自由化并非对进口国的任何人均具有立竿见影的积极效果，自由进口将不可避免地使国内产业遭受强大的竞争压力，以致于损害国内部分产业的整体利益或给个别企业带来痛楚，轻者将影响国内产业的生产方法及产品内容，重者将使部分国内企业濒于破产。鉴此，从边沁所倡导的功利主义视角[②]出发，为了使贸易自由化的实施在最大程度上增进社会整体经济效率的同时，将其对少数人的损害降至最低，这就要求利用政府力量对社会效益在贸易自由化产生的赢家与输家之间进行分配，协助因此受损的国内

---

① 罗昌发：《美国贸易救济制度》，中国政法大学出版社 2003 年版，第 52 页。

② 罗尔斯指出，的确存在一种社会思考方式，将最合理的正义观理解为功利主义观念，通过恰当的行动达到最大利益并尽可能接近其合理的目的，尽可能推进群体福利的同时最大程度上实现其所有成员的欲望的总欲望体系。[美] 约翰·罗尔斯：《正义论》，何怀宏等译，中国社会科学出版社 2009 年版，第 19 页。

产业或国内企业尽快进行适当的调整，实现产业升级和产品更新换代从而适应新的自由化环境。鉴于此，贸易调整援助具有独特的制度功能，美国产业调整援助政策的合理内核逐渐被其他国家的贸易立法所借鉴。

三、贸易调整援助与反倾销的关系

相较于反倾销、反补贴、保障措施等其他的贸易救济措施，贸易调整援助更具灵活性，其在启动要件、救济措施、救济效果方面存在较大的区别。以2017年《中国（上海）自由贸易试验区贸易调整援助试点办法》为例，在认定企业是否具备贸易调整援助的资格要件时，重点从这样几个角度进行审核：其一，企业中相当比例的工人面临失业风险或者已经失业；其二，企业的生产量或销售额呈现出相当明显的下降趋势；其三，同类进口产品或存在直接竞争关系的进口产品在进口数量上显著增加，导致了国内企业的产销量下降或员工失业。

相比于反倾销，TAA的认定要件重点关注进口增加造成的经济损害，而反倾销则重点关注倾销事实导致的实质损害；前者无论贸易行为本身公平与否，旨在促进国内产业积极调整，后者则专门针对不公平贸易行为，旨在限制外国产品的进入；前者的调查程序相对简单，只需要逐项认定申请企业的产销量、员工失业情况、是否存在同类产品或竞争产品进口增加的事实、进口增加与企业受损是否存在因果关系，而反倾销调查则需要认定倾销幅度、正常价值、实质损害等要素，由于实质损害的认定标准并不明确，因此给调查程序带来了一定的工作难度。客观来看，存在进口增加并不一定存在倾销，存在倾销也并不一定存在进口增加，因此，反倾销措施与贸易调整援助是相互独立的。在既存在倾销也存在进口增加的情况下，反倾销措施与贸易调整援助也并不存在对立排斥的关系，而是可以相互补充、同时适用的。贸易调整援助与反倾销制度的比较见表5－1。

表5-1 贸易调整援助与反倾销制度的比较

区别要点	贸易调整援助	反倾销措施
适用对象	针对进口增加造成的损害而不论公平与否	针对不公平贸易中的倾销行为
调查程序	主管机构只需认定销售额、产量、工人失业情况，可操作性较强、调查周期较短，通常在40天左右作出调查结论	除了确定正常价值和出口价格计算倾销幅度，还要调查对国内产业造成的实质损害，通常要求自调查之日起12个月内作出最终裁定，最多不超过18个月
救济企业	生产同类产品和直接竞争产品的企业	生产同类产品的企业
因果关系	要求进口增加重要地促成了损害结果	要求倾销与损害之间满足一般的因果关系
灵活性	国际上没有贸易调整援助的统一立法，政府拥有较大的自主裁量权，贸易救济灵活性强	各国反倾销立法需要在WTO《反倾销协定》框架内制定，因为反倾销影响外国出口，可能引发贸易战，因此相对较为呆板
救济措施	援助方式多为帮助国内企业制订调整方案和复苏计划，提供技术援助使其重获竞争力	反倾销税的纳税人为进口商，最终承担者为国内消费者，可能引发国内居民对反倾销的不满
救济效果	技术援助通常是较为舒缓的救济方式，是在企业自身调整基础上的援助	反倾销措施可以在一定时期内有效抑制外国产品的进口，为国内企业重整旗鼓提供时间和机遇

四、贸易调整援助在WTO《反补贴协议》下的合规性论证

根据WTO《反补贴协议》第1条，补贴是指一成员国政府或任何公共机构向产业或企业提供的财政资助，或对企业收入和价格的支持。据此，补贴的成立需要同时满足三方面要件：主体方面，必须是政府或公共机构提供的补贴；对象方面，补贴的受益者是产业或企业，且他们通过补贴获得了正常商业条件下无法获得的优惠与利益；形式方面，补贴具体表现为财政资助、收入或价格支持。根据前述要求，美国《1962年贸易扩展

法》中的税收援助、《1974 年贸易法》中的财政援助（贷款、付款担保等）均属于 WTO《反补贴协议》第 1.1 条 a 款第 1 项和第 2 项中的财政资助，鉴于美国国会已经在 1986 年取消了财政援助和税收援助，因此对二者进行讨论已无现实意义。[①] 但对于美国迄今仍然保留的技术援助，对其是否构成 WTO 中的补贴，则存在争论。

根据美国《1974 年贸易法》第 2343 条 a 款，技术援助主要包括三个方面：协助企业准备认证申请；协助企业制定经营调整方案；协助合格企业实施调整方案。[②] 在技术援助的过程中，实施主体主要是经济发展局（EDA）和贸易调整援助中心（TAAC）。由 TAAC 与申请企业共同聘用专家顾问，在分析企业优势的前提下定制个性化的经营调整方案并付诸实施，以刺激企业复苏和发展。在技术费用承担方面，政府负责 75%，其余部分由企业负担，但援助资金并不直接向企业提供，而是由 EDA 发放给 TAAC，再由 TAAC 按比例支付给商业顾问。事实上，尽管技术援助不是直接的财政资助，但可能构成《WTO 反补贴协议》第 1.1 条 a 款第 4 项的补贴，即政府向一筹资机构付款、委托或指示私营机构履行政府职能，且其做法与政府通常采用的做法并无实质差别。[③] 需要明确的是，认定 TAA 属于 WTO 所规制的补贴措施，只表明此类 TAA 受 WTO 约束，但并不表明 TAA 与 WTO 法律规则的相容性。那么，应进一步追问的是，采取有关的 TAA 措施，是否会构成对 WTO《反补贴协议》中补贴纪律的违反？对此，有必要进一步考察 WTO 中采取反补贴措施的各项要件。

根据 WTO《反补贴协议》，只有对违规的补贴才可以采取反补贴措施，对于合法的补贴则可以容忍其存在，可见应首先对补贴本身进行具体

---

① 陈利强、屠新泉：《WTO 体制下美国贸易调整援助制度合法性探析》，《国际经贸探索》2011 年第 2 期，第 72 页。

② 孙叶平：《论我国企业贸易调整援助制度的构建——以美国贸易调整援助制度为借鉴》，中国政法大学 2011 年硕士学位论文，第 16 页。

③ 王传丽：《国际经济法》（第六版），中国政法大学出版社 2018 年版，第 190 页。

分类。相比之下，GATT于1947年和1979年制定的旧版《补贴与反补贴守则》采用经济政策标准将补贴分为出口补贴与生产补贴，前者被列为法律禁止的对象，而WTO《反补贴协议》则采取了全新的分类方法，将补贴分为禁止性补贴（无条件禁止的红灯补贴）、可诉补贴（有条件禁止的黄灯补贴）、不可诉补贴（不禁止的绿灯补贴）。所谓禁止性补贴，即与出口实绩或进口替代相联系的补贴，具体分为法律上或事实上的出口补贴、进口替代补贴，《反补贴协议》附件一列举了12种可归于出口补贴的具体情况。[①] 在贸易调整援助的申请与实施过程中，负责资格审查的机构在判定申请人是否符合条件时，并不必然为其提供海外拓展方面的援助，而是需要结合企业的具体情况并在听取所聘专家顾问的意见基础上做出个性化的安排。因此，TAA的援助计划并不以产品出口或使用本国替代产品作为前提条件，不属于禁止性补贴。那么，TAA属于可诉补贴抑或不可诉补贴吗？对这一问题的判断，首先要对补贴的专项性进行分析。

根据《反补贴协议》第2.1条b款，WTO的反补贴纪律与规则仅约束具有专项性的补贴，不具有专项性的补贴则不受协定约束。所谓专项性，特指补贴仅授予部分特定的企业、产业、地区，因专项性补贴对适用范围以外的企业构成歧视性的不公平待遇，需要国际规制以避免对自由贸易造成消极损害。在TAA认定过程中，负责机构仅审查申请人的产品生产与销售量、员工失业情况、前两者与进口增加之间的因果关系，并不设置额外的特别条件。鉴于TAA普遍适用于所有企业，没有对行业、地域设置限定，因此很难被归入专项性补贴的范畴。总体来看，TAA应被认定为《反补贴协议》第2.1条b款中规定的非专项性补贴，即法律法规或官方文件中只要列明了获得此类补贴资格和补贴数量的客观标准，且此类标准得到严格遵守，即可排除法律上的专项性认定。而在事实专项性层面，尽管最终实际获得TAA援助的企业仅是某些企业而并非全部企业，通过主体

① 张丽英：《世界贸易组织法律制度与实践》，高等教育出版社2012年版，第330页。

资格认证的申请者和获得批准的援助方案在地区和行业占比上也存在差异，但美国的11个贸易调整援助中心在全国范围内都有分布，因此很难认定TAA具有事实上的专项性。从适用对象和实施效果来看，贸易调整援助措施并非直接的财政支持，而是技术援助，方式方法较为缓和，并不会产生过激的结果或引发国家间贸易摩擦。总之，美国立法者关于TAA的制度设计较好地规避了对WTO《反补贴协议》的违反，不存在明显的合规性问题。这也从侧面表明，相比于"两反一保"措施，可将TAA制度定位为对其他国际贸易参与方影响不大的贸易救济措施。而事实上，美国也并没有因为TAA制度的实施而在WTO体系内遭遇反补贴案件，这从侧面反映出TAA制度的可行性。

五、贸易调整援助与保障措施的关系辨析

根据GATT第19条第1款a项与《保障措施协定》第2条，如因不可预见的发展或因关税减让而导致某一产品进口激增，对进口国同类产品或直接竞争产品的国内生产者造成严重损害或严重损害威胁，则进口国有权在防止和补救此种损害所必需的限度内，对该产品全部或部分暂时中止或撤销或修改减让，此即WTO贸易救济中的保障措施。相比于反倾销、反补贴，保障措施与贸易调整援助的关系最为紧密，二者同为公平贸易背景下对国内产品遭受损害提供的救济，且两类措施均采用了"进口增加""同类或直接竞争产品"等作为认定标准，从而使调查程序中获得的关键信息可以实现联动共享。相较于两反措施，保障措施由于是针对公平贸易情况下的进口商所采取的，尽管措施的直接约束对象是进口商，但毫无疑问直接介入了进出口贸易关系，具有相应的作用效果，因此显然属于对外措施。也正因此，为了避免对公平贸易造成不利影响，保障措施的启动条件更为严格，必须符合"不可预见的发展"这一适用前提。在GATT与WTO争端解决的实践中，专家组和上诉机构曾经多次对"不可预见的发

展”给出专门的解释意见，较高的证明标准使得保障措施的适用空间较为受限，难以充分满足保护国内产业的需要。[①] 相较之下，贸易调整援助更多地立足于国内市场，以进口竞争对产业、企业、工人、农民等主体的冲击和损害作为救济的切入点，采取技术手段、再就业培训等多元化的方式促使产业升级调整、激励工人恢复就业，这些措施更多是对内举措，相对柔性和缓，不会引起国家之间贸易摩擦的升级。

六、构建中国贸易调整援助立法的主要考量

（一）贸易调整援助立法的制度体系

在当前改革开放全面深化的新时代下，中国的对外贸易将面临越来越激烈的竞争，不断加速的自由贸易试验区战略也将中国企业推至新时代的境况。截至2019年9月，中国已先后分五批设立了18个自由贸易试验区，力图构筑全面对外开放的新格局。在进出口结构转变和自贸试验区建设的双重背景下，中国企业无疑将面临比加入WTO时更为严峻的进出口竞争，以及随之而来的相应的贸易调整成本与社会压力。自由贸易在一定程度上将促进社会福利的重新配置，在部分行业领域，中国生产者不具备充分的竞争优势，那么将遭遇竞争损害。对此，构建起符合中国本土需求的贸易调整援助制度，协助受损者进行调整，能够缓和相关群体对贸易自由化的抵制，弥合贸易自由化与保护主义之间的冲突。因而，中国实有必要适时引入贸易调整援助立法，作为对现有贸易救济措施的合理补充。

如上所述，相比而言，“两反一保”措施旨在为企业提供较为温和的国内环境和市场竞争，其着眼于宏观的贸易救济，贸易调整援助以主体资格认定、援助计划制定、调整方案审批为依托，旨在协助企业制定并实施量身定制的调整计划从而推动产业升级、促使工人再就业，其受众面定位

① 柳玉冰：《从DSB的解释规则及实践看保障措施中“不可预见的发展”问题》，《世界贸易组织动态与研究》2007年第10期。

于国内生产者，相应采取的措施也主要从微观视角予以实施。当然，对内举措与对外措施从出发点上是相通的，二者完全可以共存于贸易救济制度实践中，服务于中国贸易企业的权益保护。与此同时，援助立法的制定必须与其他相关法律及行政法规保持合规性，并充分考虑到多边主义贸易秩序的稳定性。

（二）援助工作的负责机构

贸易调整援助制度的高效运转不仅依赖于立法的支持，还需要必要的运作机构开展具体的工作。以美国为例，美国商务部下设的经济发展局（Economic Development Administration，EDA）专门负责援助资格认定与援助方案的审批。为保证运行效率，美国商务部在全国各地区设立了 11 家贸易调整援助中心（Trade Adjustment Assistance Center，TAAC），帮助企业向 EDA 申请援助资格、制定和执行经营调整计划（参见表5－2）。以此为参照，我国的企业贸易调整援助制度应当主要由商务部贸易救济调查局负责。具言之，我国的商务部贸易救济调查局是在原公平贸易局与原产业损害调查局的基础上合并而成，其在“两反一保”等贸易救济措施的产业损害调查、企业损害认定、进出口贸易异常状况监测及产业竞争力评估方面积累了较为丰富的经验，这对贸易调整援助的展开具有直接的帮助。不过，如果允许受损企业直接向商务部递交申请，不仅会使商务部面临大量的无效申请，而且会耗费大量的人力、物力、财力资源。基于此，我国也可考虑在各地区设立相应的中心，直接与企业接洽，并初步审查申请人是否具备援助资格、相关经营调整计划是否具备可行性，由此便可过滤掉一些无效的援助申请，从而在整体上提升贸易援助工作的效率。事实上，在我国商务部主持制定的 2008 年《贸易调整援助暂行办法（草案）》中，已经明确将贸易调整援助的申请步骤区分为省级地方商务主管部门的初步审查与商务部的最终批准两个环节，省级商务主管部门在一定程度上充当了地方贸易调整援助中心的角色，这有利于优化援助流程，提升援助效率，使企业尽快步入调整轨道，经过先期筛查避免不适格企业的援助申请长期积压，以防对商务部援助工作的整体开展形成迟滞和拖缓等不利效果。

表 5-2　2016—2021 年美国各地区贸易调整援助中心受资助额度列表①

中心名称	所在地	资助额度（万美元）
大湖贸易调整援助中心	密歇根	170
大西洋中部贸易调整援助中心	宾夕法尼亚	120
新英格兰贸易调整援助中心	马萨诸塞	97.8
纽约贸易调整援助中心	纽约	110
落基山贸易调整援助中心	科罗拉多	120
西南贸易调整援助中心	得克萨斯	120
中部贸易调整援助中心	密苏里	100
中西部贸易调整援助中心	伊利诺伊	120
西北贸易调整援助中心	华盛顿	120
东南贸易调整援助中心	佐治亚	130
西部贸易调整援助中心	加利福尼亚	120

（三）贸易调整援助的立法授权

在 WTO 法律框架体系内，并没有明确规制贸易调整援助的相关文件，相关联的制度主要是 2005 年 WTO《香港部长宣言》确立的促贸援助项目，但该制度适用的目标是帮助发展中国家，特别是最不发达国家，增强它们所需的供给能力和与贸易有关的基础设施建设。② 简言之，促贸项目

① EDA Public Affairs Department, "U. S. Commerce Department Announces $13.3 Million to Boose Competitiveness of U. S. Manufacturers", available at: https://eda.gov/news/press-releases/2017/08/22/taac.htm, last visited on May 17th, 2019.

② WTO 框架下的促贸援助包括技术援助、基础设施援助、生产能力援助、调整援助四类，其中调整援助指的是帮助弥补因削减关税、优惠待遇侵蚀或贸易条件恶化等产生的调整成本。参见王成安：《WTO 促贸援助与中国方案》，中国社会科学网：http://m.cssn.cn/jjxx/jjxgdxw/201906/t20190601_4911622.shtml，最后访问日期：2019 年 6 月 19 日。

是为了使国家有能力实施 WTO 各协定并从中获益以及扩大它们的贸易，这与针对国内因贸易自由化而遭遇损失的企业、工人、农民的 TAA 项目并非同一概念。2011 年，商务部办公厅颁布《关于加强商务领域法治政府建设工作的通知》（商法字〔2011〕54 号），其中要求商务部公平贸易局、产业调查局、条法司重点探讨并研究出台贸易调整援助等相关制度。

（四）贸易调整援助的适用对象

贸易调整援助制度的核心功能在于对国际贸易自由化中遭受损失的主体提供援助，以促使其通过开展结构调整、产业升级、生产转移等手段，恢复国际竞争力、实现自我改善。但是，对于这一制度的受助对象，各国立法存在明显的差异：经过长期的立法演进，美国形成了全面涵盖产业、企业、工人、农民、社区的贸易调整援助立法；欧洲的全球化调整援助基金着眼于解决因自由贸易、资本流动、全球金融危机等引致的大规模失业现象，其申请者仅限于失业工人，而非企业或产业；韩国的贸易调整援助制度主要惠及受到国际贸易不利影响的农民、渔民；日本的贸易调整援助制度聚焦于衰退产业及困难行业的政策扶持。就其差异产生的原因而言，这与各国的经济产业结构是密不可分的，即各国的经济发展状况和支柱型产业有别，这决定了贸易调整援助的适用对象各有侧重。

对于我国而言，构建贸易调整援助制度必须首先解决援助对象涵盖哪些主体这一基本问题。相比之下，2008 年《贸易调整援助暂行办法（草案)》将因进出口竞争而遭受不利影响的企业与产业作为援助对象，2017 年《中国（上海）自由贸易试验区贸易调整援助试点办法》则将援助对象限定于因受国际贸易环境变化影响而造成贸易竞争力下降、员工流失的企业，并没有将产业纳入援助的范畴。可以发现，学理上对于将企业作为援助对象基本形成了共识，而对于产业的援助还有待进一步辩论。产业一词更多出现在经济学意义上，既可用以泛指国民经济中各个具体产业部门，如工业、农业、服务业，又可指代更具体的行业部门，如钢铁业、纺织业、食品业、造船业等。在法律意义上，尤其是在贸易救济视角下，国内产业主要指代国内同类产品或者直接竞争产品的全部生产者，或者其总产量占国内同类产品或直接竞争产品全部总产量的主要部分的生产者。①

根据《反倾销协定》第 4.1 条，国内产业一词指的是同类产品的国内生产者全体，或指总产量构成同类产品国内总产量的一个主要部分的国内生产者。可见，要确定国内产业，须先确定"同类产品"。国内相关产业指的是生产与被调查的进口产品在物理属性及功能上基本一致的进口国本国产品的产业。划分"同类产品"最基本的要求是：要有基本相同的物理、化学或技术性能，与用途相比较，物理、化学性能是划定产品、范围的决定性标准，标准是概括的，只需要基本的性能一致即可。②

相较之下，"企业"一词更多是针对个体而非全体，其不仅包括公司，也包括合伙企业、个人独资企业等经济形态。在构建贸易调整援助立法的过程中，需要以内外一致、无歧视的标准对待国内的各类企业主体，无论内资企业还是外资企业，在具备法定资格、符合法定要件的情况下均应有权申请援助。③ 此外，鉴于中小企业相比于跨国公司和大企业而言，在信息、技术、人才、市场、融资方面存在明显的劣势，且中小企业在应对国际竞争、遭遇国际贸易损害时自我调整能力相对较弱，因此应将中小企业作为贸易调整援助的重点对象。④

（五）贸易调整援助的审批要件

如前文所述，贸易调整援助形成的大背景是全球化与自由贸易加剧了输赢两家的利益分层，因此需要政府介入，从贸易受益者手中分取一部分收益用于补偿和协助那些因国际贸易而失业的工人以及因贸易受损而亟待

① 侯杰、米家龙：《中国贸易救济问题研究》，经济科学出版社 2010 年版，第 90 页。

② 张玉卿：《国际反倾销法律与实务》，中国对外经济贸易出版社 1993 年版，第 52 页。

③ 孙叶平：《论我国企业贸易调整援助制度的构建——以美国贸易调整援助制度为借鉴》，中国政法大学 2011 年硕士学位论文，第 36 页。

④ 陈业宏、黄媛媛：《中小企业贸易调整援助制度的构建》，《现代经济探讨》2012 年第 11 期，第 55 页。

调整的企业。那么，政府应当在何时以及在何种条件下针对何种主体提供援助，就成为必须解决的先决问题，这一问题亦可概括为援助申请人的审批标准问题。[①] 部分国家援助立法的运行实践为我们提供了经验与启示，以韩国为例，韩国的贸易调整援助制度确立于2006年，相关立法是为了应对韩国因对外签署自由贸易协定而引发的争论，援助项目的实施与运转被视为韩国自由贸易协定政策的组成部分。韩国立法者颁行贸易调整援助制度的初衷是期望其能够成为救济贸易自由化受害者的有效途径，然而据实证研究显示，这一立法通过后10年间只有82个企业成为受益者。如果说，在TAA项目引入初期其利用率低尚可归因于社会公众对这一制度不够了解，那么，在后期这一制度仍然只有较窄的受众，说明问题在于其严苛的主体资格审查条件与交往复杂的申请程序。[②] 可见，如何设定资格审查工作的标准，是关系到制度准入的"门槛"问题，也是立法者必须谨慎论证的问题。

贸易调整援助的审批工作具体区分为申请者的资格认定阶段与援助方案的制定与实施阶段。在明确某类主体属于前述的援助对象后，申请人需要提供证据材料以证实自己在国际贸易中遭遇了损害。换言之，如果查明某一国内产业或国内企业因同类产品的进口增加而遭受损害，即可启动援助程序。关于进口产品对国内产业影响的调查包括对影响产业状况的所有有关经济因素和指标的评估，包括：销售、利润、产量、市场份额、生产力、投资收益或设备利用率实际和潜在的下降；影响国内价格的因素；对现金流动、库存、就业、工资、增长、筹措资金或投资者能力的实际或潜在的消极影响等。事实上，法律条款中很难对损害指标的清单作穷尽性列举，这些因素中的一个或多个未必能够给予决定性的指导。所谓的负面影

---

① Stephanie J. Rickard, "Compensating the Losers: An Examination of Congressional Votes on Trade Adjustment Assistance", in International Interactions, 2015, Vol. 41, No. 1, p. 47.

② Joon – heon Song, "Finding Beneficiaries: Trade Adjustment Assistance System in South Korea", in Journal of International Trade Law and Policy, 2017, Vol. 16, No. 2, p. 92.

响，需要达到一定的程度方可认定为损害。在经济运行中，产业受到的影响应该是动态的，因此要以法律规定的要件来界定。[①]

在审查相关企业是否因贸易自由化遭受损害时，可以采取以下标准将损害的认定固化下来：其一，企业中大量或相当一部分工人已经离职、失业或面临离职风险，这是考虑到离职率与企业的经营状况相关联，无论是员工主动请辞抑或被用人单位裁员撤职，如果达到了规模较大的幅度，都属于损害的外在表现；其二，在特定的期间内，企业的利润明显下降，或者企业的生产量、销售额等呈现出严重的下降趋势；其三，进口同类或直接竞争产品或服务的增加"重要地促成了"上述情况的发生，即损害与进口增加直接具备因果关系。只有在认定进口增加、贸易损害、因果关系后，相关机构才可认定申请者的援助资格。

在获批援助资格后，申请人需要结合自身的发展状况制订相应的经营调整计划，该计划获批后，申请人才可获取援助措施的支持。根据2008年《贸易调整援助暂行办法（草案)》，商务部及省级地方商务主管部门在对企业的经营调整计划进行审查时，须重点考量以下方面：其一，援助计划是否经过了充分合理的调查与研究、论证与分析，并且该计划能够实质地促进该企业的经济调整；其二，援助计划是否适当考虑了该企业内工人的利益；其三，援助计划是否表明企业将充分利用自有资源实现该企业的进一步发展。

第二节　中国贸易调整援助的政策依据与法律续造

一、贸易调整援助的政策定位

（一）贸易自由化的补偿机制

自20世纪80年代后期开始，国际社会逐渐达成越来越广泛的共识：

① 张丽英：《世界贸易组织法律制度与实践》，高等教育出版社2012年版，第287页。

在封闭的国家或区域中，经济自由化（Economic Liberalization）比保护主义更能带动经济增长与创新。这种共识能够通过国别经济发展状况的比较显现出来。20世纪80年代曾被称为拉丁美洲国家“失落的十年”，在此期间内，拉美国家普遍存在过度贫困、经济停滞、金融失调等经济下滑态势，原因主要有闭关锁国、非竞争的经济政策、缺乏国内改革等。而相比之下，亚洲国家的开放型发展模式则提供了相反的镜鉴：1951年之后的22年间，日本年均经济增长率达8.8%，创造“日本奇迹”；随后32年间，韩国、马来西亚经济年均增速分别为7.06%和6.53%，创下“亚洲奇迹”；中国自1978年开始改革开放，到2017年的39年间，经济年均增长率为9.5%，中国经济的世界排名从第11名上升为全球第二大经济体，创下“世界奇迹”。

就其内涵而言，经济自由化包括了贸易自由化、投资自由化、金融自由化等方方面面，对外开放所带来的红利不容置疑。然而，经济自由化在各国的发展程度却并不统一，即使是美国这样的自由化国度，出于国情考虑，也并未完全开放本国经济。从宏观经济发展的角度考虑，多数国家之所以反对完全的自由化，对自由化持有谨慎的态度，理由主要有这样几方面：担心弱小的国内产业竞争力不足而遭遇排挤；快速且剧烈的经济转变可能带来不良的社会后果；关于道德、健康、环境方面的隐忧及对国家安全的顾虑等。①

作为贸易自由化的补偿机制，美国的贸易政策制定机构率先引入相应的制度设计，在这种背景下，保障措施（Safeguards）和贸易调整援助制度应运而生。就其历史演变来看，美国的贸易自由化补偿制度经历了从双边向多边发展的进程。保障措施初现于美国与墨西哥1942年签订的《互惠贸易协定》中，鉴于条款的内容是关于缔约国如因承担协定义务而对已

① ［德］鲁道夫·多尔查、［奥］克里斯托弗·朔伊尔：《国际投资法原则》，祁欢、施进译，中国政法大学出版社2014年版，第90页。

不利时，可以全部或部分地免除义务，因此又被称为“逃避条款”。第二次世界大战后，美国一方面积极推动世界范围内的贸易自由化，另一方面又担心本国的民族产业会因自由化而受到进口产品激增的损害，因此在与许多国家签署贸易协定时都订入了此类条款，由于美国《1974年贸易法》第201节专门规定了“逃避条款”，因此也被称为201条款。① 与此同时，自20世纪60年代开始，美国为了对抗日益兴起的欧共体，在国内劳动组织与进口竞争产业的推动下，率先于《1962年贸易扩展法》中确立了贸易调整援助制度。从美国式的贸易政治逻辑来看，TAA立法的动因是为了减少对日益拓展的自由贸易的反对，继续为自由贸易提供政治支持，即援助的目的是为了救济贸易受损者而不是为了抵制贸易自由，因此TAA被视为对逃避条款的替代物。②

（二）贸易救济措施的理性选择

作为一项公共政策工具，贸易调整援助特指在经济全球化和贸易自由化的背景下，由一国政府对因贸易竞争或产业转移而遭受利益损失的本国产业、企业或劳工实施相关援助的各类措施。③ 该制度运行的基本原理是：通过对因市场开放而遭受进口竞争损害的产业、企业和工人提供资金、技术、咨询服务等政策援助，促进国内产业和工人进行自我调整，以适应激烈的国际竞争，促进国内产业和企业开展结构调整，保障因产业受损而失业的工人重获再就业的机会。

TAA与反倾销、反补贴、保障措施同属于贸易救济制度，但与“两反一保”等贸易救济措施相比，TAA具有独特的制度优势：首先，TAA的启动源于国内企业或工人受到进口产品或服务的竞争损害，它既可以针对国

① 张丽英：《世界贸易组织法律制度与实践》，高等教育出版社2012年版，第341页。

② 陈利强、屠新泉：《WTO体制下美国贸易调整援助制度合法性探》，《国际经贸探索》2011年第2期。

③ 沈四宝、刘俊敏：《经济全球化下的中国贸易调整援助制度》，http：//chinawto. mofcom. gov. cn/article/dh/cyjieshao/201008/20100807092096. shtml，最后访问日期：2019年4月30日。

际贸易中的不公平竞争行为，也可以针对公平竞争行为，启动门槛比“两反一保”措施更为宽松，申请救济的企业或工人只需满足国内法中的援助要求、向有关部门提交TAA申请书并提供相关佐证即可；其次，TAA是一种带有福利政策性质的国内救济与贸易补偿机制，获得TAA的企业可以借助政府援助而调整自身的发展方向，在恢复竞争力后重新进入国际市场，而“两反一保”则通过征收反倾销税、反补贴税、限制进口数量、要求出口商做出价格承诺等手段加以实施，这对外国产品的进口构成抑制效果，如运用不当将构成非关税壁垒、对国际贸易形成扭曲后果；[①] 再次，TAA制度的逻辑起点是旨在实现国内产业的自立自强和长远发展，政府通过技术援助、现金支持、教育培训等多种措施对受影响的企业及工人进行激励，激发其竞争的内在动力以获得长远的竞争优势，而“两反一保”则着眼于短期的进口限制效果，侧重于对国内产业提供当下救济、维护经济安全；[②] 最后，TAA措施比“两反一保”制度更具弹性和灵活性，由于TAA的适用对象主要是政府对本国的产业、企业、工人开展援助，不涉及对他国主体的利益损抑及补偿，故此通常不会触动WTO争端解决机制或招致贸易报复，而“两反一保”则具有更为宽泛的“打击面”，通过进口设限或提高税费的方式制裁进口产品、遏制竞争，其对外国主体具有直接的影响，更易引发贸易摩擦。

二、贸易调整援助的内涵与理据

（一）贸易调整援助的制度内涵

自中国共产党第十八届三中全会以来，我国将“推进国家治理体系和治理能力现代化”作为全面深化改革的总目标，这意味着，应以法治为基

---

① 张建：《中国贸易调整援助立法：路径选择与方案设计》，《深圳社会科学》2019年第3期。

② 高维新：《WTO贸易救济权研究》，对外经济贸易大学出版社2012年版，第67页。

础建立规范权力运行的机制和体系。[①] 从法律体系迈向法治体系，须具备必要的权力机构作为支撑，还须充分的法制体系作为保障，贸易调整援助制度的法律构造亦不例外，只有明晰其制度运行的理据与内涵，才能廓清其法律基础、了解其规则含义、指导其发展方向。

综观各国的TAA立法，除了美国外，欧盟、韩国、日本、加拿大、墨西哥、印度、阿根廷、南非、墨西哥等也建立了此类制度。[②] 由于各国的TAA立法存在明显的差异，关于该项制度的内涵，理论上存在不同的见解：有的学者将其界定为对本国部分衰退产业（如传统的资源密集型产业）进行政策性扶持，从而促使其重生、促进其发展的制度，并将其区别于对所有落后产业盲目进行地方保护的政策；[③] 有的学者将其理解为对本国的幼稚产业给予合理扶持和适度保护的倾斜性制度，在开展企业保护的同时又要保持一定的竞争活力，使自由贸易兼顾效率与公正，保障企业摆脱幼稚、顺利成长、走向成熟，并逐步提升其国际竞争力；[④] 有的学者将其限定为遭遇全球金融危机或外贸侵害的中小企业，从产业、人事、技能、市场、管理等方面提供非财政援助，促使其积极调整以提升国际竞争力；[⑤] 有的研究，更注重于对国有企业的援助和调整，以发挥政府在市场运行中的“守门人”角色；[⑥] 还有的研究，将受助对象界定为困难行业，即使该行业不属于衰退行业或中小企业，而只是遭遇暂时的经营困难，也应受到TAA的调整与援助，由此便将中国部分的传统行业或民族工业纳入援助对象的范畴之内。[⑦] 可见，现有的研究对于贸易调整援助的适用对象尚

① 王利明：《法治：良法与善治》，北京大学出版社2015年版，第23页。

② 沈四宝、刘俊敏：《经济全球化下的中国贸易调整援助制度》，http://chinawto.mofcom.gov.cn/article/dh/cyjieshao/201008/20100807092096.shtml，最后访问日期：2019年5月16日。

③ 韩立华、刘幸：《建立健全衰退产业调整援助政策探析》，《学术交流》2005年第11期。

④ 邱亦维：《WTO下我国幼稚产业适度保护的思考》，《商业时代》2009年第28期。

⑤ 陈业宏、黄媛媛：《中小企业贸易调整援助制度的构建》，《现代经济探讨》2012年第11期。

⑥ 张锐：《试论国企扭亏中政府的产业调整援助作用》，《管理现代化》1995年第4期。

⑦ 陈金松、张文波、田苗：《应对困难行业实施产业调整援助政策》，《中国经贸导刊》1999年第19期。

未达成一致意见。笔者认为，对TAA内涵及其适用对象的探讨，应回归制度原本的初衷，以申请企业是否因进口产品带来的竞争而遭受损失作为判定中心，而不应以申请者是国有企业抑或中小企业，是困难产业、衰退产业抑或幼稚产业作为判定标准。换言之，TAA制度是在国际贸易自由化进程中应运而生的制度，具有普惠性特征，这与国内法层面的社会救助制度（如社会保险、失业保险）不同。具言之，前者旨在帮助企业重获竞争力、回归市场参与自由竞争、使工人恢复就业，而社会救助制度主要是为了保障失业者等社会困难群体最低的基本生活保障，二者的侧重点不同，这决定了其制度内核迥然各异。

（二）贸易调整援助立法的法律依据

在“一带一路”背景下探讨贸易调整援助制度的构建与完善，既有其国际法依据，又有其国内法依据。就国际法而言，主要涉及TAA与WTO法律体系的相容性分析。早在1980年，GATT曾成立工作组专门讨论国内的产业结构调整与贸易政策的关系，但迄今为止，GATT/WTO从未发布过任何涉及TAA的统一规则，而是采用过渡期以及“两反一保”措施加以替代。一方面，在《保障措施协定》中，序言部分明确提及结构调整的必要性，且第7条第2款和第7条第4款允许对产业进行结构调整时可以延长有关措施，为实施TAA创造了环境。但另一方面，TAA措施是否涉嫌构成《反补贴协议》中的“补贴”，常引发争议。以美国为例，对国内企业实施的TAA包括税收援助、财政援助和技术援助。其中，前两者涉及财政、金融、税收等产业政策措施，从理论上讲，这两种形式的TAA属于可诉的补贴范畴，但由于国会早在1986年已将其取消，因此在《反补贴协议》体系下探讨其合规性已无现实意义。就技术TAA而言，由于研发补贴已经成为可诉性补贴，技术援助可能面临合法性挑战，但仍然可以针对补贴是否满足“专项性”进行辩论。[①] 自2004年以来，WTO对美国的贸

---

① 陈利强、屠新泉：《WTO体制下美国贸易调整援助制度合法性探析》，《国际经贸探索》2011年第2期。

易政策审议报告中将 TAA 视为“政府补贴及其他支持措施”，在以后的每次审议中均对其进行重点审议。在 2016 年针对美国的第 13 次审议报告中，WTO 秘书处明确指出：美国联邦和各州均没有调整政府补贴的统一法律框架，传统上，联邦补贴是以补助金、税收减免、贷款担保、财政直接支付等方式进行的。美国的 TAA 不仅适用于公司，也适用于工人和农民，为了避免构成补贴，美国取消了针对企业的财政援助，而主要采取专业指导或技术援助的方式，用于研发有关项目或提供外部咨询。① 在 2018 年 12 月针对美国发布的第 14 次审议过程中，美国政府再次对其 TAA 项目做了报告，指出：作为美国贸易日程的重要组成部分，TAA 项目针对在全球竞争中遭受不利影响的美国工人提供援助。随着 2015 年《贸易调整援助再批准法案》的生效，TAA 项目的有效期得以延续，保障受到外贸损害的工人有机会获得可持续就业的技能培训。②

就国内法而言，自改革开放以来，我国逐步构建了完善的贸易救济法律体系，该体系充分涵盖了不同位阶、不同层级的法律规范：其中，《对外贸易法》作为基本依据，设专章规定了“对外贸易调查”和“对外贸易救济”两方面内容；此外，我国制定了三部专门的贸易救济行政法规，即《反倾销条例》《反补贴条例》《保障措施条例》；为了贯彻落实前述法律法规，商务部先后颁行了若干部门规章，内容涉及“两反一补”调查的立案规则、听证规则等。③ 整体上，我国的贸易救济立法呈现出结构完备、内容丰富、规则适用性较强的特征。然而，与此立法现状极不相称的是，贸易调整援助的立法进程却相对迟滞，迄今没有出台专门的 TAA 规章或条例。尽管如此，在我国开展贸易调整援助，并非没有法律依据。学界通常认为，《对外贸易法》第 44 条为我国开展贸易调整援助工作确立了国内法

---

① WTO, Trade Policy Review Report by Secretariat, WT/TPR/G/350, p. 79.

② WTO, Trade Policy Review Report by United States, WT/TPR/G/382, p. 28.

③ 宋和平：《自贸区建设的重要法律保障——贸易救济法律与贸易调整援助》，《智慧中国》2018 年第 12 期。

律依据。具言之，该条在规定保障措施的同时，还允许国家对因进口大量增加而遭受严重损害威胁的国内产业提供“必要的支持”，此种支持包括为政府对受损企业提供资金或技术方面的TAA援助提供了空间。①

自2008年起，商务部开展了以《国外贸易调整援助制度及其对我国的启示》为题的课题研究，并初步拟定了《贸易调整援助暂行办法（草案）》。此后，有关建议逐步受到党中央、国务院的高度重视。2015年12月，国务院发布了《关于加快实施自由贸易区战略的若干意见》（国发〔2015〕69号），其中第19条明确指出研究建立贸易调整援助机制，以保障自贸区建设。2017年，上海自贸试验区与上海市商务委联合发布了《中国（上海）自由贸易试验区贸易调整援助试点办法》（沪商公贸〔2017〕147号），在上海自贸区内部率先试点TAA制度。根据《试点办法》，对企业的TAA措施以技术援助为主、以资金援助为辅，具体表现为实施机关通过购买公共服务的方式向企业提供援助，并在2年的实施期内针对受援助企业的经营调整效果进行评估和监督，以增强制度运行的实效。不过，该《试点办法》在具体规则的设计和立法技术方面仍显粗糙，很多条款的可操作性存疑，在机构设置、资金管理、服务机构准入、评价机制细化方面仍待不断完善。②《试点办法》关键条款见表5－3。

表5－3 《中国（上海）自由贸易试验区贸易调整援助试点办法》关键条款

TAA制度的主要内容	《试点办法》的相关条款	《试点办法》的具体规定
援助对象	第3条	在上海自贸区注册3年以上的企业，因国内销售产品受到同类或直接竞争产品进口冲击，或其出口产品在目标国受到贸易摩擦及其他壁垒影响，导致员工大量离职或产销量大幅下降的情形
援助目标	第4条	完善产业安全预警机制，评估并提升产业国际竞争力

① 韩秀丽：《保障措施、贸易保护与产业调整援助立法》，《河北法学》2005年第1期。

② 胡语宸：《贸易调整援助制度的实施路径探析——兼评上海自贸试验区试点办法简评》，《海关与经贸研究》2019年第2期。

续表

TAA 制度的主要内容	《试点办法》的相关条款	《试点办法》的具体规定
实施部门	第 6 条	由市商务委会同市发改委、市经济信息化委、市财政局、市人社局作为总体指导机构；由上海自贸区管委会作为具体工作部门，管委会可委托第三方中介机构开展服务工作
申请与审核	第 10 条、第 11 条	企业向管委会提出援助申请并提交经营调整计划；管委会组织专家评审，重点审核企业产品是否与进口产品属于同类产品或存在直接竞争关系或构成贸易摩擦涉案产品、进口数量增长或出口数量下降的情况、企业受损情况、因果关系分析
援助方式	第 12 条	对企业在市场推广、检测认证、国际营销、产品设计研发、信息化提升、风险及供应链管理、出口信用保险、人员培训及融资方面予以协助
援助期限	第 14 条	受援助企业实施经营调整计划的时间为 2 年
效果评估	第 15 条	自贸区管委会跟踪报告受援助企业竞争力的恢复进展，逐年评估推进效果

三、中国贸易调整援助的制度构造

（一）援助的负责机构与援助对象

在探讨中国贸易调整援助立法时，首先应明确援助的负责机构与援助对象的主体资格。以美国的贸易立法为参照，其已构建了完备的 TAA 体系，充分涵盖了工人、农业、企业、社区等各个方面，其中企业 TAA 的援助措施由美国商务部负责，商务部下设的经济发展局专门负责对申请主体的资格予以认定，并对申请人制定的援助调整方案进行审批。为了保障 TAA 的运行效率，美国商务部在全国范围内设立了 11 个 TAA 中心，这些中心的核心职能即协助企业起草援助调整计划，并据此向经济发展局申请援助资格。借鉴美国的经验，结合我国国家机关的职责分工，可考虑由我国商务部下设的贸易救济调查局牵头负责 TAA 制度的构建与实施。根据公开资料显示，我国商务部贸易救济调查局组建于 2014 年 4 月，其在原公平贸易局与原产业损害调查局的基础上合并而成。[①] 就职能而言，贸易救济调查局不仅专门负责拟定和实施与进出口公平贸易相关的部门规章，而且组织实施与“两反一保”及其他贸易救济措施相关的部门规章，承担着贸易救济措施原审、复审的调查与裁决，对产业损害预警、进出口公平贸易预警、倾销、补贴、进口数量增长及相关损害、因果关系的认定具有成熟的工作经验。[②] 鉴于此，由贸易救济调查局作为我国开展 TAA 工作的总体指导机构较为适宜。但与此同时，尽管贸易救济调查局的上述职能与 TAA 工作十分契合，但是如果由企业直接向商务部提交 TAA 申请，则商务部很可能会面临大量不规范甚至无效的申请，会引起不必要的时间和资源浪费。[③] 基于此，需要具体的实施机构来实际推行有关工作，可以考虑在商务部与援助申请人之间设置中间传导机构，譬如由各地方商会或者由地方贸促会分别处理不同区域的企业所提交的 TAA 申请，对申请人的请求进行初步筛查，由此既可大大减少政府部门的工作量，也可保证援助申请的准确性、调整方案的高效性及援助措施的针对性。

如前文所言，就援助对象而言，美国的 TAA 立法将工农商各界均纳入可援助的范围之内，但其做法并非“一步到位”，而是最初在直接从事进出口贸易的美国企业中实施。对于我国而言，亦有必要推行农业 TAA 和工人 TAA，但在制度构造之初，先行在直接参与国际贸易竞争的企业中开展 TAA 试点，更具现实性。所谓企业（enterprise）一词，可用于泛指各类以营利为目的的组织。[④] 根据美国《1974 年贸易法》第 2351 条，可申请企业 TAA 的主体，既包括具有法人资格的实体，如公司，也包括非法人实体

---

① 商务部贸易救济调查局：《领导致辞》，http://trb.mofcom.gov.cn/article/gywm/200612/20061204007073.shtml，最后访问日期：2019 年 5 月 16 日。

② 商务部贸易救济调查局：《贸易救济调查局主要职能》，http://trb.mofcom.gov.cn/article/gywm/200203/20020300004002.shtml，最后访问日期：2019 年 5 月 14 日。

③ 孙叶平：《论我国企业贸易调整援助制度的构建——以美国贸易调整援助制度为借鉴》，中国政法大学 2011 年硕士学位论文，第 34 页。

④ 薛波：《元照英美法词典》，北京大学出版社 2013 年版，第 476 页。

的任何事实上的个人联合，如合伙企业。在我国，企业的组织形式主要包括公司、合伙企业、其他组织。所谓合伙企业，是指自然人、法人或其他组织依法成立的，由两个以上的主体通过订立合伙协议，共同出资经营、共负盈亏、共担风险的组织形式。① 由于从事国际进出口贸易的主体并不限于公司，因此除公司以外的其他企业也可能遭受贸易自由化损害，应允许他们申请 TAA 援助。简言之，不应将 TAA 的援助对象狭隘地限定为公司，还应当包括各类其他形式的中小企业。

（二）援助的程序设计与实施方式

综观各国的贸易调整援助立法，在程序设计上通常区分两个步骤，即先对申请人的主体资格进行认定，而后再对其授予援助利益。在判定申请者是否符合援助标准时，需要综合认定企业是否经历大规模的工人失业、企业产量及销售额是否出现大幅减少、企业的经济损害是否与贸易自由化存在因果关系等。如果将申请人的主体资格要件定得过高，可能导致无人符合要求而使 TAA 制度被“架空”；如果将申请人的主体资格要件定得过低，又可能使 TAA 制度被企业所滥用，成为经营不善时骗取援助的“深口袋”。为了避免因主体资格要件定得不合理而影响制度初衷及运用实效，有必要综合纳入多元标准，全面考虑企业的经营状况是否受到国际贸易自由化的不利冲击。在我国的保障措施调查中，下述要素是重点关注的方面，这在 TAA 申请人的资格认定阶段也具有参考价值：其一，市场销售份额减少；其二，生产率和设备利用率下降；其三，利润下降或亏损扩大；其四，企业大幅裁员。② 当然，这些要素并不必然全面满足，而只要符合其中某项要件即可。

就贸易调整援助的实施方式而言，总体上包括两大类措施，即技术援助与现金援助。以美国《2009 年贸易与全球化调整援助法》为例，其规定了四类技术援助手段：初步技术援助（产品生产与市场营销方面的信息

① 马忠法：《法律、商业与社会》，上海人民出版社 2017 年版，第 170 页。

② 参见《中华人民共和国保障措施条例》第 8 条。

提供)、加强技术援助（通过一系列课程或研讨会帮助企业增加生产与销售的竞争力)、初步经营调整计划、长期经营调整计划。相比之下，韩国主要运用现金援助来为受助对象提供财政支持。自2003年韩国与智利签订第一个自由贸易协定开始，韩国一方面修订《产业损害救济法》，另一方面出台《为履行自由贸易协定制定的对农民、渔民援助特别法》。根据这些国内法的相关规定，韩国政府可以采取的援助手段包括：为了提升产业国际竞争力而提供补贴和贷款（竞争力援助)；为稳定生产经营者而授予直接收入补贴（生产稳定补贴)；对停业者发放补贴以促进其改善后重新开业（停业补贴)；对生产团体购买、储存、加工产品的支持（团体支持)；对农产品和水产品加工者给予资金支持（农业加工支持)。[①]

第三节　中国贸易调整援助立法的理据与规则

一、贸易调整援助在WTO框架内的法理基础

GATT自20世纪80年代开始关注结构调整与贸易政策的关系，并在1980年设立了“结构调整与贸易政策”工作组，该工作组分别于1981年和1983年作出两份报告，分析二者的关系。但迄今为止，WTO规则中并没有专门的贸易调整援助制度。WTO《保障措施协定》序言部分提到了结构调整的重要性，且在第7条第2款和第7条第4款明确规定在进行调整的情况下可以延长有关措施，为促进产业结构调整创造了环境。但是，《保障措施协定》并没有要求强制的产业调整计划，因此有学者建议GATT第19条的紧急保护有必要附带一个动态的调整援助计划。[②] 鉴于WTO没有针对贸易调整援助设置统一的多边规则，理论上主要从WTO《反补贴

① 李星星：《论农业贸易调整援助法律制度》，中国政法大学2011年硕士学位论文，第17页。

② Samuel M. Rosenblatt, “Trade Adjustment Assistance Programs: Crossroads or Dead End”, in Law & Policy in International Business, 1977, Vol. 9, p. 1902.

协议》入手分析 TAA 的合规性。

根据 WTO《反补贴协议》第 1 条，补贴是指一成员国政府或任何公共机构向产业或企业提供的财政资助，或对企业收入和价格的支持。据此，补贴的成立需要同时满足三方面要件：主体方面，必须是政府或公共机构提供的补贴；对象方面，补贴的受益者是产业或企业，且他们通过补贴获得了正常商业条件下无法获得的优惠与利益；形式方面，补贴具体表现为财政资助、收入或价格支持。① 根据前述要求，美国《1962 年贸易扩展法》中的税收援助、《1974 年贸易法》中的财政援助（贷款、付款担保等）均属于 WTO《反补贴协议》第 1. 1 条 a 款第 1 项和第 2 项中的财政资助，鉴于美国国会已经在 1986 年取消了财政援助和税收援助，因此对其进行讨论已无现实意义。② 但对于美国迄今仍然保留的技术援助，对其是否构成 WTO 中的补贴，仍存在争论。根据美国《1974 年贸易法》第 2343 条 a 款，技术援助主要包括三个方面：协助企业准备认证申请；协助企业制定经营调整方案；协助合格企业实施调整方案。在技术援助的过程中，实施主体主要是经济发展局（EDA）和贸易调整援助中心（TAAC），由 TAAC 与申请企业共同聘用专家顾问，在分析企业优势的前提下定制个性化的经营调整方案并付诸实施，以刺激企业复苏和发展。在技术费用承担方面，政府负责 75%，其余部分由企业负担，但援助资金并不直接向企业提供，而是由 EDA 发放给 TAAC，再由 TAAC 按比例支付给商业顾问。事实上，尽管技术援助不是直接的财政资助，但可能构成《WTO 反补贴协议》第 1. 1 条 a 款第 4 项的补贴，即政府向一筹资机构付款、委托或指示私营机构履行政府职能，且其做法与政府通常采用的做法并无实质差别。③ 需要明确的是，认定 TAA

---

① 王红艳：《WTO 补贴制度下美国贸易调整援助制度研究——兼论对我国的启示》，西南财经大学 2014 年硕士学位论文，第 44 页。

② 陈利强、屠新泉：《WTO 体制下美国贸易调整援助制度合法性探析》，《国际经贸探索》2011 年第 2 期，第 72 页。

③ 王传丽：《国际经济法》（第六版），中国政法大学出版社 2018 年版，第 190 页。

属于WTO所规制的补贴措施，只表明此类TAA受WTO约束，但并不表明TAA与WTO法律规则的相容性。那么，应进一步追问的是，采取有关的TAA措施，是否会构成对WTO《反补贴协议》中补贴纪律的违反？对此，有必要进一步考察WTO中采取反补贴措施的各项要件。

根据WTO《反补贴协议》，只有对违规的补贴才可以采取反补贴措施，对于合法的补贴则可以容忍其存在，可见应首先对补贴本身进行具体分类。相比之下，GATT于1947年和1979年制定的旧版《补贴与反补贴守则》采用经济政策标准将补贴分为出口补贴与生产补贴，前者被列为法律禁止的对象，而WTO《反补贴协议》则采取了全新的分类方法，将补贴分为禁止性补贴（无条件禁止的红灯补贴）、可诉补贴（有条件禁止的黄灯补贴）、不可诉补贴（不禁止的绿灯补贴）。所谓禁止性补贴，即与出口实绩或使用进口替代相联系的补贴，具体分为法律上或事实上的出口补贴、进口替代补贴，《反补贴协议》附件一列举了12种可归于出口补贴的具体情况。[①] 在贸易调整援助的申请与实施过程中，负责资格审查的机构在判定申请人是否符合条件时，并不必然为其提供海外拓展方面的援助，而是需要结合企业的具体情况并在听取所聘专家顾问的意见基础上才做出个性化的安排。[②] 因此，TAA的援助计划并不以产品出口或使用本国替代产品作为前提条件，不属于禁止性补贴。那么，TAA属于可诉补贴还是不可诉补贴？对这一问题的判断，首先要对补贴的专项性进行分析。根据《反补贴协议》第2.1条b款，WTO的反补贴纪律与规则仅约束具有专项性的补贴，不具有专项性的补贴则不受协定约束。所谓专项性，特指补贴仅授予部分特定的企业、产业、地区，因专项性补贴对适用范围以外的企业构成歧视性的

---

① 张丽英：《世界贸易组织法律制度与实践》，高等教育出版社2012年版，第330页。

② Economic Development Administration, "Notice of Petitions by Firms for Determination of Eligibility To Apply for Trade Adjustment Assistance", available at: https://www.federalregister.gov/documents/2019/04/29/2019-08550/notice-of-petitions-by-firms-for-determination-of-eligibility-to-apply-for-trade-adjustment, last visited on June 5th 2019.

不公平待遇，所以需要国际规制以避免对自由贸易造成消极损害。在TAA认定过程中，负责机构仅审查申请人的产品生产与销售量、员工失业情况以及前两者与进口增加之间的因果关系，并不设置额外的特别条件。鉴于TAA普遍适用于所有企业，没有对行业、地域设置限定，因此很难被归入专项性补贴的范畴。总体来看，TAA应被认定为《反补贴协议》第2.1条b款中规定的非专项性补贴，即法律法规或官方文件中只要列明了获得此类补贴资格和补贴数量的客观标准，且此类标准得到严格遵守，即可排除法律上的专项性认定。而在事实专项性层面，尽管最终实际获得TAA援助的企业仅是某些企业而并非全部企业，通过主体资格认证的申请者和获得批准的援助方案在地区和行业占比上也存在差异，但美国的11个贸易调整援助中心在全国范围内都有分布，因此很难认定TAA具有事实上的专项性。

总之，美国立法者关于TAA的制度设计较好地规避了违反WTO《反补贴协议》的内容，不存在明显的合规性问题。这也从侧面表明，相比于“两反一保”措施，可将TAA制度定位为对其他国际贸易参与方影响不大的贸易救济措施。而事实上，美国也并没有因为TAA制度的实施而在WTO体系内遭遇反补贴案件，这从侧面反映出TAA制度的可行性，这对我国开展TAA立法提供了一定的借鉴。总体来看，TAA项目在WTO法律体系下是合法可行的，但由于WTO尚未将TAA纳入谈判的范围，在未来尚不确定是否会就结构调整与贸易政策的关系给出进一步的讨论。

二、贸易调整援助在我国法律体系内的规范表达

（一）我国现有的关于贸易调整援助的法律规范文本

贸易调整援助作为与贸易自由化、开放化相辅相成的贸易补偿机制，其本身即具有普惠性、福利性特征。① 具言之，对遭受进口贸易损害的国

① Rickard, “Compensating the Losers: An Examination of Congressional Votes on Trade Adjustment Assistance”, in International Interactions, 2015, Vol. 41, Issue 1, pp. 46 – 60.

内企业提供援助，可以促使企业尽可能地扭转亏损，有效扩大经营规模，从而保障劳工拥有稳定的就业岗位，避免工人失业。尽管我国目前已经构建了某些企业援助法律体系，如2017年修订的《中小企业促进法》允许政府为促进中小企业的发展采取相应的措施，包括缓解融资困难、加大财税扶持、加速技术进步和结构调整、支持企业开拓市场、改进企业服务、提高经营管理水平等，但是现有的规则没有专门针对因国际贸易而受损的企业。基于贸易调整援助具有独特的制度功能，其与“两反一保”及《中小企业促进法》等国内规则构成互补关系，在中美贸易摩擦的背景下，我国亟待出台有关立法，构建有关规则。为了使我国的贸易调整援助立法具备充分的合法性基础，需要审视这一制度在我国现有法律体系内的具体呈现方式和规范表达，使未来的规则构建与现有的制度体系相互契合，共同发挥制度功能。基于此，笔者通过列表的方式将涉及贸易调整援助的国内规范进行了整合与梳理（见表5－4）。

表5－4　我国现有法律规范体系中对贸易调整援助的规定

法规名称	相关条款规定	条款解读
2016年最新修订的《对外贸易法》第44条	因进口产品数量大量增加，对生产同类产品或者与其直接竞争产品的国内产业造成严重损害或者严重损害威胁的，国家可以采取必要的保障措施，消除或者减轻这种损害或者损害的威胁，并可以对该产业提供必要的支持	本条可解读为在我国开展贸易调整援助的立法授权，由于该条款重点针对的是保障措施的法定要件，因此仅针对我国产业遭受的进口损害救济和支持，没有提及工人、农民及出口企业
2015年国务院《关于加快实施自由贸易区战略的若干意见》第19条	在减少政策扭曲、规范产业支持政策的基础上，借鉴有关国家实践经验，研究建立符合世贸组织规则和我国国情的贸易调整援助机制，对因关税减让而受到冲击的产业、企业和个人提供援助，提升其竞争力，促进产业调整	本条系中国首次在官方文件中正式提出研究构建中国的贸易调整制度。尽管该条款没有明确限定援助对象，但通过措辞可以解读出其旨在对关税减让后大量进口产品涌入而给国内企业造成的损失提供救济

续表

法规名称	相关条款规定	条款解读
2008年《贸易调整援助暂行办法（草案）》	本草案共6章22条，除总则与附则外，专章规定了企业贸易调整援助的资格申请与认定、企业贸易调整援助计划的提出和批准、贸易调整援助的方式与资金来源、对贸易调整援助计划实施的监督与评估	这部草案是在商务部《国外贸易调整援助制度及其对我国的启示》课题研究报告的基础上起草的，可视为我国系统引入TAA的首部法规文本，虽未获批准，但具有较强参考价值与借鉴意义
2017年上海市商委会、上海自贸区管委会联合发布《中国（上海）自由贸易试验区贸易调整援助试点办法》	该办法共5章18条，有效期2年，自2017年7月15日至2019年7月14日。除总则与附则外，该办法专章规定了安全预警、调整援助、实施评估，并规定出口型贸易企业的出口产品在目标国家受到贸易摩擦及其他壁垒影响时，也可申请援助	该办法是在上海自贸试验区法制“先行先试”的背景下结合我国参与国际贸易的实践而制定的。作为亮点，该办法确立的援助对象不仅适用于受到进口冲击的企业，还适用于出口受到阻碍的企业，涵盖范围更为完整

（二）《商务部暂行办法草案》与《上海自贸区试点办法》的对比分析

由上文的讨论可知，我国的贸易调整援助不仅在理论研究方面不断取得新的突破，而且在立法层面也在逐步深入推进。相比之下，《对外贸易法》只是对因进口增加而遭遇损害的企业支持提供了一般性的规定，2008年《贸易调整援助暂行办法（草案）》（以下简称《商务部暂行办法草案》）与2017年《中国（上海）自由贸易试验区贸易调整援助试点办法》（以下简称《上海自贸区试点办法》）则相对系统且完整。从法律条款的文本表达来看，尽管这两份文件都是我国引入贸易调整援助制度的立法尝试，但二者在适用范围、制度设计、程序安排、具体细节方面存在不少区别。具体见表5-5。

表 5-5 《商务部暂行办法草案》与《上海自贸区试点办法》关键条款对照

对比要点	2008 年《贸易调整援助暂行办法（草案）》	2017 年《中国（上海）自由贸易试验区贸易调整援助试点办法》
适用范围	援助因进口产品竞争而受到不利影响的企业或产业，促使其自我调整，恢复竞争力，重新参与市场竞争	对因受国际贸易环境变化影响而造成竞争力下降、员工流失的企业，通过社会机构提供公共服务的方式给予技术、资金等援助，帮助其恢复进出口竞争力（涵盖进出口）
实施机关	商务部为负责机关，省级地方商务主管部门具体实施有关工作	由上海市商务委会同市发改委、经济信息化委、财政局、社保局进行试点协调，自贸区管委会具体实施，可委托第三方机构开展服务并进行评估
资格审查	企业内相当数量或比例的工人已经失业或面临失业危险；企业的生产或销售额显著下降，最近 6 个月相比前一年同期减少 25% 以上；企业有关经济因素和指标存在实际或潜在的下降；同类或直接竞争产品进口的显著增加是重要原因	在上海自贸试验区内，工商注册登记满 3 年以上的企业，因其国内销售产品受到同类或直接竞争产品进口冲击，或其出口产品在主要目标国家或地区受到贸易摩擦及其他贸易壁垒影响，导致下列情形之一，可以提出援助申请：企业一年内 20% 以上，或连续两年每年 10% 以上的员工出现离职；企业主要产品产量或销售量较上一年度下降 30% 以上
调整计划	取得援助资格的企业，在取得资格一年内，可向省级地方商务主管部门提交贸易调整援助计划，受理部门初步审查后可以针对企业提交的计划提出修改建议和补充信息	援助范围内的企业，应向自贸区管委会提出援助申请，并提交经营调整计划。管委会应结合本市制造业转型升级相关规划要求，通过组织开展专家评审等方式对经营调整计划书进行审核
审查重点	援助计划是否经过充分合理的调查分析并能实质性促进企业经济调整、援助计划是否适当考虑工人利益、企业是否充分利用自有资源促进企业发展等	重点审查申请人的产品是否受同类或直接竞争产品影响或受贸易摩擦冲击、是否存在进出口数量下降的状况、企业是否受到贸易损害及受损害的因果关系等。优先考虑所在产业已有相关行业组织或企业向商务部提出贸易救济申请并获立案的企业；所在产业经本市产业安全预警体系连续 2 次发布安全预警的企业

续表

对比要点	2008 年《贸易调整援助暂行办法（草案）》	2017 年《中国（上海）自由贸易试验区贸易调整援助试点办法》
援助方式	援助计划获批后，企业可聘请非政府机构提供以下援助：生产制造中的认证、工艺改进、技术方法及标准咨询；营销环节的市场调查、营销策略、客户服务分析、出口咨询；办公自动化、电子商务、制造系统、客户程序、电子数据交换等科技援助；工人转岗和再就业培训；贸易救济法律咨询	经营调整计划书审核通过的，上海自贸区管委会应当会同有关部门通过购买公共服务，向符合认证资格的企业提供援助，援助方式包括在市场推广、检测认证、国际市场营销、产品设计研发、信息化水平提升、风险管理咨询及培训、出口信用保险、供应链管理及融资、人员培训等方面的协助
费用承担	商务部承担援助费用的 50%，但对每个企业的援助不超过 50 万人民币；援助费用在 20 万以下的，商务部承担 75%	上海自贸区管委会负责制定援助细则，设立专项资金，开展援助试点的实施；自贸区管委会可委托第三方中介机构，开展相关的服务工作；由于援助措施以技术援助为主，因此未对费用分担进行规定
监督评估	受助企业应按援助计划使用资金，接受商务部和省级商务主管部门对实施情况与调整效果的监督检查和评估，在援助计划获批之日起半年内提交履行报告，按期提交完成报告	援助计划的实施期为 2 年，自贸区管委会在 TAA 试点推进过程中及时对受援助企业的竞争力恢复情况开展跟踪报告，上海市商务委结合 TAA 对贸易结构和产业发展的影响，按年度组织开展上海市全口径和重点产业国际竞争力评估，发布上海产业国际竞争力指数

如上所示，《商务部暂行办法草案》与《上海自贸区试点办法》在多个方面存在差别。首先，就适用范围而言，《商务部暂行办法草案》仅适用于受到进口产品竞争损害的国内企业或国内产业，而《上海自贸区试点办法》立足于上海自贸试验区构建国际化、法治化、市场化营商环境的需要，援助制度不仅适用于遭遇进口损害的国内企业，还可适用于遭遇贸易壁垒或其他不当冲击的出口企业。其次，就制度设计而言，《商务部暂行办法草案》实际上将商务部与省级地方商务主管部门共同作为 TAA 的审查机关，二者相互配合、通力合作，而《上海自贸区试点办法》则强调自

贸区管委会与上海市商务委、市发改委、经济信息化委、财政局、社保局的协调配合。再次，在程序安排方面，《商务部暂行办法草案》明确地区分为资格审查、援助计划的制定与实施两个阶段，只有申请者先获批援助资格后，才可以制订贸易调整援助计划，且援助计划仍然需要省级地方商务主管部门及商务部的双重审查，这意味着两个阶段存在两次审查，以此保障 TAA 仅提供给有资格的企业和安排稳妥的援助计划。相比之下，《上海自贸区试点办法》在 TAA 试点与产业安全预警机制之间试图构建联动效应，其没有明确地区分资格审查与援助计划这两个先后阶段，这在客观上可以对其他国家的贸易保护主义形成反制效果。[①]《上海自贸区试点办法》第 10 条规定："援助范围内的企业，应向上海自贸试验区管委会提出贸易调整援助申请，并提交经营调整计划。上海自贸试验区管委会应结合本市制造业转型升级相关规划要求，通过组织开展专家评审等方式对经营调整计划书予以审核。"这意味着，企业在申请 TAA 时即应当提交调整计划，而不是在获批援助资格认定后再制订调整计划，由此将调整计划本身的审核与申请人的主体资格审查结合起来，有助于从整体上提升工作效率。

三、我国贸易调整援助立法的整体考量

从整体上考虑，构建我国的贸易调整援助立法，应充分遵循"申请自愿、退出有序、审批迅速"的原则。就申请而言，"两反一保"与贸易调整援助的负责机构之间需要构建必要的信息联动机制，即当某一产业被认定为遭受严重损害或严重损害威胁时，或者某一国内产业因为进口激增而遭受不利影响时，有关部门应当迅速、及时地将此类消息传递给贸易调整援助的相关机构（如商务部贸易救济调查局），继而通过与受损行业相关的行业协会或社会团体传递至有关企业，告知其有申请援助的权利。就退

① 胡语宸：《贸易调整援助制度的实施路径探析——兼评上海自贸试验区试点办法》，《海关与经贸研究》2019 年第 2 期。

出而言，可能导致援助程序终结的情形有三类：一是通过实施援助调整方案，有关企业恢复国际竞争力，援助期限终止后，受助企业正常退出援助程序；二是在援助实施的过程中，受助企业的经营状况明显好转，援助目标达到，无须再进行援助，受助企业提前退出援助程序；三是经过实施机关的定期监督与评价，发现申请者在接受援助后并不能避免亏损，援助不具有现实意义，受助企业提前退出援助程序，当出现以上情形时，援助中心应及时向商务部进行汇报，由商务部决定是继续援助还是适时终止援助，以避免浪费国家财产。就审批而言，贸易调整援助要解决好与 WTO 协定及其他国内贸易立法之间的衔接关系。借鉴美国 TAA 立法演进的经验，为了尽可能减少对自由贸易的不当冲击和扭曲效果，在审批时需要把握获益主体的范围，以免形成 WTO 体系下的专项性。与此同时，批准的援助措施应避免直接的财政补贴，而是采取更为缓和的技术援助措施。

在确定援助主体、援助对象、援助资格的认定标准、援助方式与措施之后，我国贸易调整援助制度的实施还需要一整套完整的程序规则，由此将申请者、审批者、实施者、监督者联结起来，并贯通各项制度内核以实现整个援助机制的有序展开。为了避免因申请步骤或审批程序过于烦冗复杂而导致有切实需求的企业望而退步，整个程序的设计需要尽可能清晰且连贯。基于此，笔者设计了如图 5－1 所示的援助步骤。

为了保证上述援助程序的高效运行，需要针对每个阶段设置时限要求，通过限制各项工作的时间节点，使整个流程在紧密且妥当的秩序下合理展开。例如，2008 年《贸易调整援助暂行办法（草案）》第 6 条、第 7 条即对资格审查设定了时限要求：省级地方商务主管部门应当在收到申请人的援助申请之日起 15 个工作日内对资格申请进行初步审查，认定企业是否具备援助资格，并决定是否将初审意见提交至商务部进行资格认定；商务部应当自收到省级地方商务主管部门的初审意见及援助申请之日起 30 个工作日内作出最终决定，并对合格的受助企业进行公示。为了避免不合格的企业重复提

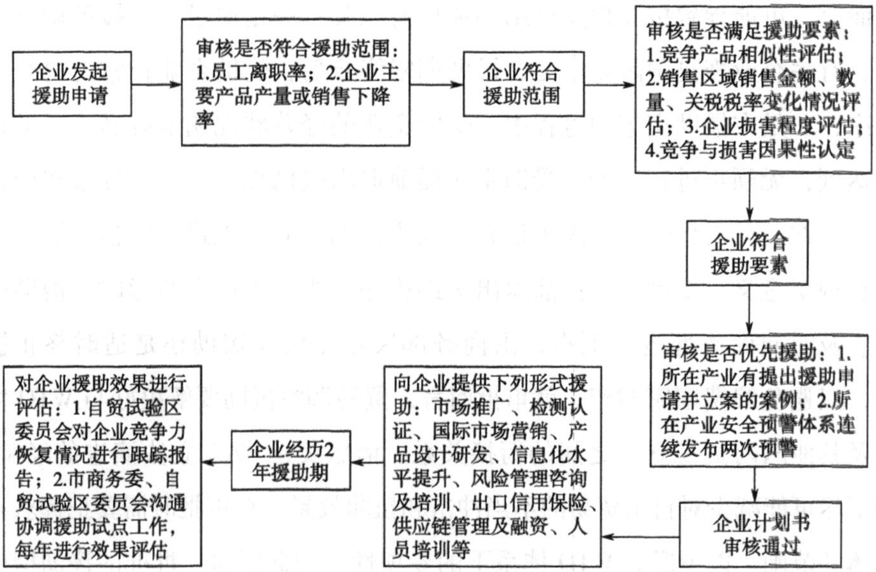

图5－1　中国贸易调整援助的整体程序设计

交无效的援助申请而带来的工作负担，应限制相同申请的提出间隔。具言之，当商务部认定某申请企业不具备援助资格的，则其在一年内不得再提出相同申请。与此同时，由于贸易调整援助制度的宗旨在于协助企业进行生产调整和产业升级，因此在援助程序的各个阶段，均应强调政府部门与申请企业的通力配合。具言之，在援助程序进行中，须充分调动企业的积极性，激发企业的自主性，避免对政府形成过多的依赖，这着重体现在调整方案制定、专家顾问选聘、援助费用分摊三方面（见图5－2）。

图5－2　政府与受助企业共同参与的援助阶段

为了切实执行贸易调整援助的各项措施，立法者要从整体上考虑哪些类型的主体有资格申请援助的问题。[①] 以美国为例，不仅受损的企业可以申请援助，产业也可以申请援助，除此之外，因贸易冲击遭受不利影响的工人、农民也有权申请援助。对此，需要区别不同的情况予以对待，对企业及产业而言，援助的目标是使其通过调整而恢复对外贸易竞争力，对工人及农民而言，援助的目标是使其实现再就业。[②] 由前述两份中国文本可知，我国在构建 TAA 立法的进程中，主要是立足于企业的援助。笔者认为，之所以不在 TAA 立法中专门调整农民援助问题，是考虑到我国的农业生产与美国式的农业生产存在本质的差异，美国的农业基本实现的是产业化与规模化经营，农产品生产者（包括农场主、牧场主、养殖者、渔民）亦具有企业家的特征，在国际农产品贸易中发挥重要角色。[③] 相比之下，我国的农业问题较为复杂。而对于工人而言，其职业发展与所属的企业紧密相关，对其援助通常采取再就业培训或者发放求职津贴的方式，但从美国的实践来看，只有很少一部分下岗职工在获得援助津贴后实现了再就业，可见这一制度的实效并不十分理想。[④] 在我国，以保障劳工最低生活水平的社会救助立法可以在一定程度上实现这一目标。鉴于此，我国的贸易调整援助立法的确应当以企业作为主要受助对象。

四、我国贸易调整援助立法的制度衔接

制定我国的贸易调整援助立法，除了从法理基础上分析这一制度在 WTO 体系内的合规性，并对现有国内法律规范在这方面的文本进行梳理

① Joon－Heon Song，“Finding beneficiaries：trade adjustment assistance system in South Korea”，in Journal of International Trade Law and Policy，2017，Vol. 12，Issue 2，pp. 92－105.

② 于洋：《美国对企业贸易调整援助的效果分析及启示》，《中国经贸导刊（理论版）》2018 年第 5 期。

③ 佟占军：《美国农业贸易调整援助法律制度及其启示》，《法商研究》2009 年第 6 期。

④ James N. Giordano，“Job Training Subsidies，Reemployment and Earningsin the Trade Adjustment Assistance Program”，International Advances in Economic Research，2017，Vol. 23，Issue 3，pp. 283－293.

与整合外，还要冷静思考该制度与国内其他对外贸易立法的衔接问题。

当前，我国的贸易救济立法体系由《对外贸易法》《反倾销条例》《反补贴条例》《保障措施条例》（“两反一保”）等行政法规、商务部颁布的有关部门规章、最高人民法院颁布的关于国际贸易行政案件的司法解释等文件共同组成。[①] 为了维护产业安全，我国目前形成了以商务部为主体，地方商务主管部门、商协会、中介组织为两翼的工作体系，创建了我国产业损害预警机制、对外贸易壁垒调查机制、国际竞争力评价机制，在产业损害调查、缓解贸易摩擦、促进产业机构升级方面积累了丰富的经验。在现有的贸易救济制度基础上构建中国的贸易调整援助制度，需要探索二者之间的衔接和联动机制。事实上，“两反一保”与 TAA 具有共同的目标，即在统一、协调、科学的贸易调整政策框架内，最大限度地维护公平贸易，共同应对贸易自由化造成的产业损害，通过结构升级和产业调整达到恢复并提升国际竞争力的目的。[②] 事实上，作为在我国开展 TAA 的立法授权，《对外贸易法》第 44 条确立的进口激增造成的同类竞争产品的损害，既是保障措施的条件，也是调整援助的条件，两类审查可以通过信息共享而实现高效协作。此外，构建中国特色的专项性补贴管理制度，有助于使贸易调整援助行之有效并发挥持久的制度功能。

在上述基本思路的指导下，借鉴域外 TAA 立法的合理元素，结合前述《商务部暂行办法草案》与《上海自贸区试点办法》的已有立法经验，笔者认为，我国未来的 TAA 立法是一项系统且复杂的工程，必须依赖于广泛而深入的调研。就具体文本而言，TAA 规则应充分涵盖以下几项重要内容：在总则部分，应制定专门条款确定立法目的、制度定义、适用范围、实施机关；在资格审查环节，须明确申请者的主体资格、应

① 宋和平：《自贸区建设的重要法律保障——贸易救济法律与贸易调整援助》，《智慧中国》2018 年第 12 期。

② 陈利强：《美国贸易调整援助制度研究》，人民出版社 2010 年版，第 180 页。

向什么机关提交哪些申请材料、审查机关是否分为初审与复核、审查重点围绕哪些方面具体展开；在援助计划的制定与批准环节，须澄清援助计划的制作要点、援助计划的审查与修改、援助项目的批准需考虑的因素等；在贸易调整援助的实施阶段，应解决资金来源、具体援助方式、援助项目的监督、评价与终止等内容。简言之，贸易调整援助立法是将这一制度纳入法律化实现的过程，既要采取法律手段规范审批机关的权力运行，又要使提出申请的企业在援助项目获批后能够按照既定计划有效运用援助资金，从而保障立法初衷的真正实现，并服务于对外贸易开放的国家实践。从立法思路来看，各章节的安排紧密围绕贸易调整援助这一中心，逐条回应为什么确立这一制度、这一制度是什么、谁来实施这一制度、这一制度可援助哪些主体、这一制度的运行程序如何、资格审查如何进行、什么是较好的援助调整计划、援助制度如何实施以及怎样开展监督及评价等（见图5－3）。

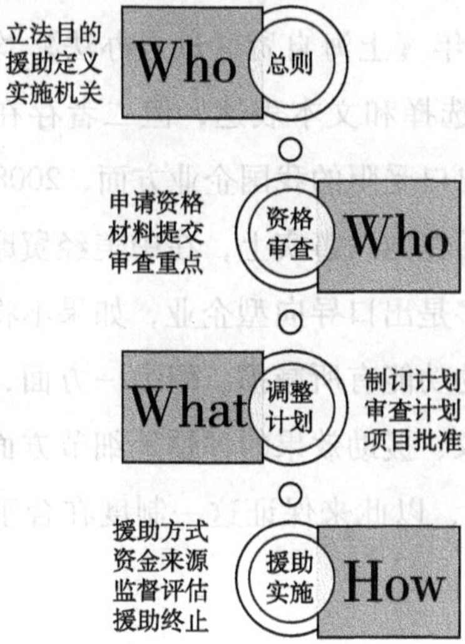

图5－3　贸易调整援助立法待解决的主要问题

WTO多边体制之下的单边措施，包括自我调整援助的自助措施，也包括对其他成员方实施的贸易报复措施，这些措施均系各成员为应对国际贸易摩擦或为实现特定的贸易政策目标而采取的单边制裁行为。这是“单边主义”（unilateralism）的集中体现，与WTO奉行的多边主义（multilateralism）存在天然冲突。为此，《WTO争端解决规则与程序的谅解》第23条首先确立了禁止单边报复、独尊多边解决的基本原则（第23.1条），进而明令禁止三类未经WTO争端解决机构授权的具体单边措施（第23.2条）。不过，WTO的多边解决主要适用于争端一方寻求纠正另一方的WTO违规行为，但不包括一缔约方为了弥补或消减某一成员在涉嫌WTO违规中对其他成员的内部主体（actors）造成的损害（harm）所采取的举措。[①] 在实施贸易调整援助项目的过程中，相关缔约方的目的是为帮助受影响的企业或职工转入其他经济活动，因而被认定为可能用于应付“内部主体”受损问题的缓冲性举措，不构成“寻求纠正”的情形。基于此，贸易调整援助措施在WTO法律制度体系内能够实现逻辑自洽。对中国而言，中美贸易摩擦的不断升级加剧了在中国构建贸易调整援助制度现实必要性，2008年《商务部暂行办法草案》与2017年《上海自贸区试点办法》均是旨在适应中国国情的基础上作出的制度选择和文本表达，但二者存在不少差异。尤其是，在援助对象能否涵盖出口受阻的我国企业方面，2008年草案持保守立场，上海自贸区则将其囊括在内。事实上，在中美经贸摩擦中，因加征关税而导致利益受损的企业多是出口导向型企业，如果不将这部分主体纳入援助范畴，将使这一制度的功能有所减损。但另一方面，立法者在援助资格的认定、援助方式的采取、援助效果的评估等细节方面，又须进一步论证其与WTO体系是否吻合，以此来保证这一制度在合乎规范的基础上实现其特定功能。

---

① 龚红柳：《论中美贸易战中实施“反制”的WTO合规性》，《经贸法律评论》2019年第1期，第32页。

第四节 中国贸易调整援助立法的路径与方案

一、贸易调整援助制度的理论基础

国际贸易与投资自由化是全球化时代国家间经贸关系发展的总体趋势，其不仅体现为各国的关税减让，还包括取消各类非关税贸易壁垒。自由贸易为各国的出口产业拓宽了海外市场，使得各类生产要素得以跨国、跨地区自由流动，致使生产效率最大化。然而，自由贸易并非完美无缺，当进出口贸易的限制完全放宽之后，必将对某些国内产业或国内企业带来源自出口国的市场竞争，从而造成冲击，严重者甚至导致部分企业破产倒闭、工人下岗失业、产业凋敝萎缩。实践中，在应对进口竞争所引发的产业损害时，存在三类主要的救济机制：其一，重启贸易保护主义的“盾牌”，通过各种关税或非关税贸易壁垒将进口拦截在外；其二，对国内受到竞争损害或贸易冲击的企业予以指导，运用各种可行的激励或援助途径促使产业升级、调整并优化企业结构、提升其市场竞争力，此即贸易调整援助；其三，综合运用上述两类不同的救济，将法律制度的“组合拳”予以并用，从不同角度发挥集聚效用。[①]

鉴于自由贸易可能带来的消极影响，各国通过确立上述综合型的制度工具维护进口国的产业安全，在贸易自由化带来的收益与针对特定产业进行的调整之间寻求平衡，已经成为自由贸易时代不容忽视的议题，而这恰恰为公平贸易的理念提供了坚实的基础。[②] 所谓公平贸易，萌芽于 19 世纪

① 陈利强、屠新泉：《WTO 体制下美国贸易调整援助制度合法性探析》，《国际经贸探索》2011 年第 2 期。

② Richard S. Gottlieb, Debra P. Steger, Darrel H. Pearson, “Current and Possible Future International Rules Relating to Trade Adjustment Policies—Subsidies, Safeguards, Trade Adjustment Assistance: A View From Canada”, in Canada – United States Law Journal, 1988, Vol. 14, No 125, p. 127.

80年代，这一理念为克服贸易保护主义和自由贸易主义的极端化提供了折中方案。有些学者认为，美国提出公平贸易的背景是为了保护国内相关产业，这一初衷表明其试图以公平贸易为借口实施贸易保护。① 但客观来看，公平贸易理念确有可取之处：首先，公平贸易对国际贸易各方提出了公平竞争的要求，同时契合了市场经济规律和竞争保障法的目标；其次，公平贸易政策规范了政府干预自由贸易、保护国内产业免受竞争威胁的限度和条件，有益于国际贸易环境的健康化、良性化。

之所以需要构建贸易调整援助制度，并以此来弥补企业因贸易自由化及进口增加所遭遇的利益减损，除了公平贸易的理论支撑外，还存在现实原因方面的考虑。具体而言，即现有的贸易救济措施在应对贸易损害过程中存在局限性。② 通常认为，世界贸易组织规则体系下的贸易救济措施涵盖了反倾销、反补贴、保障措施三类，此即所谓的“两反一保”。各国在缔结 FTA 时通常将 WTO 框架下的上述三项协定纳入其中，从而为自由化预先置入公平贸易的理念及救济机制，发挥“安全阀”功能，维系产业安全。总体来看，引入贸易救济制度并不会对国际贸易的自由化形成阻碍，相反为国际贸易提供了减压的空间，使得各国能够在享受自由化的同时，减少自由贸易对国内有关产业的冲击。③ 事实上，“两反一保”的具体实施主要是通过一些具有保护主义色彩的举措，例如对进口商加征关税、要求出口商作出价格承诺或对进口实施配额管理，以此来实现对国内相关产业的保护。实践中，因进口产品的不公平竞争而受损的国内产业大多通过提起反倾销或反补贴而寻求救济，而因公平竞争受到损害的国内产业则主要通过保障措施寻求救济。不过，这些救济措施具有一定的局限性，欠缺弹

① 何宪民：《WTO 体制下贸易救济实施与中国的应对策略研究》，经济科学出版社 2013 年版，第 21 页。

② Bo Chen，“Establishing China's Trade Adjustment Assistance For FTA”，in Korea University Law Review，2010，Vol. 8，No. 40，p. 42.

③ 何宪民：《WTO 体制下贸易救济实施与中国的应对策略研究》，经济科学出版社 2013 年版，第 17 页。

性：首先，申请者启用贸易救济措施必须具备充分的法律基础、满足较为严格的启动条件并按法定程序进行，不仅需要证实倾销、补贴、进口激增等事实，还要进行损害调查、证明相应的因果关系；其次，贸易救济措施针对的目标是对本国同类产业具有竞争效果的进口产品，通过削减其优势而实现保护本国产业的目标，但是救济措施只能发挥“盾牌”式的保护屏障作用，却无益于从正面促进国内产业的调整、强化和提升企业的竞争力、帮助劳工再就业等。[①]

二、中国贸易调整援助立法的整体思路

（一）构建TAA制度的必要性分析

自改革开放以来，中国始终坚定支持多边贸易体制，促进自由贸易区建设，积极推动营造开放型世界经济。[②] 截至2018年底，中国已经对外签订大量的区域或双边自由贸易协定，例如《中国—东盟全面经济合作框架协议货物贸易协定》《中国—巴基斯坦自由贸易协定》《区域全面经济伙伴关系协定》（RCEP）等。与此同时，中国与一些国家签署的FTA面临着升级的需要，如《中日韩自由贸易协定》《中国—新西兰自由贸易协定》《中国—巴拿马自由贸易协定》《中国—秘鲁自由贸易协定》《中国—新加坡自由贸易协定》等。正在进行中的FTA谈判也不断取得新的进展，如《中国—挪威自由贸易协定》《中国—蒙古自由贸易协定》《中国—巴勒斯坦自由贸易协定》等。此外，广义的FTA中也包括了内地与港澳特别行政区、大陆与台湾地区签署的更紧密经贸关系安排，如《内地与香港关于建立更紧密经贸关系的安排》《内地与澳门关于建立更紧密经贸关系的安排》《海峡两岸经济合作框架协议》等。显然，签订自由贸易协定，有

① 高维新：《WTO贸易救济权研究》，对外经济贸易大学出版社2012年版，第21页。

② 习近平：《决胜全面建成小康社会夺取新时代中国特色社会主义伟大胜利——在中国共产党第十九次全国代表大会上的报告》，http：//www.gov.cn/zhuanti/2017－10/27/content_5234876.htm，最后访问日期：2019年1月2日。

助于促进中国与上述经济体的双边贸易发展。但不容否认的是，实施 FTA 会导致进口的大量扩张，从而必然对中国国内相关产业带来更大的竞争压力，其可能造成的负面影响不容忽视。实施 FTA 可能会带来的负面影响，可以从国内相关企业和工人两个方面来分析。① 为了保证自由贸易在公平有序的环境中得到持续而长久的发展，必须要借助于法治的力量使政策受益者能够且愿意对受损者所遭遇的损失（如劳工失业或收益减少）给予补偿。如果没有 TAA 制度为利益受损的企业、劳工等群体提供援助和支持，那么自由贸易即便可以从总量上增加国家财富，却无法从总体上增进社会福利。② 换言之，尽管自由贸易的理论依据非常充分，但在那些因进口竞争而面临着收入下降以及失业命运的企业和工人当中，自由贸易政策却遇到了巨大阻力。

相比于贸易救济措施，TAA 制度在缓和上述阻力方面具有独特优势：其一，由于 WTO 法律规则中并不存在涉及 TAA 的直接规范，因此申请者启动 TAA 项目的法律基础主要在于国内立法，资格条件、援助对象、审批程序与援助措施均由各国独立制定，而贸易救济措施则受到 WTO 规则的规范与管制；其二，TAA 制度的立法初衷在于调整本国工人、企业、农民等主体的经济困境，使其能够具备从正面应对进口竞争的能力，而贸易救济则针对外国出口商的不公平贸易行为或公平贸易行为引发的经济损害；③ 第三，虽然 TAA 制度面临着是否构成禁止性补贴的质疑，但从长远来看，它的合理运用并不会扭曲现行的国际贸易秩序，而贸易救济措施如果被滥

① 陈波：《构建我国 FTA 的贸易调整援助》，《国际展望》2010 年第 4 期。

② Ethan Kapstein, "Trade Liberalization and the Politics of Trade Adjustment Assistance", in International Labor Review, 1998, Vol. 137, No. 501, p. 503.

③ 不过，立法初衷与实际效果之间可能存在距离。例如，1974 年《美国贸易法》催生了大量的工人 TAA 项目，工会在其中发挥了重要作用，这在汽车和钢铁领域尤为突出。然而，工人主要运用 TAA 项目主张临时罢工期间享有高于市场平均水平的工资率，却并没有按照 TAA 项目的立法初衷进行调整或培训以应对进口竞争，该时期的工人 TAA 项目被视为政府失灵的典型代表。James A. Dorn, "Trade Adjustment Assistance: A Case of Government Failure", in Cato Journal, 1982, Vol. 2, No. 890, p. 891.

用，则可能适得其反，对国际贸易秩序造成扭曲后果。国际贸易强国的发展经验给我们提供了重要的借鉴意义，要想在国际贸易交往中维护国家经济安全和企业经济权益，则必须构建一整套完备的既满足本国国情需要又符合国际通行实践的法律制度体系，而TAA制度的确立是构建安全高效的国际经贸风险防范体系的关键环节，也是新时代中国对外贸易立法的题中应有之义。鉴于TAA制度在国际贸易中的重要作用及其特殊功能，本文主要以中国的TAA立法作为视角，借助于域外法律实践中的成熟经验，分别论述推动立法的整体思路、制度设计的逐层展开、程序实施的具体方案及措施等问题。

（二）中国TAA立法的基本原则

如上文所言，TAA制度的定位是为了使因进口竞争而遭受损害的产业、企业、工人、农民等得到援助，以协助其转产、转业，通过结构调整和利益补偿而恢复竞争力。不同于贸易救济，TAA立法的出发点是通过适时、适度、灵活的措施，对弱势产业和社会群体予以扶持，缓解贸易政策调整造成的不利影响。作为其他经济政策的补充，该制度可有效提高国家经济政策在应对和化解贸易不利影响时的灵活性。就基本宗旨而言，TAA建构在公平贸易的理念基础上，其不仅符合WTO规则，也与当今贸易自由化的总体方向不相违背，具有不直接干预贸易流动、引发贸易纠纷的可能性小等柔性特征，这是其内在的制度优势所在。基于此，我国有关部门已经意识到了建立及推广TAA的必要性与可行性。在国务院颁布的《关于加快实施自由贸易区战略的若干意见》（国发〔2015〕69号）中，第19条明确指出：应尽快研究建立既符合WTO规则又适应中国国情的TAA制度，对因为关税减让而受到冲击的产业、企业、个人提供援助，提升竞争力，促进产业调整。[①] 该条款系我国政府首次在官方文件中提出构建TAA

---

① 石岩：《官方文件首提建贸易调整援助机制望减少自贸区风险》，http：//www.chinanews.com/cj/2015/12 - 18/7677463.shtml，最后访问日期：2018年11月2日。

制度，而上海自贸区于2017年开始实施的《试点办法》，正是对这一意见的有效回应。可以说，TAA制度据以确立的基本原则是，在不损害贸易自由化的前提下，推进贸易公平的实现，通过补偿受损者，从而实现整体社会福利的最大化。

（三）与WTO规范体系的关系定位

从比较优势理论出发，自由贸易不仅有助于经济增长、增加就业，还可提升资本与劳动力等生产要素的高效流动，从而充分保持市场活力。然而，贸易自由化也将对劣势的国内产业及劳工带来竞争方面的不利影响，TAA制度的存在，恰恰有助于为自由贸易提供有效的缓冲和过渡机制，因此其通常与FTA相辅相成。例如，为了缓解因《北美自由贸易协定》（North American Free Trade Agreement，NAFTA）的缔结而引发的劳动失业等问题，美国设立了“NAFTA过渡性调整援助项目”；为了调和《韩国与美国自由贸易协定》伴生的公平贸易困境，韩国于2006年制定了《贸易调整援助法》。近年来，WTO的多边谈判屡屡受挫，区域一体化对世界经济全球化带来了一定的挑战，尽管如此，WTO仍然是世界公认的最为重要的国际贸易组织。尽管WTO中并不存在专门针对TAA的统一规则，但WTO的产生本就是自由贸易和贸易保护在对立统一中发展的结果，且WTO始终遵循着在公平贸易的基础上实现贸易自由化发展的路线，这就为TAA制度在WTO框架内合法存续提供了空间。[①] 据笔者观察，美国的TAA项目曾经被列入WTO贸易政策评审的范围，2004年的审议报告曾将美国的企业TAA项目列入“政府补贴及其他支持措施”，2006年的审议报告继续将企业TAA视为“包括补贴在内的其他政府支持”，并对农民TAA予以讨论。

根据1994年《关税与贸易总协定》（GATT1994）第6条、第16条及《反补贴协议》，补贴的认定需要同时满足三方面构成要件：其一，在成员

① 刘振环：《美国贸易政策研究》，法律出版社2010年版，第235页。

国领土内由政府或公共机构提供的财政资助或价格支持；其二，接受补贴者获得某种利益的给予；其三，补贴具有专项性。《反补贴协议》将补贴分为禁止性补贴（红灯补贴）、可申诉的补贴（黄灯补贴）、不可申诉的补贴（绿灯补贴）三类，其中，红灯补贴明显具有贸易扭曲及贸易损害的效果，黄灯补贴只有被认为造成了不利影响时才受质疑。[①] 在判定 TAA 制度在 WTO 规则体系下的合规性时，主要考虑之一是相关援助措施是否可能构成被禁止或被限制的补贴，相关讨论尤其集中于 TAA 措施是否具有《反补贴协议》第 2 条规定的专项性（包括法律专项性、事实专项性、地区专项性、拟制专项性），而专项性恰恰是认定有关补贴是否违规的“过滤器”。[②] 从实施援助措施的目的角度考虑，TAA 系针对因进口竞争而导致失业的工人或受损的企业提供补偿和援助，这虽有可能符合专项性，但并不构成可诉的补贴或禁止性补贴，因为援助并不会对出口方或其他 WTO 成员方的贸易利益构成消极影响。更何况，发放再调整津贴只是作为援助措施的次要手段之一，技术援助、再就业培训等并不符合补贴所规定的财政资助或价格支持要求。[③]

此外，关于 TAA 与《保障措施协定》的关系，也存在争论。对于政府促进产业结构调整的形式及其干预程度，《保障措施协定》并无明文规定，这意味着有关调整措施主要交由各成员方自由裁量。尽管美日等国家主张应由企业自身开展结构调整以应对国际竞争，但其在实践中却是由产业首先做出调整计划，而后由政府审查后向企业提供财政资助或补贴。相比于美日，中国在 TAA 立法方面几近空白，只在《对外贸易法》第 44 条提及国家可以采取必要救济措施对产业提供必要支持，这一条文被学者视

---

① 王传丽、史晓丽：《国际贸易法》（第二版），中国人民大学出版社 2012 年版，第 350 页。

② 任强：《补贴与反补贴守则中法律专项性与事实专项性关系解读》，《深圳大学学报（人文社会科学版）》2017 年第 2 期。

③ 陈利强、屠新泉：《WTO 体制下美国贸易调整援助制度合法性探析》，《国际经贸探索》2011 年第 2 期。

为现行国内立法中关于产业调整援助的主要规定。[1] 然而，如此粗糙的条款显然不足以在必要时保护国内产业及工人，结合现有国内规范制定中国的 TAA 专门立法，实属大势所趋。

（四）与现有国内立法的关系定位

国际贸易是在对外开放背景下长期的现实经济状态，而贸易立法不仅在贸易战中具有实质意义，在日常的国际贸易交往中也不可或缺。相比于西方国家的国际贸易规则，中国国内的贸易救济法律体系还较为薄弱，有待完善。自 1994 年以来，中国政府始终致力于推动对外贸易立法体系的完善，这种由政府“自上而下”推动的立法模式，不同于美国由劳工等私人利益集团主导的“自下而上”的立法模式，为了使 TAA 制度能够真正在中国“落地生根”，必须先行厘清制度生成的理论逻辑。改革开放四十多年来，中国对外签订了大量的自由贸易协定、积极支持并坚定维护多边贸易体系，对深化国际贸易自由化和构建良好的对外贸易环境奠定了法制基础。《中华人民共和国对外贸易法》自 1994 年制定后，先后于 2004 年、2016 年进行过修订，日臻完备。不过，立法者并没有深刻意识到贸易政策与产业政策的紧密联系，现行《对外贸易法》迄今仍未确立“产业调整”的概念，这不足以解决产业结构调整及产业国际竞争力提升的需求。在《对外贸易法》中，唯一涉及产业调整援助的规定体现在第 44 条中，该条系关于保障措施的实施要件，但其中提及了“国家可以对该产业提供必要的支持”。不过，如此粗糙的立法技术显然欠缺可操作性，也难以有针对性地据此对国内因进口增加而遭受经济损害的企业或工人提供申请援助的制度基础，在未针对 TAA 制定专门立法或相关实施条例的前提下，单纯根据《对外贸易法》中的只言片语而请求贸易援助，显然在法律上难以立足。

在 1997 年之前，中国的反倾销立法几乎处于空白状态，随着外国对

---

① 韩秀丽：《保障措施、贸易保护与产业调整援助立法》，《河北法学》2005 年第 1 期。

华反倾销案件日益增多，我国国务院才在 1997 年 3 月颁布了《反倾销和反补贴条例》，该条例共 42 条，将反倾销和反补贴规则混在一起，缺乏系统可操作性。考虑到国际贸易形势的严峻性和入世的实际要求，中国政府于 2001 年颁布了《反倾销条例》，并出台了若干配套规定，如《反倾销调查听证会暂行规定》《出口产品反倾销规定》《反倾销立案暂行规定》等。[①] 然而，现有的国内法律法规和规章条例并不能够满足我国企业在进出口中的法律需求，出台专门的贸易调整援助立法十分迫切。对于贸易调整援助立法与现有的国内贸易救济立法的关系而言，二者既不是上位法与下位法，也不是一般法与特别法，而是相互并行、侧重各有不同、共同发挥作用的规范。具言之，补贴更多是源自政府对部分企业的重点扶持，偏重于政府行为，而倾销主要是出口商之间的无序竞争，属于企业行为，反倾销与反补贴二者均属于制止不公平国际贸易行为的救济机制，而贸易调整援助则有不同侧重，其目标不是制止贸易行为，而是从结果上对因自由贸易遭受损害的企业、农民、工人等群体予以补偿、救助、调整，尤其偏重于实质正义。实践中，反补贴税的税率通常高于反倾销税，打击的目标广泛涉及政府补贴对象的下游企业乃至整个产业链。

在制定中国 TAA 立法的进程中，除了要从贸易自由化着眼、厘清贸易调整援助与贸易救济法律之间的关系外，还要从调整和援助视角梳理 TAA 立法与社会救助立法之间的关系。所谓的社会救助立法，属于社会保障法的一部分，其建立在社会公平基础之上，以“若有所扶”“以人为本”、保障民生、维持社会稳定作为价值取向，通过法律制度的设计要求国家或其他社会主体救济和扶持在整个社会上处于弱势地位的群体和个人的法律体系。[②] 相比于其他法律领域，我国的社会救助立法进程十分迟缓，直至 2014 年国务院才颁发了《社会救助暂行办法》，除了行政法规外，我国迄

① 蔡春林：《发展中国家贸易救济措施研究》，对外经济贸易大学出版社 2011 年版，第207 页。
② 毕金平：《论我国精准扶贫与社会救助制度的衔接和调试》，《学术界》2018 年第 7 期。

今未有社会救助方面的专门立法。[①] 相比之下，TAA 立法定向援助因进口增加所导致的企业、工人、农民等主体所受到的失业及贸易损失，而社会救助立法则更为宽泛地针对所有在社会上处于贫困地位的主体，其涵盖了最低生活保障、特困人员供养、受灾救助、医疗救助、教育救助、住房救助、就业救助等情形，而不问其困窘地位出于何种原因。[②] TAA 立法虽然与社会救助法有一定的共性特征，即均具有扶弱抑强、弥补损失、保障民生等功能，但前者着重于恢复国际贸易自由化所产生的贸易损害后果，而后者更侧重国家在保障国计民生方面的兜底功能，因而后者的福利色彩较为明显。鉴于此，基于不同的制度功能，在国际贸易立法中，TAA 具有立法必要性。

（五）立法体例的选择及其考量

基于援助对象及制度定位的侧重点不同，国际上关于 TAA 的立法大体上可以分为如下五类模式：其一，“两条路线三类项目”的美国模式，美国的 TAA 立法不仅包括依附于保障措施条款的间接路线（亦称“201 路线”），还包括独立于保障措施条款的直接路线（亦称 TAA 路线），前者针对不同形式的贸易行为提供对应的进口救济（如关税、配额）与贸易援助，后者则由相关申请者直接向美国关税委员会提出资格审查申请，待通过资格审查后再向劳工部或商务部请求援助利益；[③] 其二，专为受到全球化负面影响或因产业结构调整而下岗失业的工人而实施一次性援助的欧盟模式，此类模式仅限定于劳工市场，而不及于企业或农民；[④] 其三，从正面鼓励和促进优质产业发掘出口竞争潜力的加拿大模式，从立法着重点的侧重方向来看，这种立法定位的重心不在于为受损产业提供扶持和援助，

① 林闽钢：《新时期我国社会救助立法的主要问题研究》，《中国行政管理》2018 年第 6 期。

② 蒋悟真、尹迪：《社会救助法与社会保险法的衔接与调适》，《法学》2014 年第 4 期。

③ Steven D. Schwinn, “Trade Adjustment Assistance at the U. S. Court of International Trade: The Year in Review”, in Georgetown Journal of International Law, 2009, Vol. 41, No. 137, p. 160.

④ Stephen Kim Park, “Bridging the Global Governance Gap: Reforming the Law of Trade Adjustment”, in Georgetown Journal of International Law, 2012, Vol. 43, No. 797, p. 872.

而在于为竞争力较强的企业提供助推作用;① 其四，将贸易政策与产业政策有机融合、援助衰退产业转型换代的日本模式，尤其以特定产业的机构改善和临时整顿为特色;② 其五，以国际上的 FTA 促进和带动国内法改革的韩国模式，韩国之所以制定专门的 TAA 立法，是为了与其签署的大量 FTA 形成有效的呼应和衔接，特别是其国内的农业和渔业 TAA 措施，直接源自实施 FTA 的现实需要。③

就 TAA 制度在中国的立法体例而言，存在由全国人大制定法律、由国务院制定行政法规、由国务院各部委制定部门规章等几种主要的路径。在这些不同的立法体例和制定模式中，究竟何者更为适宜，不仅需要考察《立法法》的基础，还需要与国内相关联法律法规进行必要的比照和衔接。首先，TAA 立法属于广义上的对外贸易立法中的一个组成部分，而对外贸易并不属于《立法法》第 8 条所规定的法律保留事项，因此可以肯定的是，制定法律并不是 TAA 立法的唯一选项。其次，如前文所述，TAA 作为一种贸易立法的工具，主要是配合反倾销、反补贴、保障措施等贸易救济制度共同发挥作用的，TAA 从性质上分析应属于公平贸易理念下的贸易救济补偿机制。我国现有的反倾销、反补贴、保障措施都是由商务部条约法律司起草、由国务院颁布的行政法规，如果 TAA 立法也能采取此种模式，能够更好地弥合 TAA 与贸易救济之间的制度关系。再次，根据 2017 年修订的《行政诉讼法》第 63 条，法院在审理行政案件时，主要是以法律、行政法规作为依据，部门规章仅仅具有参照作用，且法院得对规章是否符合法律法规进行司法审查。④ 这意味着，如果 TAA 立法采取部门规章的形式，将赋予法官较为灵活的司法适用裁量权，这不利于发挥TAA 立法

① Lysenko Dmitry, Mills Lisa and Schwartz Saul, “Does Canada Need Trade Adjustment Assistance”, in International Journal, 2017, Vol. 72, No. 91, p. 110.

② J. Mark Ramseyer, “Letting Obsolete Firms Die: Trade Adjustment Assistance in the United States and Japan”, in Harvard International Law Journal, 1981, Vol. 22, No. 595, p. 620.

③ 蓝天:《FTA 战略下韩国的贸易调整援助制度及启示》,《国际经贸探索》2012 年第 1 期。

④ 江必新:《试论人民法院审理行政案件如何参照行政规章》,《中国法学》1989 年第 6 期。

补充贸易救济法的功能。鉴于以上分析，笔者认为，采取行政法规的方式进行 TAA 立法，是较为适宜的立法体例安排。

三、中国贸易调整援助立法的制度设计

（一）TAA 立法的章节设置与条款安排

2017 年的上海自贸区《试点办法》共计 5 章 18 条，法规的内容充分涵盖了总则、安全预警、调整援助、实施评估和附则。该办法的有效期为两年，其中不仅明确了上海自贸区实施贸易调整援助的依据、定义、援助范围，而且对实施部门、安全预警、申请主体的资格审查、援助期限、效果评估等内容予以细化。[①] 可以说，《试点办法》是上海自贸区主动对接国际贸易投资规则、适用国际经贸格局和国家战略需求、进行压力测试、开展法治“先行先试”的产物之一，有效地对《试点办法》制定及实施中所取得的成功经验予以复制和推广，是我国 TAA 立法中的重要依据。[②] 参照该《试点办法》，我国的 TAA 立法亦主要以企业 TAA 作为主要内容，但同时亦不应忽视工人 TAA 及农民 TAA 的重要性。鉴于此，笔者建议，在立法体例的设计上，至少应涵盖总则（包括定义条款）、援助程序（包括不同 TAA 项目的审批主体）、调整援助（区分企业 TAA、工人 TAA、农民 TAA）、实施评估、附则这五大章节。至于具体的条款，需要围绕申请者的资格审查要件、援助利益的授予、援助措施的类型及实施期、援助效果的评估及处理方案等内容而展开，尤其应注意与贸易救济立法的衔接和协调。

（二）援助对象的界定

通过立法明确有权申请贸易调整援助的主体（即受助对象），可以清

① 余新江：《上海自贸区启动“贸易调整援助”试点工作》，《中国产经新闻》2017 年 7 月 15 日，第 005 版。

② 顾春娟：《完善产业安全保障机制：沪推出自贸区贸易调整援助办法》，《国际商报》2017 年 7 月 19 日，第 B01 版。

晰地界定何者可申请援助，何者不可申请援助，从而使援助利益的授予对象更具针对性。如前文所言，在美国的TAA立法中，广泛涵盖了因贸易自由化而导致利益受损的企业、工人、农民、社区，这与其国内的工农业发展模式紧密相关。而上海自贸区的《试点办法》则主要针对中国的国内企业，而未提及农民或工人等主体的援助问题，其中包括国内销售企业，也包括出口导向型的国内企业，如果这些企业因进口激增、外企低价倾销、在出口国遭受严重壁垒或贸易摩擦而受到不利影响，即可寻求援助。[①] 与此同时，《试点办法》排除了非因国际贸易环境的变化而是单纯因企业的经营不善所提起的援助申请，这一限制性要件，可避免国内企业滥用TAA制度耗费公共资源。可见，上海自贸区的TAA立法仅限于企业TAA项目，而没有专门的农民TAA、工人TAA、社区TAA等项目，这实际上与我国相关产业的发展模式是紧密相关的。以农业TAA为例，美国的农民已经实现了高度的产业化、市场化、现代化、技术化经营，农场是以商业企业的形式出现在市场上，直接参与进出口国际贸易竞争。而相比之下，中国的农民阶层主要是以个体的方式参与小农经济，不仅市场化、企业化程度远远不及美国农民，而且对国际贸易规则的运用能力也有显著差异。[②] 有鉴于此，在中国的TAA立法中，应当将援助主体限定于因受到国际进出口贸易的影响（尤其是进口增加）而遭受不利影响和经济损失的国内企业。此外，为了避免审查标准的主观化，《试点办法》第3条细化了受助对象申请援助的主体条件，主要从员工离职的比例及产销量下降的幅度方面做出判断。可以说，《试点办法》的限制条件基本能够满足TAA立法的宗旨，即受助企业需要承担其损失是由国际贸易导致的证明责任，损失与原因的因果关系可以通过企业的销量下降及员工的离职情况加以具体判断。

---

① 吴卫群：《主动对标国际贸易投资最高标准又一制度探索创新：上海自贸区将试点“贸易调整援助”》，《解放日报》2017年7月8日，第2版。

② 李瑞峰、肖海峰：《欧盟、美国和中国的农民直接补贴政策比较研究》，《世界经济研究》2006年第7期。

（三）申请援助的条件

TAA项目的援助条件，是评判申请者是否符合援助资格的审查标准。对于受援助的对象申请获得援助的条件，应当通过立法中专门条款加以明确和具体化。实践中，国内不同的产业部门在对外竞争中所处的状况不尽一致，因此立法者需要根据行业发展的实情并结合对外贸易的新形势，对该产业是否因进口增加而遭受损害进行认定。例如，商务部曾于2015年发布了《关于食糖贸易救济措施有关问题的复函》（商救济函〔2015〕44号），复函中主张以食糖产业为试点，推动建立TAA制度。不过，由于TAA制度的具体实施不仅涉及商务部，还牵涉到财政部专项拨款及农业农村部的职能，因此并没有直接予以推行，而是先行开展实地调研工作。在对广西壮族自治区的食糖业进行调研的过程中，有关部门发现，由于机械化程度较低、生产成本高、地块零星分散、劳动力不足等原因，该地食糖业的国际竞争力尤其薄弱，而保障措施只能限制进口，却无法从根本上解决上述弊病。鉴此，通过引入TAA立法，由国家财政部门设立援助基金，将对支持灌溉工程、农田水利等基础设施建设、培育新品种、为农民进行适当的养护培训提供重要的物质保障。①

通过比较法的分析可知，申请TAA的条件不能过于严苛，宜适当低于保障措施的“严重损害或严重损害威胁”标准，但同时又不能过于宽松，以避免某些企业将非因生产转移或贸易自由化而是因自身经营不善所引发的经营困境转移给国家财政承担，滥用TAA制度，浪费国家资源。以美国贸易法为例，尽管它早在1943年就明确对国外进口给本国产业或劳工造成的损害实行保障措施或逃避条款，但由于逃避条款的申请标准制定得非常严格，抵消性关税和反倾销税只在短期内有效，因此截至20世纪70年代，美国企业和劳工都很难根据这些法案获得援助。为此，美国先后修改

① 孙晓庆：《关于建立食糖贸易调整援助机制的思考》，http://www.gxswt.gov.cn/htmlcontent/detail/9bca28c3-8c60-4310-a5e6-30011732a1ad，最后访问日期：2018年11月2日。

并通过了《1974年贸易法案》和《1979年贸易法案》，修改了进口损害规则，降低了救助资格标准，加大了实施力度。[①] 鉴此，将援助条件确定为“实质损害或实质损害威胁”更有利于使合格的申请人获得援助利益，避免制度被架空。

（四）援助程序的构建

在构建TAA立法的过程中，不仅要顾及实体法律问题，还要设定完整的援助程序，从而保证实体与程序的双向匹配，贯彻立法的初衷与目标。参照各国的TAA立法，贸易调整援助通常需要经历如下程序：①申请者提出援助请求；②相关行政部门进行资格审查；③对确定为合格主体者授予援助利益；④对行政部门的认证结果进行司法复查；⑤确定适宜的援助方式并实施援助措施；⑥对援助效果开展定期评价并决定相关措施是否继续进行。结合中国现有的法律法规，笔者重点针对如下几个重要程序阶段进行分析。

第一阶段：申请主体的资格审查。

认证程序是申请者获得援助利益的必要环节，也是工人、企业及农民申请TAA措施的首要步骤。对此，必须要按照政府职能的分工确定审批主体。我国政府的职能配置主要规定于国务院颁发的有关文件中，根据《国务院关于机构设置的通知》（国发〔2018〕6号）、《国务院关于落实〈政府工作报告〉重点工作部门分工的意见》（国发〔2018〕9号），不同的国务院部门在TAA项目的资格审批环节将承担不同的分工。具言之，商务部作为我国的对外贸易主管部门，长期承担着贸易救济和产业损害认定工作，负有应对国际贸易摩擦、维护产业安全的职能，在贸易争端处理和特

---

① 《1974年贸易法案》针对逃避条款做了重要修改，删除了“进口增加必须直接源于先前的关税减让”这一规定，对申请人证明因果关系链条的标准做了调整，只要进口增加是造成经济损害的实质原因即可，不需要是主要原因。该法案还要求总统在确定援助金额时须考虑国内企业为了提升其应对进口增加的竞争力所作的努力，并引入了对国内企业的新定义。Mary Anne Joseph, “Trade Adjustment Assistance: An Analysis”, in Connecticut Journal of International Law, 1990, Vol. 6, No. 251, p. 255.

殊状况预警方面也富有经验。但是，由于不同TAA措施的受众有别，不应由商务部统辖所有类型的TAA项目，为了使资格审查工作更具有针对性，工人TAA应主要由人力资源和社会保障部负责，企业TAA由商务部负责，农民TAA由农业农村部统筹。[①] 在具体工作中，由于一些部门对国际贸易和进口损害缺乏前期的工作基础，因此可以由商务部承担产业损害调查的机构协助工作，以解决损害认定的问题，并在此基础上形成良好的配合与协作关系，保障工作的顺利展开。事实上，上述主管部门的一些现有文件可以用于判定相关申请人是否具备援助资格，有关文件整理如表5-6所示。

表5-6　现行国内法律及规章中关于TAA的文件

TAA类型	负责机构	现有的相关法律文件
工人TAA	人力资助和社会保障部	《关于加强就业援助工作的指导意见》（人社部发〔2010〕29号）；《就业补助资金管理办法》（财社〔2017〕164号）
企业TAA	商务部	《对外援助项目实施企业资格认定办法（试行）》（财社〔2017〕164号）
农民TAA	农业农村部	《关于调整完善农业三项补贴政策的指导意见》（财农〔2015〕31号）
社区TAA	民政部	《关于政府购买社会工作服务的指导意见》（民发〔2012〕196号）、《关于加快推进社区社会工作服务的意见》（民发〔2013〕178号）

第二阶段：合格主体申请援助利益。

审批主体在对申请人是否具备受援助的资格进行判定时，需要充分顾及贸易政策与国际环境，既不能过于严苛地对主体资格施加过多的限制（以防止TAA制度无法为任何申请人提供援助措施或利益补偿），也不应毫无底线地放宽主体要件（以避免非因贸易自由化而受损害的企业滥用

① 在美国，针对企业、工人、农民的TAA项目分别由商务部、劳工部和农业部具体执行，美国国际贸易委员会在针对某类农产品启动保障措施调查时，需要预先通知美国农业部，因为农业TAA项目由农业部具体实施。佟占军：《美国农业贸易调整援助法律制度及其启示》，《法商研究》2009年第6期。

TAA机制)。在对相关主体授予援助利益前，需要先对产业损害的事实及相关行业的国际贸易状况进行必要的调查。此外，为了使调查结果尽量客观公正、避免疏漏或误判，应当对现有的证明责任分配规则进行一定的调整，以工人TAA为例，当劳工在提供证据确有困难时，可考虑将部分证明责任转移给雇主承担。① 再者，不应对TAA援助利益的确定设置过于烦琐的程序要求，而应当尽量简化手续、节约时间与人力资源成本，从而提升结构性调整的整体效率。

第三阶段：援助方式及措施的实施。

不同类型的TAA项目及相应的援助措施见表5-7。

表5-7 不同类型的TAA项目及相应的援助措施②

援助类型	受援助对象	援助目标	援助措施
工人TAA	受国际贸易不利影响临时失业的劳工	使失业工人尽快寻求新的工作岗位	贸易再调整津贴、再就业培训、重新安置津贴、求职津贴、医疗保险与税收优惠
企业TAA	因进口竞争导致大幅裁员或员工辞职或市场销售锐减的企业	帮助企业进行调整，通过升级、转型增强国际竞争力	税收援助、财政援助、技术援助
农民TAA	因外国农产品进口导致本国同类产品销量减少、价格下降，以致收入大幅减少的农民	平衡进出口农产品市场比例、维持稳定的产品价格、保证农民的合理收入	技术支持、现金津贴、再就业培训
社区TAA	区内内多数工人遭遇部分或完全失业、区内企业的销售或生产绝对下降，以致区内企业可能整体迁移国外的社区	为社区政府提供技术援助和直接资助以改善基础设施和公共服务	设立社区调整援助委员会、起草援助规划、为区内企业提供特别贷款担保

① 陈利强：《美国贸易调整援助制度研究》，人民出版社2010年版，第140页。

② 张斌、吉婕：《美国贸易调整援助制度：演变、实施与绩效》，《世界经济研究》2010年第1期。

针对企业的援助措施，包括技术援助与财政援助。通常认为，除非情况必要，技术援助会比财政援助更能实现促进产业结构升级和调整的目的。[①] 相较于财政援助，技术援助更能经受得住 WTO 的合法性挑战，且顺应国家加强传统产业技术改造、加快发展战略性新兴产业、全面提升产业技术水平和国际竞争力的要求，响应科教兴国的基本国策。如前文所言，上海自贸区的《试点办法》为企业及行业援助措施立法提供了压力测试的示范平台。根据该办法，政府可采取的援助措施以技术手段为主、以财政援助为辅，前者广泛涵盖市场推广、检测认证、国际营销、产品研发及设计、信息化水平提升、风险管理、出口信用保险等多个方面，后者则主要通过会同有关部门共同购买该企业公共服务的方式实现。这些举措，同样可以加以参照，进而构建普遍适用于全国范围的援助措施。

针对工人的援助，TAA 立法需要明确以结构调整、重获再就业能力作为基本定位和制度导向，这与劳动法偏重于劳动者保护及权利救济是不同的，但却在某种程度上达到了殊途同归的效果。事实上，早在加入 WTO 之际，中国学者就已经注意到了自由贸易和经济全球化对劳工问题和劳资关系的影响，并开始逐渐意识到在 FTA 中订入社会责任条款及在国内立法中引入国际劳工标准的必要性。[②] 然而，现有条约及立法中尚欠缺与国际贸易调整具有关联性和针对性的制度设计，尤其是对于因进口增加而失业的工人团体并未确立相应的技能学习和再就业培训项目。针对以上问题，在涉及工人 TAA 项目时，可纳入教育培训、合同管理、延伸保护、福利援助、海外劳工的出国前管理和归国后安置等手段并用的模式，强化政府服务及保障责任的同时，也要引导私人部门有序参与，改革劳动者的教育培训制度。[③]

---

① Cecil E. Bohanon and Marilyn Flowers, "The Unintended Consequences of Trade Adjustment Assistance", in Cato Journal, 1998, Vol. 18, No. 65, p. 71.

② 常凯：《WTO、劳工标准与劳工权益保障》，《中国社会科学》2002 年第 1 期。

③ 陶斌智：《中国海外劳工权利法律保护研究》，武汉大学出版社 2017 年版，第 130 页。

针对农民的援助，我国现行的《农业法》《草原法》《农业机械购置补贴资金使用管理办法》等规范虽然提供了一定的启示，但与国际规则尚存在差距，有待衔接。在未来的TAA立法中，针对农民的援助措施需要符合WTO规则的基本要求，否则可能会引发贸易争端，不利于维护稳定的国际贸易环境。① 具言之，在WTO《农业协定》体系内，农业补贴可区分为两层含义：一是广义的支持性农业补贴，即政府对农业部门的投资或支持，覆盖范围主要是针对科技、水利、环保、救济等工艺方面，不会对农产品市场或贸易结构产生扭曲影响，因此称为“绿箱补贴”，通常是合法的；二是狭义的保护性农业补贴，特指政府对农产品销售价格的直接干预和资金支持，覆盖范围包括种子、肥料、灌溉等生产资料投入、农产品营销贷款、休耕补贴等，这些经济扶持会对农产品市场的贸易公平和贸易自由造成扭曲效果，因此称为“黄箱补贴”，多被禁止或限制。② 在符合WTO规则的前提下，因国际贸易而受损失的农民可申请如下援助措施：针对电力、交通、供水、排水及与环境有关的基础设施提供物质保障和技术促进；以土地面积作为客观依据确立农产品国际贸易的援助资金；向贫困地区发放定向农业援助；实施促进农业劳动力转移和再就业的培训措施等。

第四阶段：援助效果评价及调整。

在实施援助措施后，有必要定期开展效果评价，进而根据评价结果开展针对性的调整措施，决定是继续还是终止援助。上海自贸区的《试点办法》

---

① Erin Fleaher Rogers, “Agricultural Trade Adjustment Assistance: Food for Thought on the First Decade of the Newest Trade Adjustment Assistance Program”, in Federal Circuit Bar Journal, 2014, Vol. 23, No. 561, p. 584.

② 根据《农业协定》，国内支持要以综合支持量为基础进行削减，综合支持量是指给基本农产品生产者生产特定农产品提供的，或者给全体农业生产者生产非特定农产品提供的年度支持措施的货币价值。对与限制生产计划相关的“黄箱补贴”可不列入综合支持量的计算，不需削减的措施称为“蓝箱补贴”，包括按固定面积或产量提供、基期生产水平85%以下提供、依据牲畜固定头数提供的补贴。参见李长健：《中国农业补贴法律制度研究——以生存权与发展权平等为中心》，法律出版社2009年版，第204页。

分别从正反两个角度来考察援助效果：一方面，当某一企业所在的产业连续收到两次安全预警的，则该产业需要优先予以调整援助；① 另一方面，按年度组织开展全口径和重点产业的国际竞争力评估工作，根据评估指数确定试点的贸易结构和产业发展影响。② 其他域外成熟的TAA立法也对调整援助措施的实施效果进行适当的评价。以欧洲全球化调整基金（European Union's Globalization Adjustment Fund，EGF）为例，自援助措施执行之日起，成员国须在6个月内向欧盟委员会提交评估报告，就援助基金的使用效率和效果进行汇报和说明。③ 如果援助金未在规定期间内使用完毕，则要按期予以退还。研究发现，部分援助案件中受助对象退还金额的比例高达基金拨付总额的80%，而导致基金利用率低、援助效果不理想的原因是多方面的，其中包括但不限于：援助措施的成本被高估、拟定的受助人数不准确、受助期短于预期、资格审查与资金拨付的时间延误等。④ 由此可见，及时就TAA项目的实施效果进行适当的考察，对于整体上提升援助措施的效率、督促项目及时予以完善和改进具有重要的提示意义。

自从2002年与东盟十国共同签署了《中国—东盟全面经济合作框架协议》以来，中国政府开始紧锣密鼓地与各国开展FTA的谈判。2003年，中国中央人民政府分别与中国香港特别行政区、中国澳门特别行政区签署

① 《试点办法》第13条规定：当某一企业生产销售的产品所在产业已有相关行业组织或企业向商务部提出贸易救济申请并获立案的，也应当予以优先考虑调整援助。

② 《试点办法》第16条规定：市商务委应结合贸易调整援助试点实施对本市贸易结构和产业发展的影响，按年度组织开展上海市全口径和重点产业国际竞争力评估，发布上海产业国际竞争力指数。

③ EGF最初只适用于至少有500名员工下岗的援助，2008年金融危机爆发后，经欧盟委员会批准，EGF也适用于因经济危机引发的大幅度裁员后的再就业援助。该基金的65%由欧盟委员会提供，剩余部分由成员国政府提供。不过，该基金只适用于工人下岗，而不适用于失业保险、退休后的养老金项目等社会救助制度。Tina Weber，Inga Pavlovaite，Richard Smith and Meagan Andrews，Ex - post Evaluation of the European Globalization Adjustment Fund（EGF），http：//www.europarl.europa.eu/meetdocs/2014_ 2019/documents/empl/dv/empl - egf - expost_ evaluation_ report_ /empl - egf - expost_ evaluation_ report_ en.pdf，last visited on Nov. 2nd，2018.

④ 张斌：《欧洲全球化调整基金：制度演变与实施绩效》，《国际商务研究》2013年第1期。

了《关于建立更紧密经贸关系的安排》（Closer Economic Partnership Arrangement，CEPA）。由于WTO多哈回合谈判曾一度陷入停滞状态，双边及区域性经贸合作得以迅速发展，FTA甚至被提升为国家战略层面。不容否认的是，随着FTA的广泛实施和贸易自由化的全面展开，某些中国本土的当地产业、企业及劳工将受到进口竞争的不利影响。但迄今为止，中国仍然没能正式引入与FTA相伴生的TAA立法。此外，在中美贸易战的背景下，我国的一些出口导向型企业因在目标国遭受贸易摩擦的冲击而导致贸易额锐减、关税成本大大提升，从而产生严重的利益减损和经济损害，为了补偿受损主体的利益减少，获取这类主体对贸易自由化的支持，并促使其进行产业调整以积极应对国际竞争和就业压力，中国的TAA立法迫在眉睫。经过考察，美国的TAA立法是“自下而上”的，即由美国国内私人或特定利益集团驱动政府形成TAA制度，从而在贸易政策、产业政策与劳工市场之间形成有效的协调与联动，保证在贸易自由化不断深化的同时为受损者提供利益诉求机制，使政府得以在必要时予以介入。相比之下，中国不存在此种“本土资源”，因此只能借助于“自上而下”的模式进行制度建构，在立法体例的选择上，制定行政法规比人大立法的阻力更小、可操作性更强，相较于部门规章更具约束力，因此是较为适宜的选择。在援助对象、援助条件、援助程序、援助效果评估方面，我国的TAA立法应与国家所承担的WTO义务相符合，在借鉴域外经验的同时，充分汲取上海自贸区的试验成果，立足中国当下的国情，进行必要的调整，从而在自由贸易与公平贸易之间寻求最佳的契合点。

附录一　关于申报2020年度第一批上海自贸试验区贸易调整援助项目的通知

各有关企业：

近年来，国际贸易环境发生深刻变化，我国贸易形势面临较为严峻挑战，为降低国际贸易环境变化对企业经营产生的不利影响，现在上海自贸试验区范围内开展贸易调整援助试点，围绕“经贸法律援助服务”“市场信息咨询服务”“贸易结构优化服务”征集有关贸易调整援助公共服务项目，具体申报条件如下。

一、企业申请条件

（一）申请基本条件

1. 在上海自贸试验区范围内登记注册三年以上。

2. 企业国内销售或国际业务受进口冲击或非市场性国际贸易环境变化影响较大，且企业有较为明确的调整意愿、计划或方案。

3. 企业近三年无重大失信或违法违规行为，未拖欠应缴财政资金。

（二）有下列情况之一，企业可提出贸易调整援助申请

1. 近一年内出现20%以上员工离职，或连续两年10%以上的员工出现离职的。

2. 近一年内主要产品产量或销售量较上一年度下降30%以上，或连续两年下降20%以上的。

3. 因遭受国际经贸冲击，对企业正常经营产生重大不利影响的。

二、企业申请流程

1. 凡满足上述条件的企业请于2020年3月7日前提交《上海自贸试验区贸易调整援助项目企业申请表》。

2. 企业提交申请表后，将由项目评审专家组对企业受援助资格及援助方案进行首次评估，按照首次评估结果，将组织召开企业援助项目评审会，并最终确定是否给予支持。

3. 获得支持的企业单个项目支持金额不超过 10 万元，且支持比例不超过项目整体金额的 50%。

4. 为响应国家、本市防范新冠病毒疫情号召，相关申请材料将采用电子版（扫描件），电子版请发送至 zhangwei@ pcoic. org. cn.

咨询电话：51386988

附件：上海自贸试验区贸易调整援助项目企业申请表

上海市浦东国际商会

2020 年 2 月 21 日

上海自贸试验区贸易调整援助项目企业申请表

企业基本情况			
企业名称			
社会统一信用代码			
地址/邮编			
法人代表		联系方式	
联系人		联系方式	
传真		电子邮箱	
申请方向	□经贸法律援助服务 □市场信息咨询服务 □贸易结构优化		
企业经营受损情况表			
受影响方面	□国内销售 □国际贸易		

续表

受影响产品信息			
	产品 1	产品 2	…
产品名称			
产品规格、型号、用途			
主要受影响原因（简述）			
关税税号（国际贸易产品）			
年贸易额（近三年）			
受影响贸易额（近三年）			
原产地			
可替代性			
主要竞争产品及企业			
企业经营受影响情况			
企业产销情况（近三年），包括总体销售额、受影响市场额、总体销售水平、市场份额、生产率、设备利用率、利润与亏损等；企业就业变化情况（近两年）；造成企业经营受损害的主要原因；企业遭受国外经贸摩擦情况等。(可另附页)			
企业贸易调整援助项目计划书（拟）			
围绕申请支持方向，阐述目前企业经营遇到的主要问题、计划围绕受援助方向开展哪些工作、项目拟申请费用及预算计划，预估项目完成时间及效果。(可另附页)			
申请单位签章	我们已经仔细阅读了本表和附带说明，我们保证所提供的材料是真实和完整的。 负责人签字： 单位盖章： 日 期：		

附录二　新冠病毒全球爆发形势下贸易调整援助法律研究系列文章①

第一篇　新冠肺炎疫情全球爆发下的贸易调整援助问题

一、新冠肺炎疫情全球爆发引发的现实问题

当前，新冠肺炎疫情仍然呈现出全球蔓延的态势，世界上绝大多数国家都采取了封锁、隔离、防控举措。其中，贸易限制和航运禁令对国际自由贸易体系产生了严重的破坏效应，造成全球货物贸易、服务贸易需求大幅萎缩，放大了单边主义、贸易保护主义的不良影响。同时，外贸限制措施的非理性运用也给全球贸易造成了断崖式冲击，部分国家公开截留国际贸易往来中的防疫物资，德国出台了紧缺防疫物资出口禁令，法国出台了征用所有口罩的行政命令，意大利宣布禁止防疫物资出口，这些做法使国际贸易秩序陷入衰退局面。②

为此，各国在维护公共卫生安全与促进贸易自由化之间徘徊踟蹰，并陆续出台了一系列力度空前的经济救助计划与疫情应对方案。以美国为例，美国联邦储备系统连续降息，并宣布无上限的量化宽松政策，美国政府和国会在出台 2.2 万亿美元救助方案后，特朗普总统又宣布推行 2 万亿美元基建方案，援助力度甚至超过了 1929 年大萧条时期与 2008 年金融危机时期。遗憾的是，由于新冠肺炎疫情的加剧，高强度的经济救助政策并

① 该系列文章已被北大法律信息网、中国贸易救济信息网、河北省商务厅网站、上海市商务委员会、广东省公平贸易工作站等转载。

② 沈国兵：《新冠肺炎疫情全球蔓延对国际贸易的影响及纾解举措》，《人民论坛·学术前沿》2020 年第 3 期。

未有效扭转经济失调的局面，也没能起到立竿见影的效果，美国已然出现大规模的失业潮，申请失业救济金的人数一度达到 328 万人。[①] 欧洲各国为了缓解疫情给经济衰退带来的巨大压力，也都纷纷开闸放水，德国、法国、英国都释放出巨量资金。

在这一背景下，如何做到物尽其用，保障“好钢用在刀刃上”，使有限的资金通过合理的制度安排和程序设计配置给最有需求的主体，从而妥当地达到纾解经济衰退、促进产业调整、激发市场活力、重焕企业生机的效果，成为疫情中后期备受关注的现实问题。对此，滥觞于美国的贸易调整援助机制（Trade Adjustment Assistance，TAA）为决策者提供了可行的思路，对这一机制的内在机理、受助对象、援助措施、监督审查等进行研究，有助于从专业视角探寻出符合我国市场规律与企业需求的解决方案。

二、贸易调整援助的内在机理

1960 年，年仅 44 岁的约翰·肯尼迪作为民主党的候选人，以微弱多数战胜共和党的候选人尼克松，成为美国第 35 任总统。为了兑现其在竞选总统时提出的承诺，保护受到进口冲击困扰的美国产业，同时也为了应对欧共体的挑战、扭转国际收支失衡的境况，肯尼迪总统强调，国会应当给予两党一致的支持，而自由市场理念与贸易自由化原则是两党在维护国外基本安全与促进国内经济发展的共性所在，对此应提供制度保障。为此，美国于 1962 年通过了《贸易扩展法案》，该法案对传统的《互惠贸易协定法案》的例外条款进行改革，引入了贸易调整援助机制，据此来对受到进口负面影响的产业、企业、工人、社区提供资金援助、收入补贴、再就业

① 李光满：《疫情肆虐、经济衰退、油价暴跌、粮食短缺四重危机来袭，全球局势将向何处去》，https：//mp. weixin. qq. com/s/U7IZBjtPa8vxsxS2OhCjuw，最后访问日期：2020 年 4 月 4 日。

培训及失业补偿，从而争取各个行业对自由贸易的全力支持。[①] 不过，事实表明，在1962—1974年期间，美国政府的产业支持从例外条款向贸易调整援助的转变并未获得成功，相关产业既难以获得例外条款的保护，也难以获得贸易调整援助。鉴于此，《1974年贸易法案》没有试图以其中一项取代另一项，而是同时放宽了例外条款保护与调整援助的准入“门槛”，并将调整援助的权限从关税委员会转移至劳工部。[②]

就其内在机理而言，贸易调整援助制度的生成具有浓厚的福利经济学色彩，并且在自由贸易与公平贸易的博弈间寻求平衡点。具言之，针对某一国家而言，贸易自由化如同一把“双刃剑”：一方面，贸易自由化为国内经济中的出口产业提供了新的海外市场，带来了社会福利的增加；另一方面，随着贸易壁垒的消除，国内某些产业将无法避免日益增加的进口竞争所带来的产业损害，这种经济损害或产业损害主要是指企业减产或倒闭以及由此带来的工人失业。换言之，贸易自由化过程中的竞争同时制造了“胜利者”与“失败者”：高效的企业在海外市场扩张的同时，效益可以获得增长，成为贸易自由化竞争中的“胜利者”；低效的企业在面临国外竞争时，可能会被兼并或者倒闭，成为贸易自由化竞争中的“失败者”。虽然从宏观经济的角度看，这种现象是符合自由贸易理论的，但这一“优胜劣汰”的过程对于企业和工人乃至农产品生产者而言却是个艰难的过渡，而且对于一国经济结构的安全性也会造成损害。因此，针对贸易自由化引致的受损企业、工人和农民予以援助和扶持，助其实现产业升级、结构优化、经济调整的TAA机制应运而生。

---

① 《互惠贸易协定法案》在总体上接纳自由贸易的同时，有选择地降低关税，从而避免伤害国内利益。具言之，该法案设置了例外条款，也称逃避条款，以便在不可预见的事态发展导致某一国内产业受到损害时暂时提高关税，这一条款后发展为保障措施条款。相比之下，《贸易扩展法案》放弃了选择性减税，明确承认在部分国内利益因削减关税而受损时，补救措施不应是限制进口，而应是对受损者提供政府援助。

② ［美］道格拉斯·欧文：《贸易的冲突：美国贸易政策200年》，余江等译，中信出版社2019年版，第549页。

福利经济学还提出帕雷托理论和补偿理论，指出增加社会福利允许损害一部分人的利益，只要增加的福利在补偿损失之后还有剩余，社会就算增加了福利，政府在其中应采取适当政策使受损者得到补偿。贸易自由化所涉及的个体经济和精神成本可能是巨大的，而贸易调整援助制度可能在很大程度上缩小消费者从贸易自由化中的受益与贸易保护受益之间的差距（差距的判断不以收入为基础）。如果国家能够使每个因贸易自由化而失去工作和收入的人从赢家（因贸易自由化而得利的人）那里得到补偿，那么该国的贸易自由化这个政策就可以满足帕雷托最优，而被更多的权利主体所接受。因此，从理论上看来，贸易调整援助制度是一套满足帕雷托最优理论的贸易自由化政策中必不可少的组成部分。①

三、我国贸易调整援助的立法演进

作为贸易救济措施中的一环，TAA 相较于传统的反倾销、反补贴和保障措施更具针对性，且具有更为独特的补偿与恢复效果。具言之，“两反一保”等贸易救济措施能够在一定期间内起到限制进口的作用，但这些措施仅仅提供了更多的国内市场机会，并没有对已经造成损害的国内产业给予补偿和扶助。相比之下，TAA 则仅对国内受损主体予以援助，能够着眼于长远的发展，更具针对性地促进受损者进行自我恢复和生产调整，为具备援助资格的相关市场主体制定有序的经营计划。

2015 年，国务院印发的《关于加快实施自由贸易区战略的若干意见》第 19 条明文规定：在减少政策扭曲、规范产业支持政策的基础上，借鉴有关国家实践经验，研究建立符合世贸组织规则和我国国情的贸易调整援助机制，对因关税减让而受到冲击的产业、企业和个人提供援助，提升其

① 吕晓杰：《贸易调整援助制度的法律问题初探》，http：//ielaw. uibe. edu. cn/fxlw/gjjjfl/gjjjfxll/11542. htm，最后访问日期：2020 年 4 月 5 日。

竞争力，促进产业调整。[①] 本条系中国首次在官方文件中正式提出研究构建中国的贸易调整制度。尽管该条款没有明确限定援助对象，但通过措辞可以解读出其旨在对关税减让后大量进口产品涌入而给国内企业造成的损失提供救济。在该《意见》的基础上，我国的贸易调整援助工作再次步入“快车道”阶段，有关规则的起草与试点工作呼之欲出。作为探索法治创新经验、制度“先行先试”的实验田，上海自由贸易试验区率先引入了贸易调整援助试点。2017 年 7 月 15 日，上海市商务委员会、上海自贸区管委会联合发布的《中国（上海）自由贸易试验区贸易调整援助试点办法》正式施行，有效期为 2 年。后经评估，该《试点办法》的有效期延长至 2021 年 7 月 15 日。[②] 作为亮点，该《试点办法》确立的援助对象不仅适用于受到进口冲击的企业，还适用于出口受到阻碍的企业，涵盖范围更为完整。

自 2018 年 3 月起，美国总统特朗普不顾中方劝阻，执意发动贸易战，掀起了一轮又一轮的中美贸易争端，使我国的进出口贸易受到冲击。为此，学术界与实务界再次将目光聚焦于贸易调整援助机制，组织召开了一系列相关研讨会，积极探索利用 TAA 援助和支持我国受损产业的可行方案。[③] 2019 年 8 月，在商务部贸易救济局的支持下，中国糖业协会承办了贸易调整援助食糖产业试点项目，在广西壮族自治区 5 个县举办 10 期“种植户糖料种植技术培训”和“农技人员糖料作物新品种及高产高糖技术培训”，取得了显著的试点效果。[④]

2020 年 1 月 15 日，中美双方在美国华盛顿签署《中华人民共和国政

---

① 张维：《我国将研究建立贸易调整援助机制》，《法制日报》2015 年 12 月 18 日，第 2 版。

② 胡语宸：《贸易调整援助制度的实施路径探析——兼评上海自贸试验区试点办法》，《海关与经贸研究》2019 年第 2 期。

③ 张建：《中美贸易战背景下贸易调整援助理论与实践研讨会顺利召开》，https：//law. cueb. edu. cn/tpxw/103598. htm，最后访问日期：2020 年 4 月 6 日。

④ 中国糖业协会：《贸易调整援助食糖产业试点培训》，http：//www. chinasugar. org. cn/l，126，0. html，最后访问日期：2020 年 4 月 6 日。

府和美利坚合众国政府经济贸易协议》(以下简称《中美第一阶段经贸协议》)。[①] 该协议标志着持续了两年的中美贸易摩擦得以缓和，双方均认可，扩大中美贸易合作有利于两国资源优化配置和经济结构调整。据此，美方将履行分阶段取消对华产品加征关税的相关承诺，实现加征关税由升到降的转变，这对改善双边经贸关系大有裨益，也为两国间的进出口贸易关系提供了良好的环境。

不过，新冠肺炎疫情的全球爆发，再次使国际贸易秩序受到挑战，全球经济形势陷入不利困局，各国的产业、企业、工人都受到了不同程度的冲击，贸易调整援助机制的价值再次凸显，其实践运用范围比以往更甚。2020 年 2 月，为应对国际贸易形势的严峻挑战、降低国际贸易环境变化对企业经营产生的不利影响，上海市浦东国际商会发布了《关于申报 2020 年度第一批上海自贸试验区贸易调整援助项目的通知》，围绕着"经贸法律援助服务""市场信息咨询服务""贸易结构优化服务"征集有关 TAA 公共服务项目，使贸易调整援助成为备受企业界关注的议题。[②] 当然，疫情带来的经济冲击是普遍的、全面的，而贸易调整援助针对的是进口冲击及出口受阻所引发的贸易损害，不能指望 TAA 能够为所有主体提供全方位的援助。但是，对于与进口商品或服务存在同类竞争关系的国内企业，以及出口导向型的国内企业，尤其是中小微企业而言，贸易调整援助确属重要的制度工具。

四、各国为应对疫情冲击释放的资金为 TAA 提供了基础

自从新冠病毒在全球爆发以来，各国为应对疫情的冲击，先后采取了

---

① 石璐言：《关于发布中美第一阶段经贸协议的公告》，http：//www. gov. cn/xinwen/2020 - 01/16/content_ 5469650. htm，最后访问日期：2020 年 4 月 6 日。

② 《关于申报 2020 年度第一批上海自贸试验区贸易调整援助项目的通知》，http：//fairtrade. sww. sh. gov. cn/pi/action/piHome/news_ pageNews？levelCode = publicService&newsId = 3043，最后访问日期：2020 年 4 月 7 日。

各类经济援助计划和应对措施，释放了大量资金。以美国为例，鉴于新冠病毒的爆发对经济造成了严重破坏，政府采取了一系列大规模行动来稳定和刺激经济。① 其他国家亦纷纷效仿，以资金投入希望实现救市目标，而这些资金为贸易调整援助的有效落实提供了坚实的财政基础。通过收集相关报道，笔者总结了各国采取的主要举措及公开的援助金额情况，特整理成表1。

表1　各国为应对新冠疫情纷纷推出经济援助计划

主要国家	主要举措及援助金额
美国	2020年3月6日，美国总统特朗普签署《防备和应对新冠病毒补充拨款法》，向美国联邦机构拨款约80亿美元，用于开发疫苗、疾病监测和提供灾难贷款等目的；同年3月27日，特朗普总统签署《新冠病毒援助、救济与经济安全法案》，通过贷款、担保等方式为美国商业经济提供了5 000亿美元的经济稳定基金，其中460亿美元用于支持航空公司、货运公司和其他涉及国家安全的公司企业，其余款项用于向美联储现有信用计划或工具提供贷款、担保以及其他投资，并为符合条件的美国企业、各州和当地政府提供财政援助，具体措施涵盖针对小型企业的薪酬保护计划、针对个人的临时大流行病失业援助计划、针对医疗行业的资金援助和暂停学生偿付贷款②
加拿大	加拿大国会众议院通过了总额为1 070亿加元的新冠疫情救助计划，该数额比特鲁多政府之前宣布的820亿加元的救助计划多出来250亿加元，该计划已经获得总督帕耶特的签署批准
澳大利亚	澳大利亚国会紧急通过840亿澳元的振兴经济法案，为应对新冠肺炎疫情，澳大利亚总理莫里斯宣布，联邦政府推出176亿澳元的一揽子经济刺激措施，以保持就业、支持家庭、帮助中小型企业维持运营；为避免由于新冠肺炎疫情冲击可能引发的经济衰退，澳大利亚为商业投资提供支持，为企业提供现金流援助，对受影响地区提供就业支持，措施包括扩大资产即时抵扣范围、提供短期投资激励、为纳税人提供行政救济等

① 韩巍：《〈新冠病毒援助、救济与经济安全法案〉：美国政府应对新冠病毒的2.3万亿美元经济刺激》，https：//mp. weixin. qq. com/s/_ Mz6DbfERs_ w1gItzTselA，最后访问日期：2020年4月4日。

② Coronavirus Aid, Relief, and Economic Security Act, https：//www. majorityleader. gov/sites/democraticwhip. house. gov/files/Senate%20Amendment%20to%20H. R. %20748_ 0. pdf，最后访问日期：2020年4月3日。

续表

主要国家	主要举措及援助金额
新西兰	新西兰联储在将基准利率紧急从1%下调到0.25%之后，又宣布推出量化宽松（QE）计划，将在二级市场最高购入300亿新西兰元的新西兰国债，涉及不同期限的债券。该计划旨在为经济提供进一步支撑与信心，保持国债利率位于低水平；新西兰总理阿德恩宣布，将在48小时内将警戒等级提高至4级，有切断传播链的机会窗口，将在全国范围内进行自我隔离
德国	德国财政部长舒尔茨推出500亿欧元经济纾困计划，救助小企业和自由职业者的民生政策；德国联邦政府出台一系列大中企业危机应对措施，包括短期工补贴、延期纳税、短缺担保等；默克尔总理计划推行7 500亿欧元的一揽子纾困方案，涵盖两部分：1 560亿欧元为增加社会支出，救助小企业和自由职业者的500亿欧元支出囊括在内；另有6 000亿欧元的救助资金用于为大型企业和金融机构提供担保，为德国复兴信贷银行提供贷款
法国	法国数字事务部长塞德里科为初创企业推出40亿欧元的流动性支持计划，包括短期再融资计划（1.6亿欧元）、提前支付部分税收抵免（15亿欧元）、加速支付计划中的创业投资（2.5亿欧元）和现金流成本担保（20亿欧元）；欧盟委员会批准了法国支持经济发展的国家援助计划；马克龙总统称，法国将向企业提供高达3 000亿欧元的银行贷款，以支持受到冠状病毒爆发影响的企业
荷兰	荷兰财政部长称政府将在危机经济援助上投入100亿~200亿欧元支持一个季度的一揽子计划，具体援助措施包括企业可延期纳税、对遭受打击的企业支付4 000欧元紧急补助、针对失业自由职业者及个体户发放为期三个月的生活补助、针对工时缩短的员工设立薪酬补贴计划、为企业银行贷款提供15亿欧元担保等
意大利	意大利总理府通过250亿欧元的《意大利援助法案》，对意大利的家庭、企业、个人实施精准援助，包括为所有人提供9个星期的工资保障金、暂停税收及房屋贷款、给看孩子的家长进行补贴等；政府拿出50亿欧元资金作为全民保障金，支付给因停工而暂时没有收入的人群9个星期的80%薪资，即使雇员少于5人的小微企业也适用。旅游业、季节性工人等在获得9个星期收入的情况下还可再拿到600欧元津贴
西班牙	西班牙首相桑切斯宣布2 000亿欧元（占西班牙GDP的20%）援助计划缓解疫情影响；该计划中一半资金将用于企业信用担保，其余将用于援助弱势群体，为失业工人提供救济金，并允许受疫情影响群体暂停偿还抵押贷款

续表

主要国家	主要举措及援助金额
阿联酋	阿联酋内阁会议批准1 260亿迪拉姆的经济刺激计划，还批准了包括推动基础设施建设，降低小微企业运营成本等多项新的措施，为阿联酋经济发展予以更多的支持；阿联酋中央银行宣布推出1 000亿迪拉姆经济刺激计划，向阿联酋所有商业银行划拨500亿迪拉姆抵押贷款以及从银行缓冲资本中释放500亿迪拉姆资金，允许所有银行使用不超过60%的留存资本缓冲，并向受疫情影响的私营企业以及零售商户提供必要的支持与便利，暂时免除支付未偿还贷款的本金和利息
沙特阿拉伯	沙特阿拉伯政府宣布1 200亿里亚尔的刺激措施，支持受到新冠肺炎和石油危机的双重打击而大幅降低的油价。该笔款项包括利雅得此前宣布的500亿里亚尔一揽子计划，用以支持中小企业。另有700亿里亚尔援助计划，包括推迟缴税和免除各种政府税费、免征出口关税，推迟向政府支付一些私营部门的费用以及推迟征收进口关税，允许雇主免费延期3个月的出入境签证，并使企业可以在未来3个月内推迟支付增值税、所得税和其他税款
韩国	韩国总统文在寅宣布为中小企业提供50万亿韩元紧急资金，并推出其他刺激措施，以支持该国受新冠病毒疫情冲击的经济。此外，韩国政府采取了降息、追加11.7万亿韩元预算和增加美元供应等措施，并公布了多轮特别对策，包括约16万亿韩元（1元人民币约合180.7韩元）财政拨款、提高刷卡消费个税抵扣比率、向小微企业提供增值税优惠等。为应对国际金融市场大幅波动，韩国还启动了24小时监控系统，加强对外汇流动性的监督管理
柬埔寨	柬埔寨政府决定建立临时联合融资机制，协助中小企业从金融机构获得低息贷款，并成立“中小型企业政策委员会”，研究制定促进中小企业发展的策略。政府还计划向柬埔寨农村发展银行提供5 000万美元资金，向中小型企业提供优惠贷款，并将给一些国内企业为期6个月至1年的“免税假期”
泰国	泰国议会批准4 000亿泰铢的经济刺激计划，为受疫情影响的企业尤其是中小企业提供优惠贷款及税务减免，该计划预计可在国内新增1 400万个工作岗位

如前文所言，贸易调整援助可以使有实力的企业通过援助计划的制定与实施来调整自己的发展方向，恢复竞争力，重新进入市场。而企业重新恢复生机，既有利于国内贸易也有利于对外贸易。在疫情没有缓解的形势下，各国政府纷纷释放出巨额财政资金，这些资金如果不能有效进入实体经济领域、达到经济刺激效果，那么无异于资源的浪费。在面对停工停

产、失业潮加剧、产业链断裂等失常经济现象时，贸易调整援助机制若能被妥善利用，无疑将起到极为重要的经济纾困效应。那么，贸易调整援助究竟应当如何进行？哪些主体可获得援助资格？经营调整计划又应当如何拟定？陷入困局的企业与工人如何能够借助于TAA援助而重获市场竞争力并摆脱不利影响？这些问题无疑是需要深入思考的。

五、构建贸易调整援助机制需要重点解决的问题

（一）立法体例的选择及其考量

基于援助对象及制度定位的侧重点不同，国际上关于TAA的立法大体上可以分为如下五类模式：其一，“两条路线三类项目”的美国模式，美国的TAA立法不仅包括依附于保障措施条款的间接路线（亦称“201路线”），还包括独立于保障措施条款的直接路线（亦称TAA路线），前者针对不同形式的贸易行为提供对应的进口救济（如关税、配额）与贸易援助，后者则由相关申请者直接向美国关税委员会提出资格审查申请，待通过资格审查后再向劳工部或商务部请求援助利益；① 其二，专为受到全球化负面影响或因产业结构调整而下岗失业的工人而实施一次性援助的欧盟模式，此类模式仅限定于劳工市场，而不及于企业或农民；② 其三，从正面鼓励和促进优质产业发掘出口竞争潜力的加拿大模式，从立法着重点的侧重方向来看，这种立法定位的重心不在于为受损产业提供扶持和援助，而在于为竞争力较强的企业提供助推作用；③ 其四，将贸易政策与产业政策有机融合、援助衰退产业转型换代的日本模式，尤其以特定产业的机构

① Steven D. Schwinn, “Trade Adjustment Assistance at the U. S. Court of International Trade: The Year in Review”, in Georgetown Journal of International Law, 2009, Vol. 41, No. 137, p. 160.

② Stephen Kim Park, “Bridging the Global Governance Gap: Reforming the Law of Trade Adjustment”, in Georgetown Journal of International Law, 2012, Vol. 43, No. 797, p. 872.

③ Lysenko Dmitry, Mills Lisa and Schwartz Saul, “Does Canada Need Trade Adjustment Assistance”, in International Journal, 2017, Vol. 72, No. 91, p. 110.

改善和临时整顿为特色;[①] 其五，以国际上的 FTA 促进和带动国内法改革的韩国模式，韩国之所以制定专门的 TAA 立法，是为了与其签署的大量 FTA 形成有效的呼应和衔接，特别是其国内的农业渔业 TAA 措施，直接源自实施 FTA 的现实需要。[②]

就 TAA 制度在中国的立法体例而言，存在由全国人大制定法律、由国务院制定行政法规、由国务院各部委制定部门规章等几种主要的路径。在这些不同的立法体例和制定模式中，究竟何者更为适宜，不仅需要考察《立法法》的基础，还需要与国内相关联法律法规进行必要的比照和衔接。首先，TAA 立法属于广义上的对外贸易立法中的一个组成部分，而对外贸易并不属于《立法法》第 8 条所规定的法律保留事项，因此可以肯定的是，制定法律并不是 TAA 立法的唯一选项。其次，如前文所述，TAA 作为一种贸易立法的工具，主要是配合反倾销、反补贴、保障措施等贸易救济制度共同发挥作用的，TAA 从性质上分析应属于公平贸易理念下的贸易救济补偿机制。我国现有的反倾销、反补贴、保障措施立法都是由国务院颁布的行政法规，如果 TAA 立法也能采取此种模式，能够更好地弥合 TAA 与贸易救济之间的制度关系。

（二）援助对象的界定

通过立法明确有权申请贸易调整援助的主体（即受助对象），可以清晰地界定何者可申请援助，何者不可申请援助，从而使援助利益的授予更具针对性。如前文所言，在美国的 TAA 立法中，广泛涵盖了因贸易自由化而导致利益受损的企业、工人、农民、社区，这与其国内的工农业发展模式紧密相关。而上海自贸区的《试点办法》则主要针对中国的国内企业，而未提及农民或工人等主体的援助问题，其中包括国内销售企业，也包括

① J. Mark Ramseyer, “Letting Obsolete Firms Die: Trade Adjustment Assistance in the United States and Japan”, in Harvard International Law Journal, 1981, Vol. 22, No. 595, p. 620.

② 蓝天:《FTA 战略下韩国的贸易调整援助制度及启示》,《国际经贸探索》2012 年第 1 期。

出口导向型的国内企业，如果这些企业因进口激增、外企低价倾销、在出口国遭受严重壁垒或贸易摩擦而受到不利影响，即可寻求援助。[①] 与此同时，《试点办法》排除了非因国际贸易环境的变化而是单纯因企业的经营不善所提起的援助申请，这一限制性要件，可避免国内企业滥用TAA制度耗费公共资源。可见，上海自贸区的TAA立法仅限于企业TAA项目，而没有专门的农民TAA、工人TAA、社区TAA等项目，这实际上与我国相关产业的发展模式是紧密相关的。以农业TAA为例，美国的农民已经实现了高度的产业化、市场化、现代化、技术化经营，农场系以商业企业的形式出现在市场上的，直接参与进出口国际贸易竞争，而相比之下，中国的农民阶层主要是以个体的方式参与小农经济，不仅市场化、企业化程度远远不及美国农民，而且对国际贸易规则的运用能力也有显著差异。[②] 有鉴于此，在中国的TAA立法中，应当将援助主体限定于因受到国际进出口贸易的影响（尤其是进口增加）而遭受不利影响和经济损失的国内企业。此外，为了避免审查标准的主观化，《试点办法》第3条细化了受助对象申请援助的主体条件，主要从员工离职的比例及产销量下降的幅度方面做出判断。可以说，《试点办法》的限制条件基本能够满足TAA立法的宗旨，即受助企业需要承担其损失系由国际贸易导致的证明责任，损失与原因的因果关系可以通过企业的销量下降及员工的离职情况加以具体判断。

（三）援助申请与认定程序

在确定援助主体后，贸易调整援助的贯彻实施还需要一整套完整的程序规则，由此将申请者、审批者、实施者、监督者联结起来，并贯通各项制度内核以实现整个援助机制的有序展开。为了避免因申请步骤或审批程序过于烦冗复杂而导致有切实需求的企业望而退步，整个程序的设计需要

① 吴卫群：《主动对标国际贸易投资最高标准又一制度探索创新：上海自贸区将试点贸易调整援助》，《解放日报》2017年7月8日，第2版。

② 李瑞峰、肖海峰：《欧盟、美国和中国的农民直接补贴政策比较研究》，《世界经济研究》2006年第7期。

尽可能清晰且连贯。

为了保证上述援助程序的高效运行，需要针对每个阶段设置时限要求，通过限制各项工作的时间节点，使整个流程在紧密且妥当的秩序下合理展开。为了避免不合格的企业重复提交无效的援助申请而带来的工作负担，应限制相同申请的提出间隔。当有关部门已经认定某申请企业不具备援助资格，则其在同一年度内不得再提出相同申请。与此同时，由于贸易调整援助制度的宗旨在于协助企业进行生产调整和产业升级，因此在援助程序的各个阶段，均应强调政府部门与申请企业的通力配合。具言之，在援助程序进行中，须充分调动企业的积极性，激发企业的自主性，避免对政府形成过多的依赖，这着重体现在调整方案制定、专家顾问选聘、援助费用分摊三方面。

六、结语

从宏观经济视角审视，新冠肺炎疫情的爆发，对我国各行各业产生了深刻且广泛的影响，其中，消费、投资、出口“三驾马车”都受到不同程度的冲击。首先，为防控疫情，各地均展开了严格的隔离措施，以避免人口大规模流动和聚集，但同时也大幅降低了消费需求，第三产业所受冲击尤其强烈。其次，由于工人返城、工厂复工的延迟，部分生产活动难于按期进行，制造业、房地产、基建投资等领域在短期内陷入停滞状态。再次，世界卫生组织将此次新冠疫情界定为“国际公共卫生紧急事件”(PHEIC)，但并未将中国列入“疫区”，也未实施旅行和贸易限制。① 然而，由于疫情在全球范围内的持续扩散，国际进出口贸易无疑将受到影响。对我国而言，截至2020年3月31日，已有120多个国家针对中国公民采取入境管制措施，24个国家或地区对华实施贸易限制，提高我国商品

① 任泽平：《持久战阶段，一文看懂疫情对中国经济的冲击有多大》，https：//mp. weixin. qq. com/s/dvyVMA－usBqB0CdFa7nwkw，最后访问日期：2020年4月4日。

的准入门槛或直接禁止进口，客观上导致中国出口商品的接受程度变低、手续更趋复杂、运输成本提高，这对部分行业和资本市场影响尤其明显。[①]据海关统计数据显示，2020 年 1 月至 2 月，外国因疫情所采取的贸易管制措施对我国出口的影响大于进口，我国近八年来首次出现累计贸易逆差。[②]鉴于这种情况，借助于贸易调整援助机制对我国因疫情原因而遭遇出口受阻或外贸损害的企业予以支持，对稳定国内进出口企业具有重要作用。当下，有关部门正在研究如何稳定出口导向型的制造业企业，给予资金扶持、政策扶持，解决这类企业面临的生存问题。对于眼前的难关，政府正在加大政策支持，以助其渡过资金断链的危机，后续随着国际疫情防控形势的变化，有关部门还将进一步加强储备，实时推行扶持政策。从具体援助举措来看，既要充分利用已有的出口退税、出口信用保险等合规的外贸政策工具，还可尝试扩大出口信贷投放，适度放宽承保和理赔条件，并对进出口企业疫情之后的复工复产、转型升级提供相关政策及金融支持。[③]

据报道，自 2020 年 2 月以来，我国的外资企业复工复产进程加快。截至 3 月 30 日，8 756 家重点外资企业中，66.9% 的企业产能恢复率超过 70%，只有 14.5% 的企业产能恢复率不足 50%，241 个在建外资大项目中，238 个已复工，正在加快建设。商务部外资司司长宗长青表示，中国超大市场规模的强大磁吸力没有变，在产业配套、人力资源、基础设施等方面的综合竞争优势没有变，外商在华投资预期是趋稳的，投资信心正在加快恢复。[④] 这也表明，随着疫情的有效控制，危机应对能力显著提升，我国的经济正逐步复苏，企业的生产经营步入正轨，这也表明有关的经济措施发挥了较好的效果，值得总结经验，使其制度化、规范化运行。

---

① 中国贸促会浙江省委员会：《24 个国家和地区对中国货物贸易采取管制措施》，http：//www. ccpitzj. gov. cn/article/13318. html，最后访问日期：2020 年 4 月 2 日。

② 唐建伟、刘学智：《疫情对出口的冲击大于进口，导致近八年来首次出现累计贸易逆差》，http：//www. tjxwx. com/cjmy/40347. html，最后访问日期：2020 年 4 月 7 日。

③ 唐福勇：《驾好‘三驾马车’应对实体经济春寒》，《中国经济时报》2020 年 3 月 3 日，第 1 版。

④ 王珂：《商务部：外企复工复产进程加快》，《人民日报》2020 年 04 月 06 日，第 1 版。

第二篇　新冠疫情经贸冲击形势下贸易调整援助的法律思考

一、新冠肺炎疫情对国际经济贸易的冲击

2020年，新冠肺炎疫情的爆发与蔓延，使世界各国政府、医疗机构、社会公众进入全球抗疫、严阵以待的特殊时刻。与此同时，不容否认的是，疫情也对世界各经济体的商贸发展造成了程度各异的不利影响。作为经济联动效应的直接后果，经贸冲击从国内市场扩散至国际市场、从商品市场延伸至股票市场，广泛波及贸易、投资、金融等各领域，强化了经济增长的下行压力。尤其是，居民消费水平因防疫管控而受限，从事交通、餐饮、旅游等服务业的企业收益状况不甚理想。因销售端需求下降，劳工多被要求居家隔离，工商业生产状况及就业水平亦陷入堪忧境地。突如其来的疫情，打乱了部分企业的经营计划，业务中断直接提升了资金压力并使企业陷入困境。相比于大型企业、国有企业，中小企业、民营企业受影响更是首当其冲，据悉，已有相当一部分中小企业在疫情的直接冲击下降薪裁员，甚至破产倒闭，进入清算状态。[①]

除了经济方面的直接冲击之外，从另一方面看，疫情造成的冲击还来自于有关国家人为制定的贸易政策。2020年3月，先后有20多个国家和地区对中国货物贸易采取过度的管制措施，重点限制或禁止从我国进口活体动物、动物制品，限制对华出口口罩、防护服、消毒液等重要防疫物资。与此同时，部分区域经济一体化组织限制对区域以外的特定进出口，

① 2020年2月，清华大学经济管理学院、北京大学汇丰商学院联合995家中小企业进行调研，数据显示：67.1%的企业账上现金余额可以维持2个月，85.01%的企业最多维持3个月，只有9.96%的企业能维持6个月以上。杨秀红：《85%中小企业现金难撑3个月，自救他救合力应对疫情大考》，https：//mp. weixin. qq. com/s/MiwxtP3Ut5v－bFUvboKXEA，最后访问日期：2020年3月27日。

例如欧盟委员会于2020年3月15日发布实施条例，宣布对抗击新冠疫情的部分防护物资实行出口管制。[①] 根据该条例，没有获得成员国主管机关的批准，禁止向欧盟以外出口护目镜、面罩、口罩、防护服、手套等物质。再如，粮食的国际贸易也受到了疫情的影响，主要小麦面粉出口国哈萨克斯坦已禁止出口小麦面粉，越南暂停签署新的大米出口合约，塞尔维亚禁止出口葵花籽油，俄罗斯也表示将每周评估情况，决定是否实施出口禁令。这一系列出口管制措施虽然并非仅针对我国，但是客观上仍然使我国的进出口贸易受到冲击，加重了我国参与国际经贸交往的负担，必须尽快寻求解决方案，探讨应对出路。

笔者认为，在全球化时代下兴起的贸易调整援助制度（Trade Adjustment Assistance，TAA），有别于传统的贸易救济措施，以补偿贸易损害、促进产业升级调整、提升企业竞争力为目标，其在疫情防控时期应发挥更大的价值。在全球抗疫背景下，评估并思考贸易调整援助机制的时代价值和制度功能，对于经济平稳运行、补偿贸易损害、维护商业秩序具有现实意义。

二、贸易调整援助在缓解疫情冲击中的制度价值

起源于美国的贸易调整援助制度，最初是作为美国推行自由贸易政策的配套产物而出现的。自20世纪60年代发展至今，经过半个多世纪的实施与完善，贸易调整援助现已充分涵盖产业援助、企业援助、工人援助、农民援助、社区援助等多种类型。从世界范围来看，TAA主要是针对本国国内受到进口冲击的企业提供技术或资金等各方面的支持。然而，在贸易自由化条件下，企业因自由贸易所遭受的损害既包括积极损害（即自由贸易引发的冲击）也包括消极损害（即贸易壁垒引发的损失），既涵盖进口

① Sarantis Michalopoulos et al.，“EU adopts exports control of protective equipment to contain coronavirus”，available at：https：//www.euractiv.com/section/politics/news/eu－adopts－exports－control－of－protective－equipment－to－contain－coronavirus/，last visited on March 27th，2020.

冲击所致竞争损害，也涵盖出口受阻所致滞销损害。鉴于此，新时代的TAA应当具备更完善的制度内涵，将各类贸易损害都纳入其中予以权衡救济。2017年，上海市商委会、上海自贸区管委会联合发布《中国（上海）自由贸易试验区贸易调整援助试点办法》（以下简称《试点办法》），该办法最鲜明的特征之一是明文规定了我国出口型贸易企业的出口产品在目标国家受到贸易摩擦及其他壁垒影响时，也可申请援助，从而改变了过往其他国家对受损企业贸易救济的不足，实现了“一体两翼”的全方位制度架构。

具体而言，引入贸易调整援助机制，对于缓解疫情对国际经贸的冲击、重塑并稳定外贸秩序具有以下制度价值。

首先，通过采取必要的援助措施，可以对因疫情而遭遇进出口贸易损害的国内企业、产业提供贸易救济，使自由贸易的整体趋势不致因疫情防控形势下的“封国、封城、封路”措施而阻断。

其次，贸易调整援助的实质是一种以贸易救济形态呈现的开放补偿机制。就企业援助而言，TAA旨在通过分析企业在贸易自由化过程中的优劣势，制定相应的调整建议书，帮助企业提高竞争力，且政府将为企业执行经营调整计划提供部分资金支持。就工人援助而言，TAA旨在对下岗或失业工人提供再就业培训或求职津贴，借助于发放重新安置费、提供培训、收入支持、医疗保险税收优惠等手段，激励并推进工人重新寻求其他工作岗位，对优化人力资源配置大有裨益。

最后，据报道，此次我国遭受疫情冲击最严重的主要是第三产业。2020年新冠肺炎疫情与2003年“非典”疫情时期相比，第三产业在全国经济结构中的重要性早已今非昔比，2003年第三产业在中国经济结构中的贡献率仅有39%，而2019年第三产业的贡献率已达到59.4%，消费产业的GDP贡献更是超过78.5%。[①] 如果不对受损产业及时提供必要的贸易调

① 宋向前：《离破产只剩90天，投资人疾呼：救救中小企业》，https://finance.sina.cn/fund/jjgdxw/2020-02-01/detail-iimxxste8089591.d.html?vt=4，最后访问日期：2020年3月29日。

整援助，不仅将扭曲产业结构的正常形态，也无益于中国经济体制的优化。

三、贸易调整援助制度构建中的主要问题

（一）贸易调整援助的立法授权

在WTO法律框架体系内，并没有明确规制贸易调整援助的相关文件，相关联的制度主要是2005年WTO《香港部长宣言》确立的促贸援助项目，但该制度适用的目标是帮助发展中国家，特别是最不发达国家，增强它们所需的供给能力和与贸易有关的基础设施建设。简言之，促贸项目是为了使国家有能力实施WTO各协定并从中获益以及扩大它们的贸易，这与针对国内因贸易自由化而遭遇损失的企业、工人、农民的TAA项目并非同一概念。2011年，商务部办公厅颁布《关于加强商务领域法治政府建设工作的通知》（商法字〔2011〕54号），其中要求商务部公平贸易局、产业调查局、条法司重点探讨并研究出台贸易调整援助等相关制度。

（二）援助工作的负责机构

贸易调整援助制度的高效运转不仅依赖于立法的支持，还需要必要的运作机构开展具体的工作。以美国为例，美国商务部下设的经济发展局（Economic Development Administration，EDA）专门负责援助资格认定与援助方案的审批。为保证运行效率，商务部在全国各地区设立了11家贸易调整援助中心（Trade Adjustment Assistance Center，TAAC）帮助企业向EDA申请援助资格、制定和执行经营调整计划。以此为参照，我国的企业贸易调整援助制度应当主要由商务部贸易救济调查局负责。具言之，我国的商务部贸易救济调查局是在原公平贸易局与原产业损害调查局的基础上合并而成，其在“两反一保”等贸易救济措施的产业损害调查、企业损害认定、进出口贸易异常状况监测及产业竞争力评估方面积累了较为丰富的经验，这对贸易调整援助的展开具有直接的帮助。不过，如果允许受损企

业直接向商务部递交申请，不仅会使商务部面临大量的无效申请，而且会耗费大量的人力、物力、财力资源。基于此，我国也可考虑在各地区设立相应的中心，直接与企业接洽，并初步审查申请人是否具备援助资格、相关经营调整计划是否具备可行性，由此便可过滤掉一些无效的援助申请，从而在整体上提升贸易援助工作的效率。事实上，在我国商务部主持制定的2008年《贸易调整援助暂行办法（草案）》中，已经明确将贸易调整援助的申请步骤区分为省级地方商务主管部门的初步审查与商务部的最终批准两个环节，省级商务主管部门在一定程度上充当了地方贸易调整援助中心的角色，这有利于优化援助流程、提升援助效率，使企业尽快步入调整轨道，经过先期筛查避免不适格企业的援助申请长期积压，以防对商务部援助工作的整体展开形成迟滞和拖缓等不利效果。

（三）贸易调整援助的适用对象

贸易调整援助制度的核心功能在于对国际贸易自由化中遭受损失的主体提供援助，以促使其通过开展结构调整、产业升级、生产转移等手段，恢复国际竞争力、实现自我改善。但是，对于这一制度的受助对象，各国立法存在明显的差异：经过长期的立法演进，美国形成了全面涵盖产业、企业、工人、农民、社区的贸易调整援助立法；欧洲的全球化调整援助基金着眼于解决因自由贸易、资本流动、全球金融危机等引致的大规模失业现象，其申请者仅限于失业工人，而非企业或产业；韩国的贸易调整援助制度主要惠及受到国际贸易不利影响的农民、渔民；日本的贸易调整援助制度聚焦于衰退产业及困难行业的政策扶持。就其差异产生的原因而言，这与各国的经济产业结构是密不可分的，即各国的经济发展状况和支柱型产业有别，这决定了贸易调整援助的适用对象各有侧重。

对于我国而言，构建贸易调整援助制度必须首先解决援助对象涵盖哪些主体这一基本问题。相比之下，2008年《贸易调整援助暂行办法（草案）》将因进出口竞争而遭受不利影响的企业与产业作为援助对象，2017

年《中国（上海）自由贸易试验区贸易调整援助试点办法》则将援助对象限定于因受国际贸易环境变化影响而造成贸易竞争力下降、员工流失的企业，并没有将产业纳入援助的范畴。可以发现，学理上对于将企业作为援助对象基本形成了共识，而对于产业的援助还有待进一步辩论。产业一词更多出现在经济学意义上，既可用以泛指国民经济中各个具体产业部门，如工业、农业、服务业，又可指代更具体的行业部门，如钢铁业、纺织业、食品业、造船业等。在法律意义上，尤其是在贸易救济视角下，国内产业主要指代国内同类产品或者直接竞争产品的全部生产者，或者其总产量占国内同类产品或直接竞争产品全部总产量的主要部分的生产者。

根据《反倾销协定》第4.1条，国内产业一词指的是同类产品的国内生产者全体，或指总产量构成同类产品国内总产量的一个主要部分的国内生产者。可见，要确定国内产业，须先确定“同类产品”，国内相关产业指的是生产与被调查的进口产品在物理属性及功能上基本一致的进口国本国产品的产业。划分“同类产品”的最基本的要求是：要有基本相同的物理、化学或技术性能，与用途相比较，物理、化学性能是划定产品、范围的决定性标准，标准是概括的，只需要基本的性能一致即可。

相较之下，企业一词更多是针对个体而非全体，其不仅包括公司，也包括合伙企业、个人独资企业等经济形态。在构建贸易调整援助立法的过程中，需要以内外一致、无歧视的标准对待国内的各类企业主体，无论内资企业抑或外资企业，在具备法定资格、符合法定要件的情况下均应有权申请援助。此外，鉴于中小企业相比于跨国公司和大企业而言在信息、技术、人才、市场、融资方面存在明显的劣势，且中小企业在应对国际竞争、遭遇国际贸易损害时自我调整能力相对较弱，因此应将中小企业作为贸易调整援助的重点对象。[①]

① 陈业宏、黄媛媛：《中小企业贸易调整援助制度的构建》，《现代经济探讨》2012年第11期。

（四）贸易调整援助的审批要件

如前文所述，贸易调整援助形成的大背景是全球化与自由贸易加剧了输赢两家的利益分层，因此需要政府介入，从贸易受益者手中分取一部分收益用于补偿和协助那些因国际贸易而失业的工人以及因贸易受损而亟待调整的企业。那么，政府应当在何时以及在何种条件下针对何种主体提供援助，就成为必须解决的先决问题，这一问题亦可概括为援助申请人的审批标准问题。部分国家援助立法的运行实践为我们提供了经验与启示，以韩国为例，韩国的贸易调整援助制度确立于 2006 年，相关立法是为了应对韩国因对外签署自由贸易协定而引发的争论，援助项目的实施与运转被视为韩国自由贸易协定政策的组成部分。韩国立法者颁行贸易调整援助制度的初衷是期望其能够成为救济贸易自由化受害者的有效途径，然而据实证研究显示，这一立法通过后 10 年之间却只有 82 个企业成为受益者。如果说，在 TAA 项目引入初期其利用率低尚可归因于社会公众对这一制度不够了解，那么，在后期这一制度仍然只具有较窄的受众，则在于其严苛的主体资格审查条件与交往复杂的申请程序。可见，如何设定资格审查工作的标准，是关系到制度准入的“门槛”问题，也是立法者必须谨慎论证的问题。

贸易调整援助的审批工作具体区分为申请者的资格认定阶段与援助方案的制定与实施阶段。在明确某类主体属于前述的援助对象后，申请人需要提供证据材料以证实自己在国际贸易中遭遇了损害。换言之，如果查明某一国内产业或国内企业因同类产品的进口增加而遭受损害，即可启动援助程序。关于进口产品对国内产业影响的调查包括对影响产业状况的所有有关经济因素和指标的评估，包括：销售、利润、产量、市场份额、生产力、投资收益或设备利用率实际和潜在的下降；影响国内价格的因素；对现金流动、库存、就业、工资、增长、筹措资金或投资者能力的实际或潜在的消极影响等。事实上，法律条款中很难对损害指标的清单作穷尽性列举，这些因素中的一个或多个未必能够给予决定性的指导。所谓的负面影响，需要达到一定的程度方可认定为损害。在经济运行中，产业受到的影响应该是动态的，因此要以法律规定的要件来界定。

在审查相关企业是否因贸易自由化遭受损害时，可以采取以下标准将损害的认定固化下来：其一，企业中大量或相当一部分工人已经离职、失业或面临离职风险，这是考虑到离职率与企业的经营状况相关联，无论是员工主动请辞抑或被用人单位裁员撤职，如果达到了规模较大的幅度，都属于损害的外在表现；其二，在特定的期间内，企业的利润明显下降，或者企业的生产量、销售额等呈现出严重的下降趋势；其三，进口同类或直接竞争产品或服务的增加“重要地促成了”上述情况的发生，即损害与进口增加直接具备因果关系。只有在认定进口增加、贸易损害、因果关系后，相关机构才可认定申请者的援助资格。

在获批援助资格后，申请人需要结合自身的发展状况制定相应的经营调整计划，该计划获批后，申请人才可获取援助措施的支持。根据2008年《贸易调整援助暂行办法（草案）》，商务部及省级地方商务主管部门在对企业的经营调整计划进行审查时，须重点考量以下方面：其一，援助计划是否经过了充分合理的调查与研究、论证与分析，并且该计划能够实质地促进该企业的经济调整；其二，援助计划是否适当考虑了该企业内工人的利益；其三，援助计划是否表明企业将充分利用自有资源实现该企业的进一步发展。

四、我国为应对疫情冲击采取的贸易调整援助措施

（一）对内援助

当前，在应对疫情冲击背景下，我国已经初步启动了促进企业恢复生产、保障企业经营的有关计划，采取组合拳方式综合运用多重手段开展贸易调整援助。具体而言，有关援助措施可以从对内对外两个视角进行阐

析。早在2020年2月，国务院总理李克强在召开国务院常务会议时，就决定阶段性减免企业社保费和实施企业缓缴住房公积金政策，多措并举地进行稳企业稳就业。[①]首先，政府阶段性地减免了部分企业养老、失业、工伤保险单位缴费，以减轻疫情对企业特别是中小微企业的影响，使企业恢复生产后有一个缓冲期。同时，6月底前，企业可申请缓缴住房公积金，在此期间对职工因受疫情影响未能正常还款的公积金贷款，不作逾期处理。与此同时，各地政府也出台了相应的中小企业支持政策，例如苏州市人民政府颁行的《关于应对新型冠状病毒感染的肺炎疫情支持中小企业共渡难关的十条政策意见》亦推出了各项具体的企业发展优惠举措。其次，政府立足重点，突出抓好稳就业这一"六稳"的首要任务。抓紧出台科学分类、切合实际的复工复产防疫指南，指导各地合理确定复工复产条件，取消不必要的保证金，加快落实已出台的财税、金融等支持政策。再次，从保障民生、促进再就业的角度，政府推出有关举措应对"用工荒""裁员潮"，及时将受疫情影响的就业困难人员纳入就业援助范围，确保失业保险待遇按时足额发放。支持疫情严重地区开发临时公益性岗位，运用失业保险基金向失业人员发放失业补助金。

在企业的贸易调整援助资格认证申请及经营调整计划获批后，企业可聘请非政府机构提供以下援助：生产制造中的认证、工艺改进、技术方法及标准咨询；营销环节的市场调查、营销策略、客户服务分析、出口咨询；办公自动化、电子商务、制造系统、客户程序、电子数据交换等科技援助；工人转岗和再就业培训；贸易救济法律咨询。

（二）在对外开放的基础上进行必要管制

2020年3月，国家主席习近平同志在G20领导人应对新冠肺炎特别峰会上发表了题为《携手抗疫 共克时艰》的讲话，其中着重提出：各国应

① 李润发：《国务院常务会：阶段性减免企业社保费、实施企业缓缴住房公积金政策》，http://www.gov.cn/guowuyuan/2020-02/18/content_5480639.htm，最后访问日期：2020年3月27日。

该联手加大宏观政策对冲力度，加强国际宏观经济政策协调，防止世界经济陷入衰退。就国内而言，实施有力有效的财政和货币政策，有利于维护全球金融市场稳定，维护全球产业链供应链稳定。就国际而论，中国将加大向国际市场供应原料药、生活必需品、防疫物资等产品，坚定不移扩大改革开放，放宽市场准入，持续优化营商环境，积极扩大进口，扩大对外投资，为世界经济稳定做出贡献。① 疫情的冲击早已跨越国界，是需要全世界共同积极应对的重要难题，在各国命运休戚与共的背景下，构筑壁垒、加严管制并非明智之举，唯有联合起来共同发力，减免关税、取消壁垒、畅通贸易，才有可能重振世界经济复苏士气。

当然，我国的对外开放并非毫无底线。在全球防疫形势下，鉴于部分外国歧视性地针对我国采取关于进出口限制的贸易壁垒措施，我国亦可“师夷长技以制夷”，从制度层面予以有力回击。事实上，2019 年 12 月，中国人大网已公开发布《中华人民共和国出口管制法（草案）》，公开向社会征求意见，这标志着我国第一部出口管制单行立法已经蓄势待发。该草案首次在立法层面规定了国别及黑名单管制清单制度，全面提升了出口许可管理制度，引入了全面管制原则，明确了视同出口、再出口等重要概念，合理地规制了哪些主体在符合什么资质条件的前提下可以向谁出口哪些商品的问题。这部立法一旦付诸施行，亦可较好地回应有关国家在防疫时期对我国开展的进出口管控，形成有效的反制，从而打通出口壁垒或构建进口屏障，为国内企业的生产经营提供较好的贸易环境，客观上起到贸易调整援助的效果。

五、结语

当下，新冠肺炎疫情正在世界范围快速蔓延，不仅严重危害世界公共

① 吴蕴聪：《坚决打好新冠肺炎疫情防控全球阻击战》，《中国青年报》2020 年 3 月 27 日，第 1 版。

卫生安全，还对全球经济、金融、政治产生巨大负面影响。面对这一全人类的共同危机，没有任何一个国家可以独善其身。考虑到疫情对经济发展和进出口贸易所带来的冲击，对外应及时采取有效的财政和货币政策，保障全球供应链安全、稳定，维护全球金融稳定，促进世界经济尽快复苏；对内则应推动产业结构调整，在疫情防控过程中，受冲击最严重的主要集中于出口导向型的中小外贸企业，为了全力降低疫情对经贸秩序造成的损害，推动落实中小企业贸易调整援助机制的出台，从产业、劳动技能、管理、市场等方面及时促使中小企业作出人事、财物和制度的调整，对于复工复产、保障就业具有重要作用。有理由期待，经过合理的调整和适当的援助，我国外贸企业终将摆脱疫情的不利影响，重新恢复竞争活力，重获正常的市场秩序，迎来更具竞争力的发展机遇。

参考文献

[1]蔡春林．发展中国家贸易救济措施研究[M]．北京:对外经济贸易大学出版社,2011.

[2]陈彬．WTO 司法体制法律适用问题研究[M]．北京:北京理工大学出版社,2013.

[3]陈波．构建我国 FTA 的贸易调整援助[J]．国际展望,2010(4).

[4]陈利强．美国贸易调整援助制度研究[M]．北京:人民出版社,2010.

[5]陈利强,屠新泉．美国贸易自由化补偿机制——贸易调整援助制度研究[J]．国际商法论丛,2013(1).

[6]陈利强,屠新泉．美国贸易调整援助制度的性质探究[J]．法治研究,2013(6).

[7]陈利强,屠新泉．WTO 体制下美国贸易调整援助制度合法性探析[J]．国际经贸探索,2011(2).

[8]陈利强,屠新泉．建立我国贸易调整援助制度的构想[J]．国际商务(对外经济贸易大学学报),2011(1).

[9]陈利强,屠新泉．WTO 体制下美国贸易调整援助制度之合法性探析[M]//孙琬钟．WTO 法与中国论丛(2011 年卷),北京:知识产权出版社,2011.

[10]陈业宏,黄媛媛．中小企业贸易调整援助制度的构建[J]．现代经济探讨,2012(11).

[11]陈业宏,黄媛媛．论劳动就业权的外贸法保护构想[J]．法学杂

志,2011(12).

[12]陈淑梅,陈梅．中国特色贸易调整援助机制建设研究[J]．国际贸易,2019(4).

[13]陈雨松．美国贸易法上的“贸易调整援助”及其对我国的启示[J]．世界贸易组织动态与研究,2007(6).

[14]褚霞．贸易救济性质研究[M]．北京:法律出版社,2015.

[15]甘瑛．WTO补贴与反补贴法律与实践研究[M]．北京:法律出版社,2009.

[16]高维新．中国贸易救济的理论与实务[M]．北京:对外经济贸易大学出版社,2010.

[17]高维新,蔡春林．贸易救济法教程[M]．北京:对外经济贸易大学出版社,2009.

[18]高维新．贸易救济法[M]．北京:对外经济贸易大学出版社,2006.

[19]葛壮志．WTO争端解决机制法律和实践问题研究[M]．北京:法律出版社,2013.

[20]龚红柳．论中美贸易战中实施“反制”的WTO合规性——以中国应对美国“301措施”为例[J]．经贸法律评论,2019(1).

[21]韩秀丽．保障措施、贸易保护与产业调整援助立法[J]．河北法学,2005(1).

[22]何宪民．WTO体制下贸易贸易救济实施与中国的应对策略[M]．北京:经济科学出版社,2014.

[23]何永江．美国贸易政策[M]．天津:南开大学出版社,2008.

[24]何永江．美国贸易政策专题研究[M]．天津:南开大学出版社,2019.

[25]侯杰,米家龙．中国贸易救济问题研究[M]．北京:经济科学出版社,2010.

［26］胡语宸．贸易调整援助制度的实施路径探析——兼评上海自贸试验区试点办法［J］．海关与经贸研究，2019（2）．

［27］姜作利．国际商法［M］．3版．北京：法律出版社，2013．

［28］蓝天．FTA战略下韩国的贸易调整援助制度及启示［J］．国际经贸探索，2012（1）．

［29］李长健．中国农业补贴法律制度研究：以生存权与发展权平等为中心［M］．北京：法律出版社，2009．

［30］李昌奎．世界贸易组织反倾销协定释义［M］．北京：机械工业出版社，2005．

［31］李卓，刘建兵．论美国贸易调整援助计划［J］．经济评论，2005（4）．

［32］林惠玲．美国反补贴实体法律实施问题研究［M］．上海：上海人民出版社，2019．

［33］刘宝成，张梦莎．美国商务环境［M］．北京：对外经济贸易大学出版社，2016．

［34］刘振环．美国贸易政策研究［M］．北京：法律出版社，2010．

［35］罗昌发．美国贸易救济制度［M］．北京：中国政法大学出版社，2003．

［36］莫世健．贸易保障措施研究［M］．北京：北京大学出版社，2005．

［37］全小莲．中美贸易战背景下的美韩FTA修改方案评析——兼论中国的应对［J］．武大国际法评论，2018（6）．

［38］盛建明．论美国贸易自由化进程中贸易调整援助制度［J］．政法论丛，2009（4）．

［39］史晓丽．WTO与中国外贸管理制度［M］．北京：中国政法大学出版社，2002．

［40］宋和平．自贸区建设的重要法律保障——贸易救济法律与贸易调

整援助[J]. 智慧中国,2018(12).

[41]苏东水. 产业经济学[M]. 4版. 北京:高等教育出版社,2015.

[42]唐琼琼. 贸易救济中的国内产业问题研究[M]. 北京:对外经济贸易大学出版社,2017.

[43]田晓艳. 试论我国实施贸易调整援助制度的潜在问题与风险[J]. 企业经济,2012(4).

[44]佟占军. 美国农业贸易调整援助法律制度及其启示[J]. 法商研究,2009(6).

[45]王聪,林桂军. 中国服务贸易强国之路研究——理论内涵、现实问题及政策建议[J]. 国际贸易,2017(8).

[46]王世春. 论公平贸易[M]. 北京:商务印书馆,2006.

[47]伍俊颖. 我国"贸易调整援助制度"的必要性与可行性分析[J]. 中国商论,2019(14).

[48]许志鹏. 农业补贴法律制度研究[M]. 北京:中国政法大学出版社,2013.

[49]杨国华. WTO中国案例评析[M]. 北京:知识产权出版社,2015.

[50]杨国华. 中美贸易战中的国际法[J]. 武大国际法评论,2018(3).

[51]于洋. 美国对企业贸易调整援助的效果分析及启示[J]. 中国经贸导刊,2018(5).

[52]张斌,吉婕. 美国贸易调整援助制度:演变、实施与绩效[J]. 世界经济研究,2010(1).

[53]张斌. 欧洲全球化调整基金:制度演变与实施绩效[J]. 国际商务研究,2013(1).

[54]张建. 中国贸易调整援助立法:路径选择与方案设计[J]. 深圳社会科学,2019(3).

[55]张建. "一带一路"视角下的贸易调整援助:政策依据与法律构造

[J]. 上海政法学院学报,2019(4).

[56]张建. 贸易调整援助立法的法理基础与规范表达[M]//李双元. 国际法与比较法论丛. 北京:法律出版社,2019.

[57]张丽英. 世界贸易组织法律制度与实践[M]. 北京:高等教育出版社,2012.

[58]郑美青,全毅. 开放补偿机制的国际经验及其启示[J]. 国际商务(对外经济贸易大学学报),2014(4).

[59]钟青. 美国贸易政策制定:机构与人物[M]. 北京:中国法制出版社,2011.

[60]朱揽叶. 世界贸易组织法经典案例选编[M]. 北京:北京大学出版社,2018.

[61]韩立余译. 美国贸易法[M]. 北京:法律出版社,1999.

[62]Anwarul Hoda. Tariff Negotiations and Renegotiations under the GATT and the WTO: Procedures and Practices[M]. 2ed. Cambridge: Cambridge University Press,2019.

[63]Bo Chen. Establishing China's Trade Adjustment Assistance For FTA [J]. Korea University Law Review,2010,8.

[64]Erin Fleaher Rogers. Agricultural Trade Adjustment Assistance: Food for Thought on the First Decade of the Newest Trade Adjustment Assistance Program[J]. Federal Circuit Bar Journal,2014,23.

[65]James A. Don't, Trade Adjustment Assistance: A Case of Government Failure[J]. Cato Journal,1982,2(3).

[66]J David Richardson. Trade Adjustment Assistance under the U. S. Trade Act of 1974: An Analytical Examination and Worker Survey[M]//Bhagwati, Jagdish N. Import Competition and Response. Chicago: University of Chicago Press, 1982.

[67] Trade Adjustment Assistance under the United States Trade Act of 1974: An AnalyticalExamination and Worker Survey[M]//J. David Richardson. in Import Competition and Response, Bhagwati. 1982.

[68] James N. Giordano, Job Training Subsidies, Reemployment and Earnings in the Trade Adjustment Assistance Program [J]. International Advances in Economic Research, 2017, 23(3).

[69] Joon – Heon Song. Finding beneficiaries: trade adjustment assistance system in South Korea[J]. Journal of International Trade Law and Policy, 2017, 12(2).

[70] Justin Barnette, Jooyoun Park. Skill and Wage Overshooting in Occupational Training with the Trade Adjustment Assistance Program MPRA Paper 93412[M]. Munich: University Library of Munich, Germany, 2019.

[71] Kong Qingjiang. China and the World Trade Organization: A Legal Perspective[M]. New Jersey: World Scientific Publishing Ltd, 2002.

[72] Lee Yu Na. Trade Adjustment Assistance for Farmers In The U. S.: Program Participation And Policy Impact[D]. Cornell University, 2014.

[73] Lysenko Dmitry, Mills Lisa, Schwartz Saul. Does Canada Need Trade Adjustment Assistance[J]. International Journal, 2017, 72.

[74] Michael Trebilcock, Robert Howse, Antonia Eliason. The Regulation of International Trade[M]. 4ed. New York: Routledge, 2012.

[75] Richard S Gottlieb, Debra P Steger, Darrel H Pearson. Current and Possible Future International Rules Relating to Trade Adjustment Policies—Subsidies, Safeguards, Trade Adjustment Assistance: A View From Canada[J]. Canada – United States Law Journal, 1988, 14.

[76] Rickard. Compensating the Losers: An Examination of Congressional Votes on Trade Adjustment Assistance[J]. International Interactions, 2015, 41

(1).

[77]Robert C Morris, Simeon Eben Baldwin. International Arbitration and Procedure[M]. New Haven: Yale University Press, 1911.

[78]Stephen Kim Park. Bridging the Global Governance Gap: Reforming the Law of Trade Adjustment[J]. Georgetown Journal of International Law, 2012, 43.

后 记

本书系我主持的2020年度北京市教委社科规划一般项目的研究成果。最初关注贸易调整援助的相关法律问题，源自我的硕士导师——中国政法大学杜新丽教授所主持的中国贸促会的课题，感谢杜老师将我吸纳为课题组的成员并让我参与实质性的报告写作。在杜老师循循善诱的启发和引导下，我自2018年6月起分别从国际法基础、域外比较法、中国法制变迁等视角对贸易调整援助制度的“前世今生”展开了探询和追问。感谢我在中国政法大学的几位博士师弟师妹：刘禹博士、王林叶博士、伍俊颖博士、黄鸿江博士，他们以饱满的学术热忱、严谨的学术态度、扎实的研究功底对贸易调整援助这一独具特色的贸易救济工具进行了全方位的思考，同时激励着本人在研究时不懈思索。事实证明，“打破砂锅问到底”“不破楼兰终不还”般刨根究底的态度，对于提升写作的深度和广度大有裨益。

本书写作的顺利完成，应特别感谢商务部贸易救济调查局的同志们所提供的一手素材，还要感谢我任教的首都经济贸易大学法学院的各位领导和同事们提供了良好的工作环境。2019年6月，在商务部贸易救济调查局李增力副局长、白明处长、徐明磊副处长及我校国际合作交流处处长谢海霞教授、法学院院长张世君教授等领导的全力支持下，我积极筹备并组织了“中美贸易战”背景下贸易调整援助理论与实践研讨会，邀请了深圳大学的盛建明教授、中国政法大学的祁欢教授、浙江工业大学的陈利强教授、中国国际贸易促进委员会李梦娜调研员、上海WTO事务咨询中心的林惠玲主任、张晓朋研究员等人，会上各位专家的发言与讨论给我提供了深刻的智慧启迪。尤其是陈利强教授，他所撰写的《美国贸易调整援助制度研究》堪称国内学者撰写的第一本对TAA予以详尽阐述的专著，具有较高的学术价值，而他的发言也为我进一步思考相关问题提供了准确的方向。与此同时，中国贸促会张红根处长曾多次就贸易调整援助问题与我进行沟通和联络，他为我的写作提供了不少智慧启迪，令我得以从产业保护、工商界需要等多维视角对相关问题展开思考。2019年8月，中国糖业协会作为我国第一批贸易调整援助试点机构，开始探索在食糖行业开展援助的具体方案，我有幸作为专家成员参与了他们的课题论证，糖业协会的研究团队学习能力强，对新制度理解接受快，有关资料的收集整理翔实而丰富，令我受益匪浅。在开会研讨期间，幸得中国糖业协会钟金传副秘书长的介绍，我结识了来自农业农村部信息研究中心的马光霞研究员、北京工商大学刘晓雪教授等业内专家，虽然我们的学科背景和研究重点不同，但是交叉学科之间的探讨总能给我新的启发，让我能够从更多元的角度了解中国开展贸易调整援助的重要意义。2019年10月，在商务部贸易救济调查局王博等人的邀请与协助下，我赴宁夏银川参加了2019年贸易救济与维护产业安全业务培训班的授课，就贸易调整援助理论与制度设置与来自全国各地的商务主管部门的专家进行了交流，这次授课使我更加坚定了贸易调整援助研究的现实意义。2019年12月，我应邀前往上海WTO事务咨询中心参加贸易调整援助专题研讨会，其间，WTO事务咨询中心研究员陈波、张晓朋、伍穗龙、邹家阳等老师，商务部周云雷处长，农业农村部王占禄处长，上海市商务委员会丁秀峰老师等长期关注贸易调整援助的同仁们对这些问题的思考与分享，让我的思路得以拓展，并坚定了研究有关问题的信心。

此外，国际法教研室的金晓晨教授、李璐玲教授、王剑波教授、魏庆坡老师等人也给我的工作提供了精神上的支持，正是他们源源不断的支持和帮助，让我能够在教学之外投入科研工作，并完成本书的撰写。当然，本书作为我在贸易调整援助领域的第一部成果，还存在各种不足及疏漏之处，诚请各位读者提出批评意见。

张建
北京丰台三环新城
2020 年 2 月 15 日